Tamussino · Kinder der Liebe

INHALT

Allemal wenn ich diese Bastarde sehe, geht mir das Blut über.
Liselotte von der Pfalz

Ein Staat braucht immer etwas Blutauffrischung. Ich habe viel für Bastarde übrig.
Friedrich der Große

Da ist man wer, wenn man aus solchem Haus, und wär's auch bei der Domestikentür!
Hugo von Hofmannsthal,
»Der Rosenkavalier«

VORWORT

»EGO WILHELMUS COGNOMINE BASTARDUS« über-
schrieb der Normanne Wilhelm, später bekannt als Wilhelm
der Eroberer, seine Urkunden. Er war der erste, der einen
solchen Beinamen trug, und der einzige, dessen Ambitionen
trotz dieses Makels von Erfolg gekrönt waren.

Der Terminus unklarer Herkunft bezeichnete in der Feu-
dalzeit ein von einem Adeligen außerehelich gezeugtes, aber
rechtlich anerkanntes Kind. Der »Bastardfaden«, schräg über
den Schild gelegt, zeigte auch im Wappen die uneheliche Herkunft des Trägers an. Bei den germanischen Stämmen war
die rechtliche Stellung der unehelich geborenen Nachkommen noch durchaus günstig gewesen, sie konnten in die Sippe
des Vaters oder der Mutter aufgenommen werden, waren erb-
berechtigt und thronfolgefähig. Erst durch den Einfluß der
christlichen Kirche hatte außereheliche Geburt eine Ehren-
minderung zur Folge, schloß vom geistlichen Stand, der
Zunft, von öffentlichen Ämtern, der Thronfolge, sogar von
einem ehrlichen Begräbnis aus – wobei natürlich, wie immer,
Ausnahmen die Regel bestätigten.

Herrscher – und nicht nur sie – mußten ihre Ehepartner
nach politischen oder pekuniären Gesichtspunkten wählen.
Zuneigung war selten im Spiel, wenn auch in manchen Fällen
die dynastische Verbindung später zu einer Liebesbeziehung
werden konnte. Hatten sie ihre Pflicht im legitimen Ehebett
erfüllt, suchten sie ihr erotisches Vergnügen anderswo, bei
adeligen oder bürgerlichen Schönheiten, bei einfachen Mädchen aus dem Volk. Die aus diesen Verbindungen hervorge-
gangene Nachkommenschaft übertraf die legitime oft bei wei-
tem – in vielerlei Hinsicht. »Blaues« Fürstenblut und der
kräftige, rote Saft des Volkes vereinten sich nicht selten zu
interessanten und explosiven Mischungen.

Auch wenn sie von ihren hochgeborenen Vätern zumeist
gut versorgt wurden, klingende Titel, reiche Pfründen und
glänzende Stellungen erhielten, den Makel ihrer illegitimen

Geburt konnten sie nicht abstreifen, auch wenn sie noch so wohlgeraten, begabt und von ihren Erzeugern geliebt waren. An der Legitimität als einem fundamentalen monarchischen Prinzip durfte nicht gerüttelt werden, einmal umgestoßen, hätte das unabsehbare, für die Monarchien fatale Konsequenzen gehabt.

Sah sich ein Herrscher stolz in seiner Männlichkeit bestätigt, wenn er neben seiner legitimen auch eine zahlreiche illegitime Nachkommenschaft sein eigen nannte, so führten die Mütter fürstlicher Bastarde – sieht man von der Zeit der großen Mätressen ab – ein bescheidenes Dasein, und oft ist nicht mehr von ihnen überliefert als ihr Name. Während ihre Liebhaber und manchmal auch ihre Kinder im hellen Licht der Geschichte agierten, wurden sie »abgefunden«, verheiratet oder verschwanden hinter Klostermauern, ein Schicksal, das auch vielen weiblichen Bastarden beschieden war. Die »Kinder der Liebe« wurden an den Höfen der Väter erzogen, meist zusammen mit den legitimen Geschwistern, doch der Weg zum Herrschertum blieb ihnen versperrt, und nicht wenige sind in ihrem Streben nach Reichen und Kronen tragisch gescheitert.

Die hier getroffene Auswahl vereinigt »berühmte« Bastarde, illegitime Nachkommen weltlicher oder geistlicher Herrscher, die auf ihre Art Geschichte gemacht haben. »Er hätte, wär' er hinaufgelangt, unfehlbar sich höchst königlich bewährt«, das Wort des Fortinbras aus »Hamlet« läßt sich auf einige von ihnen durchaus anwenden.

I
EIN SCHWERT HIEB ÜBER DEN KANAL

Wilhelm der Eroberer, Herzog der Normandie,
König von England

Sie kamen auf schnellen, wendigen Booten aus dem hohen
Norden, aus den eisigen Fjorden und düsteren Wäldern Skan-
dinaviens, sie plünderten Klöster, ließen Dörfer in Flammen
aufgehen und erschlugen oder verschleppten die Einwohner.
»Beschütze uns, gütiger Herr, vor dem Zorn und der Raserei
der Nordleute«, betete die verstörte Bevölkerung an den Küsten der nördlichen Meere, des Atlantiks und des Mittelmeers.
Nur selten wurden die Gebete erhört. Mehr als 300 Jahre lang,
vom 8. bis zum 11. Jahrhundert, unternahmen die Männer
aus den nordischen Buchten, den »viks«, ihre Raub- und Er-
kundungszüge und erwarben sich dabei Schritt für Schritt
ihre nationale Identität, wurden zu Schweden, Dänen und
Norwegern. Jede Nation hatte ihr eigenes Einsatzgebiet. Die
Schweden fuhren nach Osten und gründeten um Nowgorod
und Kiew die ersten russischen Staaten, die Norweger nach
Westen, wo sie zuerst Piraterie betrieben, dann aber begannen, sich in unbewohnten oder dünn besiedelten Landstri-
chen anzusiedeln. Sie entdeckten Island, Grönland und »Vin-
land«, den amerikanischen Kontinent.

Gegen Ende des 8. Jahrhunderts starteten die dänischen
Wikinger in immer neuen Wellen ihre Angriffe gegen Westeuropa, die von den Herrschern des Frankenreiches nur mit
Mühe abgewehrt werden konnten. 100 Jahre später fuhren
sie die Seine aufwärts und verwüsteten die reichen Land-
schaften und Städte der Franken an den großen Flüssen bis
nach Burgund. Unter ihrem Anführer Rollo, von dem man
nicht weiß, ob er Norweger, Schwede oder Däne wie seine

9

Krieger war, ließen sie sich im Tal der unteren Seine nieder. 911 schloß Rollo mit König Karl »dem Einfältigen« einen Vertrag, wurde mit Ländereien belehnt und mit den Rechten und Verantwortungen eines karolingischen Grafen ausgestattet. Als Gegengabe ließ er sich taufen und machte seine Leute zu seßhaften Bauern. Im Laufe der Zeit nahmen die Neuankömmlinge Sprache und Kultur des christlichen Frankenreiches an, aus den Wikingern wurden Normannen. Rollo und seine Nachkommen konnten ihre Macht und ihren Landbesitz ständig erweitern und beherrschten schließlich ein Gebiet, das sowohl mit der römischen Provinz Lugdunensis Secunda als auch mit der kirchlichen Provinz von Rouen weitgehend identisch war. Das Land der Nordmänner wurde zum Herzogtum »Normandie«.

Rollo war der Stammvater einer außergewöhnlichen Familie, die von Generation zu Generation die Fähigkeiten weitervererbte, die schon ihr Gründer besessen hatte: scharfer Verstand, Begabung für Realpolitik, administratives Geschick und Führungseigenschaften. So beherrschten Rollos Nachfahren bald den am besten und straffsten organisierten Staat Europas.

Auch der zu Anfang des 12. Jahrhunderts geborene normannische Herzogssohn Robert stammte in direkter Linie von Rollo ab. Legendenhafte Darstellungen erzählen von seiner ersten Begegnung mit einem Mädchen namens Herleva, deren Vater in dem Städtchen Falaise das Gerberhandwerk ausübte, möglicherweise aber auch Leichen für ihr Begräbnis präparierte (was manche Chronisten diskret verschweigen). Aus einem Fenster der Burg, die sich noch heute auf dem Sandsteinfelsen über Falaise erhebt, soll Robert Herleva beobachtet haben, als sie am Fluß die Wäsche wusch; in einer anderen Version wird berichtet, er habe sie beim Dorftanz gesehen und sich sofort und leidenschaftlich in sie verliebt. Fest steht, daß Herleva Robert, der kurz davor Herzog geworden war, im Herbst 1027 oder zu Beginn des nächsten Jahres einen Sohn gebar, der auf den Namen Wilhelm getauft wurde. Es ist nicht überliefert, wie Herleva aussah, sicherlich war sie reizvoll, sonst wäre der junge Mann nicht auf sie aufmerksam geworden, doch das Format ihrer Söhne läßt darauf schließen, daß sie auch Qualitäten besaß, die über Jugend und Schönheit hinausgingen. Robert konnte Herleva wegen des Standesunterschiedes zwar nicht heiraten, aber er sorgte für sie und förderte auch ihre Verwandten. Herlevas Vater Fulbert erhielt ein Amt am herzoglichen Hof, ihre Brüder Osbert und Walter wurden bei der Niederschrift wichtiger Urkunden als Zeugen verpflichtet und sie selbst schließlich mit Herluin de Conteville verheiratet, einem südlich der Seinemündung in bescheidenem Maß begüterten Vicomte. Die Söhne aus dieser Ehe, Odo und Robert, werden uns als Weggefährten ihres Halbbruders Wilhelm noch beschäftigen.

Herzog Robert war von den drei Söhnen seines Vaters Richard der Zweitgeborene. Als sein älterer Bruder Richard 1026 die Erbfolge antrat, machte er ihm seine Stellung streitig und es kam zu Feindseligkeiten. Als Richard nach wenigen Monaten plötzlich starb, machten Gerüchte die Runde, in denen von Gift die Rede war, um so mehr als Richards kleiner Sohn Nicholas sofort dem Kloster Fécamp und später dem von Saint-Ouen in Rouen übergeben wurde.

Unmittelbar nach Regierungsantritt mußte sich Robert mit zwei streitbaren Bischöfen auseinandersetzen, dem von Rouen und jenem von Bayeux, die nicht nur große Ländereien, sondern auch bedeutende politische Macht besaßen. Kaum hatte er den einen besiegt und sich mit dem anderen verglichen, mußte er gegen den Grafen der Bretagne und den Herrn von Bellême ins Feld ziehen, die an den Grenzen des Herzogtums für Unruhe sorgten. Trotz allem gelang es Robert, seine Position zu festigen und einiges Profil zu gewinnen. Die Söhne des englischen Königs Ethelred II., Eduard und Alfred, suchten Schutz an seinem Hof, als der dänische Wikinger Cnut in England herrschte, ebenso König Heinrich I. von Frankreich, den eine Rebellion aus der damals noch recht bescheidenen Krondomäne vertrieben hatte.

Um so erstaunlicher erschien Roberts Entschluß, sich zu Beginn des Jahres 1035 auf eine Pilgerfahrt ins Heilige Land

11

zu begeben. Später wurde behauptet, daß er sich von einer großen Schuld, vielleicht jener am Tod seines Bruders, reinwaschen wollte – es gelang jedenfalls nicht, ihn von seinem Vorhaben abzubringen, so sehr die normannischen Feudalherrn dies auch versuchten. Sie schalten ihn einen Narren, daß er sein Herzogtum zu einem Zeitpunkt verlasse, als er es endlich einigermaßen fest in der Hand hielt, zumal er über keinen Erben verfügte, der unangefochten die Nachfolge übernehmen konnte. Robert hatte weder geheiratet noch seinen und Herlevas Sohn legitimiert. Es ist bemerkenswert, daß es dem Herzog trotzdem gelang, die Feudalherren zu überreden, seinen kleinen Sohn als rechtmäßigen Erben anzuerkennen und die üblichen Eide der Lehnstreue und des Gehorsams zu leisten.

Robert kehrte von seiner Pilgerfahrt nicht wieder. Er erreichte zwar Jerusalem und soll das Heilige Grab mit großzügigen Gaben bedacht haben, doch auf der Rückreise ereilte ihn in den ersten Julitagen 1035 im bithynischen Nicaea der Tod.

Neuer Herzog der Normandie war nun der kaum siebenjährige Wilhelm, dessen Lage vor allem durch seine illegitime Abstammung als durchaus bedrohlich anzusehen war. Daß er überlebte war in erster Linie das Verdienst dreier Männer, die jetzt seine Vormundschaft übernahmen: des Erzbischofs Robert von Rouen, des Grafen Alan der Bretagne und des Haushofmeisters Osbern. Auch König Heinrich von Frankreich gab seine Zustimmung zu Wilhelms Nachfolge, möglicherweise aus Dankbarkeit für die Unterstützung, die Wilhelms Vater ihm gewährt hatte.

Der Tod von Erzbischof Robert löste die erste Krise aus. Die Herren verschiedener Regionen des Herzogtums begannen einander zu bekriegen und trugen ihre Fehden bis an den herzoglichen Hof. Der Chronist Odericus Vitalis berichtet, daß Wilhelms Leben nicht selten in Gefahr war, daß einer der Brüder seiner Mutter seine Schlafkammer teilte und ihn manchmal in den Häusern armer Leute versteckte, wenn die Lage allzu bedrohlich wurde. Wie oft dies der Fall war, zeigt, daß die Grafen von Brionne und Bretagne Mordanschlägen zum Opfer fielen, ebenso der Haushofmeister Osbern, der in den Räumen des jungen Herzogs überfallen und getötet wurde. Die Atmosphäre von Intrige, Gefahr und Existenzangst formte den Charakter des Knaben und Jünglings Wilhelm, es verwundert nicht, daß in ihm Mut und Entschlossenheit, aber auch Härte und Grausamkeit besonders ausgeprägt waren. Es ist nicht anzunehmen, daß der junge Herzog in dieser unruhigen Zeit viel mehr lernte als den Umgang mit Pferden und Waffen und die Kunst des Waidwerks, der er zeit seines Lebens leidenschaftlich ergeben war. Auch später scheint er mit Buchgelehrsamkeit kaum in Berührung gekommen zu sein. Seine »Autographen« auf den erhaltenen Urkunden bestehen ausschließlich aus Kreuzen. Wäre er nicht Herzog gewesen, hätte sich Wilhelm in dieser Zeit wahrscheinlich den jungen Adeligen angeschlossen, denen die Normandie zu eng wurde, und die auf der Suche nach gewinnbringenden Abenteuern nach Süden zogen, wo es zwei von ihnen gelang, in Unteritalien und Sizilien Fuß zu fassen und das normannische Südreich zu gründen.

Nach einer Periode relativer Ruhe scharte sich gegen Ende des Jahres 1046 eine Gruppe von Feudalherren der westlichen Normandie um Guy von Burgund, einen Cousin Wilhelms, der Ansprüche auf das Herzogtum erhob, weil seine Mutter eine Schwester von Wilhelms Vater gewesen war. Laut späteren, legendenhaft ausgeschmückten Überlieferungen begann die Revolte mit dem Versuch, Wilhelm während eines Aufenthalts in Valogne bei Cherbourg, dem Kern des feindlichen Gebietes, gefangenzunehmen und zu ermorden. Er wurde jedoch gewarnt, es gelang ihm zu fliehen und die weite Flußmündung der Vire in der Dunkelheit zu durchreiten. Er erreichte Ryes, wo er Unterstützung fand, und schließlich die sichere Burg Falaise. Von dort begab er sich umgehend nach Poissy bei Paris, um seinen Lehnsherrn König Heinrich zu treffen und um Hilfe zu bitten, die ihm gewährt wurde.

König Heinrich stellte sich selbst an die Spitze seines Heeres und rückte über Mézidon auf Caen vor, wo einige spärliche

Truppen zu ihm stießen, die Wilhelm in der Obernormandie zusammengetrommelt hatte. Gemeinsam erreichte man die Ebene von Val-ès-Dunes und traf auf die von Westen herannahende Streitmacht der Rebellen.

»Der größte Teil der Normannen focht unter dem Banner der Treulosigkeit«, berichtet die Chronik, »doch ließ der Anblick ihrer Schwerter den Führer des rächenden Heeres, Wilhelm, unverzagt. Er warf sich auf seine Feinde und setzte sie mit einem Blutbad in Schrecken . . . Die meisten von ihnen kamen in dem unwegsamen Gebiet um; einige starben auf dem Schlachtfeld, wo sie von den Fliehenden niedergetreten und zermalmt wurden; viele Reiter ertranken mit ihren Pferden in der Orne. Die Mühlen von Borbillon konnten sich wegen der vielen Leichen nicht weiterdrehen.«

Wilhelm hatte seine erste Bewährungsprobe bestanden. Wenn er die Schlacht ohne die königliche Hilfe auch nicht hätte gewinnen können, so vermochten sein Einsatz und seine Tapferkeit doch Freund und Feind zu beeindrucken. Die Zeit der Minderjährigkeit und Abhängigkeit war vorbei, er gedachte, sein Schicksal nun selbst in die Hand zu nehmen. Zunächst nahm er eine Gemahlin.

Die Auserwählte war Mathilda von Flandern, Tochter von Graf Balduin V., Nichte des Königs von Frankreich, eine erstaunlich gute Partie für einen jungen Mann illegitimer Abstammung und noch keineswegs gesicherter Zukunft. Es sah auch anfangs so aus, als würde die geplante Ehe gar nicht zustandekommen, denn Papst Leo IX. erhob auf der Synode von Reims Einspruch und belegte Wilhelm mit dem Bann, als er sich von seinem Vorhaben nicht abbringen ließ. Die Gründe für diesen Einspruch sind nie wirklich aufgeklärt worden. Fest steht, daß Wilhelm seinen Willen durchsetzte und der Bann aufgehoben wurde. Sein Versprechen, zusammen mit seiner Gemahlin in Caen zwei Abteien zu gründen, eine »aux hommes« für Mönche und eine »aux dames« für Nonnen, mag dabei eine nicht unwesentliche Rolle gespielt haben. Die beiden imposanten Abteikirchen, Saint-Etienne und La Trinité, stehen noch heute, sie überstanden sogar die Verwüstungen

14

des Zweiten Weltkriegs, der die Häuser der Stadt zwischen ihnen in Schutt und Asche legte.

Die Ehe Wilhelms und Mathildas, aus der neun Kinder hervorgingen, war gut, nicht zuletzt deshalb, weil Wilhelm seiner Gemahlin unverbrüchlich die Treue hielt. Es ist nicht überliefert, ob dies aus Zuneigung geschah, oder ob er nur vermeiden wollte, illegitime Sprößlinge in die Welt zu setzen, denen er ein Schicksal wie sein eigenes ersparen wollte.

Nicht lange nach seiner Hochzeit in Eu, unweit der Mündung der Bresle, dem nordöstlichen Grenzfluß der Normandie, an der nicht nur Graf Balduin von Flandern, sondern auch Herleva und Herluin de Conteville teilnahmen, rüstete Wilhelm zu seiner ersten selbständigen Unternehmung. Graf Geoffrey »Martell« von Anjou bedrohte die Südgrenze des Herzogtums, und Wilhelm war entschlossen, ihm seine Burgen Alençon und Domfront zu entreißen, die Geoffrey als Operationsbasen benützte. Wilhelm belagerte zunächst Domfront, und Geoffrey führte ein Entsatzheer heran, zog sich aber zurück, bevor es zur Schlacht kam. Daraufhin brach Wilhelm die Belagerung ab und startete einen Überraschungsangriff auf Alençon, dessen schwacher Widerstand rasch gebrochen war. Die Chronik berichtet, daß er einigen Bewohnern von Alençon, die meinten, ihn durch das Schwingen von Häuten und Fellen verhöhnen zu können (eine Anspielung auf den Beruf von Herlevas Vater), Hände und Füße abschlagen ließ. Domfront soll sich daraufhin aus Furcht kampflos ergeben haben und wurde mit Milde behandelt. Von da an wagte niemand mehr, über Wilhelms illegitime Abkunft in der Öffentlichkeit zu spotten.

In diesem Frühjahr 1051 empfing Wilhelm eine bedeutsame Botschaft des Königs Eduard von England.

Eduard, Sohn König Ethelreds II. und einer normannischen Mutter, verheiratet mit der Tochter des mächtigen Grafen Godwin von Wessex, war seit neun Jahren König, doch ohne leibliche Nachkommen. Absolutes Gegenbild seines Stiefvaters Cnut, der England mit harter Hand regiert hatte, liebte er die Gesellschaft gelehrter Kirchenmänner, vor allem solcher aus der Normandie oder aus Lothringen, die ihn an seine Jugend im Exil erinnerten. Er widmete sich dem Ausbau der Abtei von Westminster und anderen frommen Werken, was ihm nach seinem Tod den Beinamen »der Bekenner« und 1161 die Kanonisation eintrug.

Da Eduard mit eigener Nachkommenschaft nicht mehr rechnete, designierte er seinen normannischen Vetter Wilhelm (Eduards Mutter Emma war eine Schwester von Wilhelms Großvater gewesen) zum nächsten König von England, sehr zum Mißfallen des Godwin-Clans, dessen Pläne dahin gingen, Godwins Sohn Harold zu gegebener Zeit auf den Schild zu erheben. Nach angelsächsischem Recht mußte ein neuer König allerdings vom Witanagemot, der Versammlung der Edlen, gewählt oder zumindest bestätigt werden.

Es ist nicht überliefert, wie Wilhelm Eduards Botschaft aufnahm, doch seine spätere Handlungsweise läßt darauf schließen, daß er die englische Thronfolge von nun an als sein unverbrüchliches Recht betrachtete.

Noch hatte er allerdings einiges zu tun, um seine Stellung in der Normandie zu festigen, denn die Schwierigkeiten und Bedrohungen nahmen kein Ende. König Heinrich, sein einstiger Retter, schlug sich auf die Seite seiner Gegner, die das reiche Land gern unter sich aufgeteilt hätten, aber Wilhelm besiegte sie in zwei blutigen Schlachten bei Mortemer und Varaville. Als Heinrich und Geoffrey von Anjou 1060 starben, wendete sich das Blatt vollends zugunsten Wilhelms. Sein Schwiegervater Balduin von Flandern wurde für Heinrichs unmündigen Sohn Philipp Regent von Frankreich, und Wilhelm konnte die schon begonnene Eroberung der Grafschaft Maine abschließen.

Ausschlaggebend für Wilhelms Erfolg waren nicht nur Intelligenz und Zielstrebigkeit, sondern vor allem seine überragende militärische Begabung. Er plante seine Feldzüge strategisch, schlug niemals wild drauflos, sondern wog ab, was möglich und was nicht möglich war. Seine persönliche Tapferkeit war ebenso groß wie seine Schlauheit, und oft gelang es ihm, seine Gegner durch überraschende Aktionen auszumanövrieren. Wie vor Alençon schreckte er auch später nicht vor grausamen und brutalen Methoden zurück, um sein Ziel zu erreichen oder seine Gegner einzuschüchtern, aber dies war allgemein geübte Kriegspraxis – nicht nur zu seiner Zeit. Der talentierteste Feldherr ist jedoch nichts ohne »fortune« – und auch sie schien an Wilhelms Fahnen geheftet zu sein.

Im Jahr 1064 stach Harold Godwineson von Chichester (oder Bosham) aus in See, möglicherweise im Auftrag von König Eduard, um Wilhelm seine Thronfolge in England zu bestätigen. Widrige Winde brachten ihn aber von seinem Kurs ab und zwangen ihn, an der Küste der Grafschaft Ponthieu, nahe der Mündung der Somme, zu landen. Dort wurde er nach Landessitte vom regierenden Grafen Guy wie ein schiffbrüchiger Seemann gefangengenommen und in der Burg Beaurain in den Kerker geworfen. Als Wilhelm davon erfuhr, erkannte er sofort, welche günstige Gelegenheit sich ihm bot. Er verlangte und erreichte die Auslieferung Harolds, behandelte ihn wie einen Ehrengast und geleitete ihn mit einer Truppe bewaffneter Reiter nach Rouen. Dort (oder in Bayeux) veranlaßte er Harold, in Gegenwart einer Versammlung von Feudalherrn, seinen Eid der Lehnstreue zu leisten und ihn als Nachfolger König Eduards anzuerkennen. Da Harold sich in Wilhelms Gewalt befand, blieb ihm wohl nichts anderes übrig, vielleicht hoffte er auch, später geltend machen zu können, der Eid sei erzwungen gewesen. Hoch geehrt und reich beschenkt kehrte er schließlich nach England zurück. Als Mitbewerber um den englischen Thron war er in der öffentlichen Meinung Europas jetzt so gut wie ausgeschieden – eleganter hätte ihn Wilhelm gar nicht ausmanövrieren können, so meinte er zumindest.

Staunen und Wut des Herzogs müssen groß gewesen sein, als ihn die Nachricht erreichte, daß sich Harold bereits einen Tag nach dem am 5. Januar 1066 erfolgten Tod König Eduards die Krone Englands aufgesetzt hatte, mit Unterstützung einiger Feudalherren und eines Erzbischofs. Die unwürdige Hast läßt darauf schließen, daß Harold mit Widerstand rechnete, obwohl König Eduard ihn (angeblich) auf dem Sterbebett zu seinem Nachfolger ernannt hatte – entgegen früher gemachter Äußerungen.

Wenn Wilhelm seine Rechte wahrnehmen wollte – von denen er zutiefst überzeugt war –, mußte er die Invasion Englands vorbereiten, und er zögerte keinen Augenblick.

Zuerst sandte er einen formalen Protest an den englischen Hof und berief dann eine Versammlung von Feudalherren ein, die dem inneren Kreis des normannischen Adels angehörten, der seinen Aufstieg zur Macht unterstützt hatte. Nach anfänglichen Warnungen vor den Risken einer solchen Unternehmung war die Begeisterung für Wilhelms Plan bald allgemein.

Parallel zu den militärischen Vorbereitungen, vor allem dem Ausbau der Flotte, war Wilhelm auch diplomatisch aktiv und bemüht, seine Sache moralisch zu rechtfertigen. Er erreichte, daß Papst Alexander II. die Unternehmung billigte (er übersandte ihm sogar ein geweihtes Banner) und die europäischen Fürsten, auf die es ankam, wohlwollend neutral blieben. Auf diese Weise konnte er seiner Unternehmung, die manchen als nichts anderes als ein Raubzug erscheinen mochte, den Anstrich moralischer Rechtfertigung verleihen. Freiwillige strömten in Scharen in die Normandie, überzeugt, einer guten und gerechten Sache zu dienen, bei der auch für sie persönlich einiges zu holen war – eine Einstellung, die sich auch die späteren Kreuzfahrer zu eigen machten, bevor sie ins Heilige Land zogen.

Auch für die Verwaltung der Normandie während seiner Abwesenheit ergriff Wilhelm besondere Maßnahmen. Er setzte seinen vierzehnjährigen Sohn Robert als Erben des Herzogtums ein und ließ ihm von den wichtigsten Feudalherren den Treueid leisten. Die eigentliche Regentschaft übernahm seine Gemahlin Mathilda, unterstützt von einigen bewährten Adeligen. Einen Höhepunkt der Vorbereitungen stellte die Weihe der Abtei von La Trinité in Caen dar, die am 18. Juni 1066 in Anwesenheit der bedeutendsten geistlichen und weltlichen normannischen Würdenträger höchst feierlich vor sich ging.

Im Juli sammelte sich die Invasionsflotte (700 bis 1000 Schiffe – die Angaben weichen stark voneinander ab) in der Mündungsbucht der Dives und in benachbarten Häfen der westlichen Normandie, konnte aber wegen ungünstiger Windverhältnisse lange nicht auslaufen. Was zuerst als ein Unglück erschien, sollte sich bald als Glück herausstellen. König Harold mußte nämlich seine Flotte, die im Kanal auf die Invasoren gelauert hatte, aus Proviantmangel abziehen, und seine Landtruppen in den Norden verlegen, wo der letzte Wikingerkönig, der Norweger Harald Hardraada eingefallen war, der ebenfalls Anspruch auf den englischen Thron erhob. Als Wilhelms Schiffe in der Nacht vom 27. auf den 28. September endlich den Kanal überqueren konnten, blieben sie völlig unbehelligt und landeten am frühen Morgen in Pevensey. Auch dort stieß die Invasionsarmee auf keinen nennenswerten Widerstand.

Um diese so unspektakuläre Überfahrt ein wenig farbiger zu gestalten, haben die Chronisten viele Anekdoten aufgezeichnet. In einer von ihnen wird berichtet, daß Wilhelms Schiff »Mora«, ein Geschenk seiner Gemahlin, das mit einer Laterne am Mast die Flotte anführte, auf halbem Weg die Verbindung zu den anderen verlor und Wilhelm die aufsteigende Panik seiner Mannschaft damit erstickte, daß er sich völlig gelassen verhielt und ein reichliches Mahl servieren ließ, dem er, ebenso wie dem Gewürzwein, gut gelaunt zusprach. Nach einiger Zeit stieß die restliche Flotte wieder zu ihnen.

Als Wilhelm am Strand von Pevensey aus seinem Schiff sprang, glitt er aus und und stützte sich mit der Hand am Sandboden ab. »Du hast den Boden Englands bereits im Griff, Herzog«, rief ihm einer seiner Krieger zu, weit entfernt, den Vorfall als böses Omen zu nehmen.

Später schrieb Wilhelm von Poitiers in seinen »Gesta Guillelmi Ducis Normannorum et Regis Anglorum«, Wilhelm sei erschienen wie Agamemnon, der den Raub Helenas rächte, um eine Krone zu fordern, die die seine war; wie Xerxes habe er eine Brücke von Schiffen errichtet, die geschaffen war,

England und die Normandie zu verbinden. Ganz anders sah das Ereignis E.A.Freeman, ein englischer Historiker des späten 19. Jahrhunderts, für den der »mächtige Normanne den vornehmsten der Engländer« zerstörte, den »Helden und Märtyrer unserer ursprünglichen Freiheit«.

Nach der Landung traf Wilhelm sofort geeignete Maßnahmen, um sein Heer zu schützen. Er wußte weder, wann sein Gegner sich stellen würde, noch, welcher es sein würde, denn die Nachricht von Harolds Sieg über den König von Norwegen bei Stamford Bridge bei York konnte ihn noch nicht erreicht haben. Zuerst setzte Wilhelm die alte römische Festung Pevensey in Verteidigungsbereitschaft und versuchte dann, die Struktur der Küste strategisch zu nützen. Es war wesentlich, die Verbindung zu den Schiffen aufrechtzuerhalten, auch im Hinblick auf einen möglichen Rückzug. Also verlegte er seine Armee nach Hastings, das einen hervorragenden Hafen besaß und an der Basis einer kleinen Halbinsel lag, die leicht verteidigt werden konnte. Zwei seichte, heute versandete Flußmündungen schützten sie im Westen und Osten, und im Norden erstreckte sich eine dichtbewaldete Hügellandschaft, die nur unter Schwierigkeiten zu durchqueren war. Die Truppen wurden durch Schanzarbeiten innerhalb von Hastings und durch Raub- und Verwüstungszüge in die Umgebung beschäftigt. Sie sollten den Gegner zum Angriff reizen, bevor die Mittel des Invasionsheeres erschöpft waren.

Der Plan war gut, wäre aber ohne Wilhelms Glück nicht aufgegangen. Es bestand in Harolds mutiger, aber viel zu ungestümer Annahme der normannischen Herausforderung. Er zog nach Stamford Bridge in Eilmärschen nach Süden und erreichte London um den 6. Oktober. Dabei hatte er einen Großteil seines Fußvolks und seiner Bogenschützen zurücklassen müssen und sich nicht die Zeit genommen, sie entsprechend zu ersetzen. Darüber hinaus entschloß er sich zu einem unmittelbaren Angriff, der den Gegner überraschen sollte. Durch den verfrühten Kampf mit erschöpften Truppen spielte er seinem Feind jedoch alle Vorteile in die Hand.

Harold bezog in der Nacht vom 13. auf den 14. Oktober

in der Nähe der heutigen Stadt Battle Stellung. Als die Nachricht Wilhelm erreichte, erkannte er die einmalige Chance, die sich ihm bot, und nützte sie. Er verließ Hastings am frühen Morgen des 14. und ging zum Angriff über, sobald er Harolds Position geortet hatte. Nicht Harold, sondern Wilhelm gelang die Überrumpelung, doch der Sieg der Normannen wäre vielleicht weniger eindeutig ausgefallen, wären die englischen Truppen nicht übermüdet gewesen und hätte Harold nicht in der Schlacht den Tod gefunden. Der glücklose König wurde zuerst ohne Zeremonie an der Küste verscharrt, obwohl seine Mutter versuchte hatte, Wilhelm durch ein Geldgeschenk zu bewegen, ihm ein christliches Begräbnis zu gewähren. Erst später wurde Harold in die von ihm gestiftete Abteikirche von Waltham überführt, wo noch heute eine dunkle Marmorplatte gezeigt wird, die von seinem Grab stammen soll.

Als die Toten bestattet waren, kehrte Wilhelm nach Hastings zurück, um seinen Truppen Erholung zu gönnen und etwaige Unterwerfungsangebote abzuwarten. Als keine eintrafen, brach Wilhelm wieder auf, zog die Küste entlang nach Dover und wandte sich dann nach Norden, in Richtung Canterbury. Sein Vormarsch war durch die gleiche Mischung von Unbarmherzigkeit und Milde gekennzeichnet, die er schon auf früheren Feldzügen praktiziert hatte. Eine Strafexpedition gegen Romney veranlaßte Dover, sich ohne Widerstand zu unterwerfen, und Canterbury kapitulierte bereits, bevor er die Tore der Stadt erreicht hatte. Winchester folgte. Gegen Ende November war Wilhelm Herr über Südostengland, doch es war nach wie vor höchst ungewiß, ob er sich würde behaupten können, um so mehr als eine Gruppe englischer Adeliger dafür plädierte, Edgar Aetheling, einen entfernten Verwandten Eduards des Bekenners, zum König zu machen. Die Uneinigkeit des Adels arbeitete für Wilhelm, der sich inzwischen anschickte, die Hauptstadt zu erobern. Nicht im Sturmangriff, das wäre ihm mit den zur Verfügung stehenden Truppen nicht möglich gewesen, sondern durch Isolierung. In einem Gewaltmarsch zog er Anfang Dezember einen Ring der

Verwüstung um London, schlug einen Teil der Truppen Edgar Aethelings, die einen Ausfall gewagt hatten, steckte Southwark in Brand, verwüstete das nördliche Hampshire, fiel in Berkshire ein und überquerte bei Wallingford die Themse. Die Taktik der verbrannten Erde zeigte bald ihre Wirkung. Als Wilhelm bei Berkhampstead seinen Kreis geschlossen hatte, erschienen nicht nur Edgar Aetheling und die Grafen von Mercien und Northumbrien, sondern auch die Erzbischöfe von York und Canterbury sowie alle wichtigen Männer Londons und unterwarfen sich. Wenige Tage vor Weihnachten zog Wilhelm in seiner neuen Hauptstadt ein.

Die Krönung fand am 25. Dezember 1066 in der Abtei von Westminster statt, in der auch Harold gekrönt worden war und Eduard der Bekenner bestattet lag. Ealdred, der Erzbischof von York, nahm die Krönung vor, nach altem englischen Brauch, zur Unterstreichung der Kontinuität. Neu war, daß der König dem Volk vorgestellt wurde, zuerst in englischer Sprache durch Erzbischof Ealdred, dann in französischer durch Bischof Geoffrey von Coutances. Die zur Bewachung des Münsters aufgestellten Truppen mißverstanden die Jubelschreie des Volkes, die nach außen drangen, vermuteten einen Aufruhr und legten an die benachbarten Häuser Feuer. Ein unheilvolles Ereignis, das Unruhe und Bestürzung hervorrief, das Geschehene aber nicht rückgängig machte. Der Nachkomme des Wikingers Rollo, der Sohn der normannischen Gerberstochter Herleva, Wilhelm, Herzog der Normandie, war nun König von England. Unmittelbar nach der Krönung begann er mit dem Bau einer Burg am Ufer der Themse, die als »White Tower« bis heute das Herzstück der Tower-Anlage darstellt.

Für das Land der Angelsachsen galt, was für die Besiegten aller Zeiten gegolten hat: Vae victis. Wilhelm gab die Ländereien der angelsächsischen Feudalherren, die bei Hastings gefallen waren oder gegen ihn rebelliert hatten, vor allem sämtliche Besitzungen der Familie König Harolds, an seine Kampfgefährten und startete bereits in den ersten Wochen nach seiner Krönung eine systematische Plünderung des eroberten Landes. Berge von Schätzen nahmen ihren Weg über den Kanal, unzählige Kirchen und Klöster auf dem Kontinent erhielten reiche Schenkungen, auch der Papst wurde bedacht, nicht nur mit dem Kriegsbanner des geschlagenen Königs Harold, sondern mit Kostbarkeiten, für die sich selbst Byzanz nicht hätte zu schämen brauchen, wie die Chronik vermerkt.

Als Wilhelm im März 1067, nicht unbedingt freiwillig begleitet von zahlreichen englischen Herren, in die Normandie zurückkehrte, feierte er im alten herzoglichen Palast von Fécamp das Osterfest und ließ auch das Volk an der Siegesbeute teilhaben.

In England hatte er seinen Halbbruder, den Bischof Odo von Bayeux und Wilhelm FitzOsbern zurückgelassen, die nun begannen, das Königreich auf normannische Art zu regieren. Dabei war der Geist des Widerstandes gegen die Eindringlinge durchaus nicht gebrochen und weite Regionen im Westen und Norden noch keineswegs unterworfen. Die angelsächsische Chronik erzählt von brutaler Unterdrückung und emsigem Burgenbau. Auch von einer Strafexpedition gegen Exeter, die der zurückgekehrte Wilhelm führte, in deren Verlauf er eine Geisel in Sichtweite der Verteidiger auf den Wällen blenden ließ – die altbewährte Methode zur Erregung von Furcht und Schrecken.

Erst im Mai 1068 ließ Wilhelm seine Gemahlin Mathilda nachkommen. Am Pfingstsonntag krönte sie Erzbischof Ealdred von York in der Abtei von Westminster zur Königin von England.

Die Idee, Wilhelm würde ein Königreich beherrschen, dessen Aristokratie eine Mischung aus alteingesessenen Engländern und normannischen Neuankömmlingen sein würde, erwies sich bald als Utopie. Nur wenige Engländer faßten Vertrauen zu Wilhelm, und auch er traute nur wenigen. Anfängliche Versuche, die Landessprache zu erlernen, gab er bald auf. Im Grunde war er als König nicht erwünscht, das hatte schon die Unterstützung für Harold gezeigt. Die »ehrenvolle« Gefangenschaft englischer Herren, die er zusammen mit der reichen Kriegsbeute in die Normandie mitgenommen hatte,

23

trug ihm auch nicht die Zuneigung seiner neuen Untertanen ein. So kam es immer wieder zu größeren und kleineren Rebellionen, die nur deshalb keinen Erfolg hatten, weil sie unkoordiniert waren und ein Anführer fehlte, der Wilhelm gewachsen gewesen wäre. So führte er die systematische Verteilung englischer Ländereien an seine Gefolgsleute fort, nicht nur, weil er ihnen Dank schuldete, sondern auch aus Gründen der Sicherheit. Bischof Odo wurde Graf von Kent, Wilhelm FitzOsbern Graf von Hereford und Roger de Montgomery erhielt weite Territorien in Sussex, jeweils mit einer festen Burg im Zentrum, um die Verbindungslinien zur Küste und somit auch zur Normandie zu sichern.

Viel gefährlicher für Wilhelms Herrschaft als der lokale englische Widerstand erwies sich eine drohende dänische Invasion im Jahr 1069. Auch König Svein Estrithsson von Dänemark erhob Ansprüche auf den englischen Thron, denn er war ein Neffe Cnuts des Großen, der England zwischen 1016 und 1035 regiert hatte.

Die Dänen, vorerst unter Sveins Bruder Osbern, landeten an der Mündung des Humber und vereinigten sich mit verschiedenen Rebellengruppen, geführt von Edgar Aetheling und den Grafen Gospatric und Waltheof von Northumbrien. Das Heeresaufgebot zeigte sich jedoch der überlegenen Strategie Wilhelms nicht gewachsen, die Dänen schlossen Frieden mit Wilhelm und versprachen, im Frühjahr die Segel in Richtung Dänemark zu setzen. Wilhelms englische Gegner waren an diesem Friedensschluß nicht beteiligt. Sie hatten sich in den bergigen Norden zurückgezogen und warteten auf Wilhelms Abmarsch, um erneut in Erscheinung zu treten. Aber Wilhelm zog nicht ab, sondern teilte seine Armee in kleine Einheiten, deren Aufgabe es war, die Rebellen zu verfolgen und das Land zu verwüsten. Bauern wurden erschlagen, die mit Korn gefüllten Scheunen niedergebrannt, Tiere getötet und Werkzeuge und Pflüge zerstört – es sollte keine Aussaat geben im kommenden Frühjahr. Ein Zeitgenosse beschrieb, wie die Leichen der Erschlagenen in den Häusern und auf den Straßen verfaulten, die Überlebenden sich vom Fleisch der Pferde, Hunde und Katzen ernährten und sich selbst als Sklaven verkauften. Zwischen York und Durham war kein Dorf mehr bewohnt, und für neun Jahre blieben die Felder unbestellt. Schließlich ergaben sich Gospatric und Waltheof am Ufer des Tees. Wilhelm hatte auf grausame Art gezeigt, daß er die Unterstützung von Rebellen nicht duldete.

Zu Ostern 1070 empfing Wilhelm in Winchester zwei päpstliche Kardinallegaten, die eine nochmalige feierliche Krönung vornahmen, Wilhelm war nun auch von von der höchsten Instanz der Christenheit als König bestätigt. Anschließend hielten die Legaten ein Konzil ab, auf dem nicht nur eine – dringend notwendige – sittliche Reform sondern auch eine weitgehende Reorganisation der englischen Kirche beschlossen wurde, die vor allem darauf hinauslief, englische Bischöfe und Äbte durch Normannen zu ersetzen. Die bedeutendste Investitur war die des Abtes Lanfranc von Saint-Etienne in Caen zum Erzbischof von Canterbury, einem berühmten Rechtsgelehrten und wichtigen Ratgeber des Königs.

Die nächsten beiden Jahre verwendete Wilhelm, um seine noch verbliebenen Gegner niederzuringen. Entgegen der Abmachung befanden sich die Dänen immer noch im Land, gestärkt durch die Ankunft ihres Königs Svein Estrithsson. Doch auch Svein mußte einsehen, daß er gegen Wilhelm keine Chance hatte, und kehrte nach Dänemark zurück. Die meisten englischen Rebellen, die noch übrig waren, wurden gefangengenommen, manche von ihnen ins Gefängnis geworfen, andere geblendet oder verstümmelt. Mit König Malcolm III. von Schottland, der Edgar Aetheling aufgenommen und unterstützt hatte, schloß Wilhelm den Vertrag von Abernethy, in dem Malcolm sich zur Vasallentreue und Stellung von Geiseln verpflichtete.

Die Maler, Zeichner und Bildhauer des frühen Mittelalters waren an der Porträtähnlichkeit dargestellter Personen nicht interessiert, demgemäß gibt es auch kein solches Porträt Wilhelms. Der berühmte »Teppich von Bayeux«, der die Eroberung Englands zum Gegenstand hat, eine mit farbigen Wollfäden auf Leinen gestickte »Kriegswochenschau« in der Art, wie sie römische Kaiser auf ihre Triumphsäulen meißeln ließen, zeigt zwar detaillierte Abbildungen von Kleidung, Waffen, Schiffen, Bauten, Bäumen und Tieren, aber nur stilisierte Darstellungen der handelnden Personen. Dasselbe trifft auf Wilhelms Siegel und seine Münzen zu, deren Gestalter nur die Aufgabe erfüllten, herrscherlicher Autorität Ausdruck zu verleihen. Als Wilhelms Grab 1522 zum erstenmal geöffnet wurde, soll es das Skelett eines großgewachsenen Mannes enthalten haben, mit außergewöhnlich langen Armen und Beinen. Nach der Verwüstung des Grabes durch religiöse Fanatiker blieb nur ein einzelner Oberschenkelknochen übrig, der in jüngster Zeit analysiert wurde und auf einen Mann schließen läßt, der ca. 1 Meter 75 groß war, respektabel für eine Zeit, in der die Durchschnittsgröße weit geringer war als heute. Auch die schriftlichen Quellen beschreiben Wilhelm als einen Mann von außerordentlicher Erscheinung und Kraft, der Würde und Autorität ausstrahlte. In späteren Jahren wurde er immer fettleibiger, was medizinische Gründe gehabt haben muß, denn seine Lebensweise war außerordentlich mäßig, im Essen und Trinken ebenso wie in bezug auf Frauen. Man hätte ihn geradezu einen Puritaner nennen können, wozu auch seine Humorlosigkeit paßte und sein gänzlicher Mangel an persönlichem Charme. Künste und Wissenschaften interessierten ihn nicht im geringsten, sein Hof glich eher einem Militärlager als einem Musenhof. Sein Charakter vereinte die gegensätzlichsten Eigenschaften: Mut und Schlauheit, Habgier und Großzügigkeit, Grausamkeit und Frömmigkeit, Brutalität und Milde, Heimtücke und Treue. Er war der Prototyp des mittelalterlichen Menschen, wie Johan Huizinga ihn beschrieben hat, der »den Geruch von Blut und Rosen in einem Atemzug vertrug«, aber auch der Prototyp des Eroberers. Die Eigenschaften, die ihn auszeichneten, lassen sich auch bei vielen seiner Nachfolger auf dem englischen Thron ausmachen. Sie sind nicht der Stoff, aus dem man Träume, sondern aus dem man Weltreiche zimmert.

Wilhelms Gemahlin Mathilda wird in den Quellen als anmutig, fromm, mildtätig, sogar als gelehrt gepriesen, das Ideal einer Gattin, Mutter und Königin, doch ihre Persönlichkeit bleibt schattenhaft. Als einzige Zeichen von Individualität lassen sich Stolz auf ihre königliche Abkunft und engagierte Parteinahme für ihren ältesten Sohn Robert ausmachen, als dieser mit seinem Vater in Konflikt geriet. Als Mathilda 1084 starb, soll Wilhelm tagelang geweint und ihr auch über den Tod hinaus die Treue bewahrt haben.

Robert wurde um 1053 geboren und entwickelte sich zum absoluten Gegenbild seines Vaters. Er war untersetzt und stämmig – sein Vater verspottete ihn als »Kurzhose« –, ein verwegener Reiter und Fechter, aber auch unzuverlässig, ausschweifend und verschwenderisch. Sein um zwei Jahre jüngerer Bruder Richard fiel in jungen Jahren einem Jagdunfall zum Opfer, und wie vielen früh Verstorbenen sagte man ihm nach, er hätte die schönsten Gaben und Hoffnungen mit ins Grab genommen. Der nächste Sohn, Wilhelm, um 1060 geboren, erhielt wegen seiner roten Gesichtsfarbe den Beinamen »Rufus« und erbte die Veranlagung zur Fettleibigkeit. Er wurde der zweite normannische König Englands, und sein Hof ging als einer der verrufensten des englischen Mittelalters in die Annalen ein, vor allem wegen der schamlos praktizierten Homosexualität Wilhelms und seiner Kumpane. Heinrich kam 1069 zur Welt, als einziger von Wilhelms Söhnen »purpurgeboren«, aber ebenso unattraktiv wie seine Brüder. Er scheint von allen der verschlagenste gewesen zu sein, denn die Umstände von Rufus' Tod auf der Jagd und Heinrichs hastiger Inbesitznahme des Throns sind zumindest undurchsichtig. Als sein ältester Bruder Robert, Herzog der Normandie, Anspruch auf den englischen Thron erhob, führte Heinrich ein Heer über den Kanal, schlug Robert in offener Feldschlacht und warf ihn in den Kerker, wo er bis zum Ende seines Lebens blieb.

Von Wilhelms Töchtern berichten die Chronisten wenig, weder über ihre Namen noch über ihre Zahl besteht Gewißheit. Cecilia wurde schon als Kind der Abtei La Trinité in Caen übergeben und erreichte als Äbtissin ein hohes Alter.

Constance, Gemahlin des Grafen Alan Fergant der Bretagne starb jung, und Adela, verheiratet mit dem Grafen von Blois-Chartres, wurde die Mutter Stephens, eines seiner Aufgabe nur unzureichend gewachsenen Beaus, der die Reihe der normannischen Könige von England beschloß. Sein Nachfolger wurde Heinrich II. Plantagenet aus der verwandten französischen Dynastie Anjou.

Sehr engen Kontakt hielt Wilhelm mit seinen Halbbrüdern. Robert erhielt die Grafschaft Mortain und später ausgedehnten Grundbesitz in England, war jedoch nicht mehr als ein Kampfgefährte und treuer Gefolgsmann ohne persönliches Profil. Ganz anders Odo, der Bischof von Bayeux, ein Mann von bedeutenden Gaben und schillerndem Charakter. Schon vor der englischen Expedition einer der wichtigsten Berater Wilhelms, wurde er, wie schon erwähnt, Wilhelms Stellvertreter in England, wo er bald nicht nur die Grafschaft Kent, sondern weitere immense Ländereien im Süden und Osten sein eigen nannte. Odericus Vitalis zeichnet das vernichtende Porträt eines Regenten, der seine Befugnisse mißbrauchte, die Armen unterdrückte und sich schamlos bereicherte. Auch aus dem berühmten »Domesday Book«, dem von Wilhelm initiierten Reichsgrundbuch, geht hervor, daß zahlreiche seiner Akquisitionen ungerechtfertigt waren. Ein Chronist der Abtei von Evesham nennt ihn einen »raubgierigen Wolf«, man könnte ihn auch als Beutemacher bezeichnen, ganz in der Art späterer Kolonialherren. Für Bayeux allerdings war Odo durchaus ein Gewinn, trotz seiner häufigen Abwesenheit. Er investierte die in England erworbenen Reichtümer in sein Bistum, unterstützte Scholaren und Poeten und baute eine neue Kathedrale, die am 14. Juli 1077 geweiht wurde. Möglicherweise präsentierte er zu diesem Anlaß auch den »Teppich von Bayeux«, der in seinem Auftrag in England angefertigt worden war, der – nicht gesicherten – Überlieferung nach von Königin Mathilda und ihren Hofdamen. Farben und Stickerei haben sich in erstaunlicher Frische über die Jahrhunderte erhalten und können heute noch in Bayeux bewundert werden.

Genauso spektakulär wie seine Karriere war auch Odos Fall. Offenbar genau unterrichtet über den zwischen Kaiser Heinrich IV. und Papst Gregor VII. tobenden »Investiturstreit«, schien er sich selbst für einen geeigneten Kompromißkandidaten gegenüber Gregor und dem von Heinrich eingesetzten Gegenpapst Clemens anzusehen. Er erwarb einen Palast in Rom, bestach römische Würdenträger und versicherte sich einer großen Anzahl von Rittern zur Unterstützung seines Vorhabens. Möglicherweise hoffte er auch auf eine Zusammenarbeit mit dem normannischen Südreich in Neapel und Sizilien. Als König Wilhelm von dem Plan seines Bruders erfuhr, schlug er gnadenlos zu. Er ließ ihn festnehmen, offiziell deshalb, weil er im Begriff war, Truppen aus England abzuziehen, wo sie notwendig gebraucht wurden, inoffiziell wohl auch, weil er Odos Selbstherrlichkeit und Mißwirtschaft als Regent satt hatte. Er stellte ihn vor Gericht, nahm ihn, als der Ausgang des Prozesses zweifelhaft schien, persönlich in Gewahrsam, ließ ihn nach Rouen bringen und in den Kerker werfen.

Wilhelms letzte Jahre waren nicht nur von familiären Querelen überschattet, wobei die Kontroversen mit seinem ältesten Sohn Robert besonders schmerzhaft waren, er mußte erneut gegen Aufständische ins Feld ziehen, nicht nur in England, sondern auch in der Normandie und in Maine. Gegen den französischen König Philipp, den Sohn seines einstigen Retters Heinrich, der sich zu seinen Feinden geschlagen hatte, erlitt er eine empfindliche militärische Niederlage.

1086 hielt sich Wilhelm zum letztenmal in England auf, und mit großer Wahrscheinlichkeit wurden ihm damals auch die ersten Teile des »Domesday Book« vorgelegt, der großen Bestandsaufnahme des von den Normannen in Besitz genommenen Landes der Angelsachsen. Am 1. August versammelten sich zahlreiche Landbesitzer in Old Sarum, noch heute eine faszinierende Ruinenstätte vor der von ihrer berühmten Kathedrale überragten Stadt Salisbury. Sie leisteten den feierlichen »Eid von Salisbury« als loyale Lehensträger des Königs. Er besiegelte die normannische Eroberung.

Wilhelm starb einen schweren Tod. Während der Eroberung und Verwüstung der Stadt Mantes an der Seine im August 1087 warf ihn ein unerwarteter Sprung seines Pferdes gegen den Sattelknauf, was schwere innere Verletzungen zur Folge hatte. Er brach die Aktion ab und ließ sich nach Rouen bringen, wo er sich vor dem Lärm der Stadt und der sengenden Sommerhitze in die außerhalb gelegene Priorei Saint-Gervais zurückzog. Es war bald offensichtlich, daß er nicht überleben würde. Um sein Lager versammelten sich hohe geistliche Würdenträger und Feudalherren, sein Bruder Robert von Mortain und seine beiden Söhne Wilhelm und Heinrich; Robert befand sich bei seinem Gegner Philipp von Frankreich. Trotz qualvoller Schmerzen soll Wilhelm bis zum Ende bei klarem Bewußtsein gewesen sein. Zum Heil seiner Seele verfügte er zahlreiche Schenkungen an Kirchen, Klöster und Arme, vermachte seine Kroninsignien der Abtei von Saint-Etienne in Caen und erließ eine Amnestie für alle Gefangenen, Odo von Bayeux ausgenommen – ein letzter Racheakt, von dem ihn Robert von Mortain jedoch abbringen konnte. Trotz aller Zwistigkeiten bestimmte er seinen Sohn Robert zum nächsten Herzog der Normandie. Wilhelm wurde die »Verwaltung« Englands übertragen, doch es bestand kein Zweifel, daß er als nächster König vorgesehen war. Heinrich erhielt eine beträchtliche Geldsumme.

Als Wilhelm im Morgengrauen des 9. September starb, brach eine allgemeine Panik aus. Seine Diener ergriffen nach der Plünderung des Sterbegemachs die Flucht, zahlreiche normannische Adelige verbarrikadierten sich auf ihren Burgen, und die Bürger von Rouen trafen Maßnahmen, um ihre Besitztümer in Sicherheit zu bringen.

Geistliche aus Rouen übernahmen es, den Leichnam für das Begräbnis vorzubereiten. Er wurde einbalsamiert und zu Schiff die Seine abwärts bis zum Meer, die Küste entlang bis zur Mündung der Orne und flußaufwärts nach Caen gebracht, um gemäß Wilhelms Wunsch in der Abteikirche von Saint-Etienne beigesetzt zu werden. Bei der Totenfeier waren alle Bischöfe und Äbte der Normandie und viele weltliche

Herren anwesend, auch der aus dem Gefängnis entlassene Odo. Von den Söhnen nahm nur Heinrich teil. Robert war noch nicht heimgekehrt und Wilhelm bereits auf dem Weg nach England. Der Bischof von Evreux hielt die Predigt.

Die würdige Zeremonie fand ein makabres Ende. Angesichts des aufgebahrten Leichnams erhob sich plötzlich ein Bürger von Caen und verlangte mit lauter Stimme eine Entschädigung, weil Wilhelm den Boden, auf dem sie alle standen, seinem Vater widerrechtlich entrissen hatte. Hastige und aufgeregte Beratungen fanden statt, und der Mann wurde abgefunden, als sich herausstellte, daß er die Wahrheit sprach. Als der Leichnam dann endlich in die Gruft gesenkt wurde, erwies sich der Steinsarkophag als zu klein, die Diener mußten Gewalt anwenden und verletzten den Körper. Trotz des Abbrennens großer Mengen von Weihrauch verbreitete sich in der Kirche ein grauenhafter Fäulnisgeruch, die Priester konnten die Feier nur mit Mühe zu Ende bringen, und alle Anwesenden verließen fluchtartig den Schauplatz. Diese Umstände bewogen den Chronisten Odericus Vitalis zu einer naheliegenden Meditation über die Vergänglichkeit alles Irdischen.

Wilhelm war kaum beerdigt, als der Streit seiner Söhne um das Erbe begann, der sowohl in England wie in der Normandie ausgetragen wurde und zu bürgerkriegsähnlichen Zuständen führte, aus denen schließlich Heinrich als Sieger hervorging. Die Basis, die sein Vater Wilhelm für ein zentrales Staatswesen und ein starkes Königtum gelegt hatte, erwies sich als tragfähig.

Viel Zeit sollte allerdings noch vergehen, bis die Angelsachsen und die Normannen in England zu einer Nation zusammenwuchsen, bis die mit keltischen, lateinischen und nordischen Lehnwörtern angereicherte westgermanische »Volkssprache« sich gegen das normannische Französisch der »Herren« durchsetzte, es aufsog und das reiche Idiom entwickelte, das zur Sprache Shakespeares werden sollte. Sie ist das eigentliche, dauerhafte und positive Vermächtnis des Eroberers.

II
PÄPSTLICHE BASTARDE

Cesare und Lucrezia Borgia

Giovanni Boccaccio, der, ebenso wie seine angebetete Fiametta, auch ein Kind der Liebe war, erzählt in der zweiten Geschichte des Ersten Tages seines »Decamerone« von dem Pariser Kaufmann Jeannot de Sevigné, der seinen Freund, den ehrlichen und rechtschaffenen Handelsjuden Abraham, zum Christentum bekehren will. Der sträubt sich lange und hartnäckig, gibt aber schließlich unter der Bedingung nach, vorher nach Rom zu reisen, um den Lebenswandel dessen zu sehen, den die Christen Gottes Stellvertreter auf Erden nennen. Jeannot versucht vergeblich, ihm das Vorhaben auszureden, denn er sagt sich im stillen, »kommt er an den Hof nach Rom und sieht er das verworfene, zügellose Leben der Geistlichen, so wird niemals aus einem Juden ein Christ werden«. Seufzend muß er ihn jedoch ziehen lassen. In Rom angekommen, beobachtet Abraham das Betragen des Papstes, der Kardinäle, Prälaten und Höflinge sehr aufmerksam und findet, »daß sie alle miteinander, vom Obersten bis zum Niedrigsten, in der schändlichsten Art der Wollust frönten, nicht nur der natürlichen, sondern auch der sodomitischen, ohne Gewissensbisse oder Schamgefühl, so daß der Einfluß der Dirnen und der Knaben für jeden, der etwas Wichtiges erlangen wollte, von nicht geringer Bedeutung war. Überdies erkannte er offenbar, daß sie allesamt Schwelger, Säufer und Trunkenbolde und, wie die unvernünftigen Tiere, nächst der Wollust am meisten dem Bauche untertan waren. Außerdem sah er sie alle so geizig und habgierig, daß sie Menschenblut, ja Christenblut ebenso wie kirchliche Dinge, wie immer die beschaffen waren, ob sie den Gottesdienst oder Pfründen betrafen, um Geld verkauften und einhandelten, und das Gefeilsche darum ärger und die Zahl der Makler größer als in

Paris beim Tuchhandel oder in einem enderen Geschäft war.« Nach seiner Rückkehr fragt Jeannot den Freund nach seinen Eindrücken und hört erwartungsgemäß, er habe »keine Frömmigkeit, keine Andacht, kein gutes Werk, kein gutes Beispiel oder sonst etwas dergleichen an irgendeinem Geistlichen gesehen; aber Wollust, Geiz und Völlerei und ähnliche Laster und ärgere«. Gar nicht erwartungsgemäß fügt Abraham jedoch hinzu, daß trotz aller Versuche ihrer unwürdigen Vertreter, die christliche Religion aus der Welt zu vertilgen, dies nicht gelungen sei, und sie stets wachse und an Glanz und Herrlichkeit gewinne. »Daraus schließe ich, daß sie als die wahrste und heiligste den Heiligen Geist zur Grundfeste und Stütze hat. Gehen wir also in die Kirche, und dort laß mich nach dem schuldigen Gebrauche eures heiligen Glaubens taufen!«

Dies schrieb Giovanni Boccaccio um die Mitte des 14. Jahrhunderts, als die Päpste nicht in Rom, sondern in Avignon residierten, aber ganz in der geschilderten Art.

Am römischen Hof der berüchtigten »Renaissance-Päpste« aus den Häusern Borgia, della Rovere, Cibo, Medici, Farnese und Carafa ging es ähnlich zu. Machtgier und Sittenlosigkeit, Nepotismus und Schwelgerei, Simonie und weltliche Prunkentfaltung nahmen Formen an, die schließlich, zusammen mit dem Ablaßhandel, zu Reformation und Kirchenspaltung führten. Die Stimmen einiger durchaus würdiger »Stellvertreter«, wie Nikolaus V. Parentucelli, Pius II. Piccolomini oder Hadrian VI. Florensz d'Edel verhallten ungehört.

Seit Damasus I. im 4. Jahrhundert war Alonso de Borja als Calixtus III. der erste Spanier auf dem Papstthron, ein Kompromißkandidat, denn die Kardinäle konnten sich nach dem Tod von Nikolaus V. im Jahr 1455 auf keinen der Favoriten einigen. Außerdem hatte er die Siebzig bereits überschritten, und die Kardinäle rechneten damit, daß er nicht lang regieren würde. Calixtus' großes Anliegen war der Kreuzzug gegen die Türken, die gerade Konstantinopel erobert hatten, doch er fand für dieses Unternehmen keine Mitstreiter. Viel mehr Erfolg hatte er mit der Plazierung seiner spanischen Verwandten und Freunde in Rom, die er mit fetten Pfründen und Ämtern ausstattete. Zwei seiner Neffen erhob er zu Kardinälen, Juan Luis de Mila und Rodrigo de Borja, ein weiterer Neffe, Pedro Luis de Mila, wurde Generalkapitän der Kirche und Gouverneur der Engelsburg.

Rodrigo de Borja, der sich nunmehr Borgia nannte, war fünfundzwanzig, als er Kardinal, sechsundzwanzig, als er päpstlicher Vizekanzler wurde, und er arbeitete fast fast vierzig Jahre daran, die Tiara zu erlangen, was ihm schließlich auch gelang.

Der Palast, in dem der Kardinal Rodrigo Borgia seine Fäden spann, stand an einer kleinen, idyllischen Piazza, die heute Sforza-Cesarini heißt und von exotischen Bäumen umstanden ist, deren fliederfarbene Blüten im Frühling einen betörenden Duft verströmen. Er soll ein »riesiges, hochaufragendes Haus« gewesen sein, prachtvoll dekoriert und mit erlesenem Luxus ausgestattet. Der Hausherr beeindruckte nicht nur durch seine stattliche, männlich-schöne Erscheinung, sondern auch durch seinen Charme. »In seiner Stimme«, schrieb Gaspare da Verona, »liegt ein besonderer Zauber. Er spricht mit Feuer und Weichheit zugleich. Seine schwarzen Augen sind herrlich. Auf seinem Gesicht liegt immer der vergnügteste Ausdruck von Heiterkeit und Glück. Im Gespräch berührt er das schwache Geschlecht auf seltsame Weise. Seine Reize üben stärkere Wirkung auf die Damen aus als der Magnet auf das Eisen.« Man meint, ein Porträt von Rodrigos berühmtem Landsmann Don Juan Tenorio vor sich zu haben, nicht das eines Kardinals und künftigen Papstes. Als Pius II. ihn mit einer vertraulichen Mission in Siena betraute, erlagen auch die Schönen dieser Stadt dem Charme des päpstlichen Vizekanzlers. Die Stadtneuigkeiten drangen an die Ohren des in Petriolo sein Gichtleiden pflegenden Oberhirten, der Rodrigo sein unziemliches Betragen mit strengen Worten verwies. »Geliebter Sohn«, schrieb Pius, »ich höre, daß in den Gärten des Giovanni de' Bichi eine Festlichkeit stattfand und eine große Anzahl als leichtfertig verschriener Frauen Sienas dort zusammenkam, um sich in Anwesenheit Eurer Eminenz Lustbarkeiten hinzugeben, die mit näherem Namen anzuführen mir meine Scham verbietet. Hier in Petriolo ist das eines Kirchenfürsten unwürdige, zügellose Betragen Eurer Eminenz zum Tagesgespräch geworden. Selbst Wir, der Statthalter Christi auf Erden, geraten in Gefahr, der allgemeinen Verachtung, dem Spott und Hohn der Welt anheim zu fallen, da wir Eurer Eminenz sittenloses Gebaren zu dulden scheinen. Euer Eminenz haben einen Sitz unter den Räten des Heiligen Stuhls, wozu Euer Eminenz Klugheit, Tatkraft und Wissen Sie gewiß befähigen. Möge aber Euer Eminenz bedenken, wie sehr die Autorität der Kirche gemindert wird, wenn ein Baumeister, ausersehen sie zu schützen, fortgesetzt Steine aus ihren Mauern löst und endlich den Turm selbst zum Einsturz bringen wird. Euer Eminenz sind noch sehr jung, aber nicht mehr so jung, um den ganzen Tag nichts als Wollust zu sinnen. Wir ermahnen Euch streng, aber väterlich.« Die im Original noch viel ausführlichere Philippika zeigte wenig Wirkung, es wird sogar berichtet, daß Rodrigo auf sie »mit unbändiger Heiterkeit« reagiert haben soll.

Um das Jahr 1466 oder 1467 erlag eine Römerin dem Charme des Kardinals, die ihn länger als irgendeine andere an sich fesseln sollte: Vannozza Cattanei. Sollte das in der Congregatio Caritatis in Rom erhaltene Porträt tatsächlich Vannozza darstellen, so war sie eine stattliche Frau mit blondem Haar, hellen Augen, eigenwilligen Lippen und einem Ausdruck, der auf Tatkraft und gesunden Menschenverstand schließen läßt. Aus einigen wenigen, von ihr diktierten Briefen – schreiben konnte sie nicht – geht hervor, daß ihr auch Schlauheit und Geschäftssinn nicht fremd waren. Der Kardinal kaufte Vannozza ein Haus in der Nähe seines Palastes und gab ihr Domenico d'Arignano zum Gemahl, einen Kirchenbeamten von respektablem Alter. So blieb der Schein gewahrt, und man konnte ein richtiges Familienleben führen, in Rom ebenso wie im appeninischen Subiaco. Das Leben in dem Doppelkloster, dessen Pfründe der Kardinal bezog, gestaltete sich allerdings weder einsiedlerisch noch asketisch. Man lebte in palastartigen Wohnräumen, lustwandelte in den mit Mosaiken, Fresken und antiken Skulpturen geschmückten Gängen und vergnügte sich in den prächtigen, mit Quellwasser bewässerten Gärten. In dieser angenehmen, zugleich herrschaftlichen und ländlichen Umgebung brachte Vannozza die Kinder des Kardinals zur Welt: 1475 Cesare, 1476 Juan, 1480 Lucrezia und 1482 Jofré. Dann lockerte sich die Beziehung zu der zweimal verwitweten und nunmehr mit dem Mantuaner Carlo Canale verheirateten Vannozza, die fortan das Leben einer hochgeachteten und wohlhabenden Matrone führte. Sie erreichte ein Alter von fast achtzig Jahren und überlebte alle ihre Kinder, mit Ausnahme von Lucrezia. »Sie erwarb sich neue Freunde durch diejenige Art von Frömmigkeit, in welcher der Lebenswandel alternder Sünderinnen zu allen Zeiten zu enden pflegt«, schrieb Lucrezias Biograph Ferdinand Gregorovius, und sie machte viele fromme Stiftungen für Hospitäler und bedürftige Kinder. Als sie 1518 starb, wurde sie in Santa Maria del Popolo mit allem Pomp begraben, »fast wie ein Kardinal«. Auch der Hof Leos X. nahm an den Exequien teil.

Rodrigo Borgia liebte alle seine Kinder, auch die, die er von anderen Frauen hatte, aber seine besondere Zuneigung und Fürsorge galt den Kindern Vannozzas. Lucrezia gab er in die Obhut seiner Base Adriana de Mila, der Mutter Orso Orsinis, von dem behauptet wurde, er sei ebenfalls ein Sohn Rodrigos. Er war ständiger Gast im Palazzo Orsini auf dem Monte Giordano, allerdings nicht nur seiner Tochter wegen, sondern auch um »La Bella« zu treffen, die strahlend schöne Giulia Farnese, die zwar Orsos Braut war, dem Charme des mittlerweile in sein sechstes Lebensjahrzehnt getretenen Rodrigo aber ebensowenig widerstehen konnte wie ihre Vorgängerinnen. Von Giulias Bruder Alessandro hätte man zu anderen Zeiten vielleicht erwartet, daß er zur Verteidigung ihrer Ehre aufgestanden wäre, doch Alessandro war von dieser Liaison hoch beglückt. Nicht nur, daß er selbst bereits einige illegitime Sprößlinge besaß, er hoffte auch, mit Giulias Hilfe in der Kirche große Karriere zu machen.

Juan und Cesare wurden schon im Knabenalter mit Pfründen und Benefizien überhäuft. Juan erhielt das spanische Herzogtum Gandía, für Cesare war die kirchliche Laufbahn vorgesehen. Obwohl »natürlicher Sohn eines Kardinals und einer verheirateten Frau«, entband ihn eine Bulle Sixtus' IV., die Legitimität seiner Geburt nachweisen zu müssen, um in den Genuß kirchlicher Benefizien kommen zu können. König Ferdinand von Aragón erkannte seine »Legitimität« an, und schon im Alter von sechs Jahren war Cesare Nutznießer einer Pfründe des Domkapitels von Valencia. Kurz darauf wurde er zum apostolischen Protonotar und somit Würdenträger der päpstlichen Kanzlei ernannt. Bis zum zwölften Lebensjahr in Rom erzogen, zeigte Cesare schon früh Begabung zum Studium und großen Wissensdrang. An Lorenz Beheim, den gelehrten Humanisten und Haushofmeister seines Vaters, richtete er einen Fragebogen, der sein Interesse für die gesamte Wissenschaft und Pseudowissenschaft seiner Zeit verrät: Er wollte erfahren, ob man ein künstliches Gedächtnis und künstliches Gold herstellen oder einen Totenkopf zum Sprechen bringen könne. Er wollte wissen, wie man Festungen und Brücken baute, und ob es nicht möglich sei, mittels eigener Apparate von einer Burg zur anderen zu sprechen oder unter Wasser zu atmen. Er wünschte über jene Geheimnisse von Chiffreschriften und über die des Liebeslebens unterrichtet zu werden, und eine eigene Rubrik war den Wirkungen von Giften gewidmet. Für geistliche Probleme oder religiöse Fragen schien sich der jugendliche Domherr allerdings nicht zu interessieren. Zusammen mit einem Präzeptor ging er an die Universitäten von Perugia und Pisa, um seine Studien fortzusetzen.

Lucrezia war noch nicht elf, als bereits erste Ehepläne mit einem spanischen Granden für sie geschmiedet wurden. Die Bindung der Borgias an Spanien blieb immer sehr stark, und der Fall Granadas, der die Reconquista krönte und die Herrschaft der Mauren in Spanien beendete, bot Rodrigo Borgia einen willkommenen Anlaß für üppige Veranstaltungen. Am 1. Februar 1492 erstrahlte Rom in festlicher Illumination, eine Dankprozession zog zur Kirche San Giacopo degli Spagnoli, und einige Tage später fanden in einer Arena Stierkämpfe statt, denen auch die »Kardinalsfamilie« beiwohnte, Rodrigo und seine Damen, Adriana de Mila, Giulia Farnese und Lucrezia.

Das »herrliche Leben« der römischen Kirchenfürsten, lange Zeit als normal gebilligt, erschien jedoch einer stetig wachsenden Anzahl von Gläubigen als schändlich und verachtenswert. Diese Meinung artikulierte sich in den Predigten des Florentiner Dominikanermönchs und Priors von San Marco, Girolamo Savonarola, der die Sittenlosigkeit der kirchlichen Repräsentanten anprangerte und ein fürchterliches Strafgericht Gottes prophezeite. Ähnliche Weissagungen gingen von Mund zu Mund, zahlreiche Propheten tauchten auf und nährten die allgemeine Weltuntergangsstimmung des zu Ende gehenden Jahrhunderts. Auch Papst Innozenz fühlte Mitte Juli 1492 seinen Tod herannahen, und die Kardinäle begannen, die Nachfolgefrage zu diskutieren.

Während das Begräbnis des Papstes in prunkvoller Weise begangen wurde, vollzogen sich bereits in aller Stille die Wahlmanöver. Der spanische Bischof Bernardino Lopez de Carvajal forderte die in der Sixtinischen Kapelle versammelten Kardinäle zwar nachdrücklich auf, den geeignetsten Kandidaten zu wählen, der den Lastern der Kirchenfürsten wehren und dem Schacher mit heiligen Gütern ein Ende setzen sollte, doch seine Mahnung war in den Wind gesprochen. Ein schamloses Feilschen um Ämter und Pfründen setzte ein, und die Kandidaten überboten einander mit verlockenden Versprechungen. Zuerst schienen Giuliano della Rovere und Ascanio Sforza die meisten Aussichten zu haben, doch als sich im Mogengrauen des 11. August 1492 das Fenster des Konklavesaals öffnete, verkündete eine Stimme die Wahl Rodrigo Borgias, der den Namen Alexander VI. annahm.

Die Prachtentfaltung bei der Thronbesteigung des neuen Papstes überstieg alles bisher Dagewesene. Nach der Krönung auf den Stufen der alten Basilika von Sankt Peter ritt Alexander in einer Prozession zum Lateran, begleitet von zahlreichen Bewaffneten, den Oratoren verschiedener Staaten, den

Herren von Städten und Burgen und sämtlichen kirchlichen Würdenträgern. Auch seine Vertrauten und die Mitglieder der »Papstfamilie« fehlten nicht. Seidentücher, Samtdraperien und Triumphbögen schmückten die Straßen, junge Mädchen rezitierten schmeichelhafte Verse, und Spruchbänder verkündeten das Lob des Pontifex, verglichen ihn mit Alexander dem Großen und Julius Cäsar: »Rom war groß unter Cäsar. Nun ist es noch größer. Cäsar war Mensch, Alexander ist ein Gott.« Die Anhänger Savonarolas warteten vergeblich auf das Herniederfahren des »gladius domini«.

Alexander löste seine Wahlversprechen ein. Ein goldener Regen von mehr als 80.000 Dukaten in Form von Bistümern, Abteien, kirchlichen Benefizien und Lehen, von Städten und Schlössern ergoß sich über seine Wähler, die ohnedies keineswegs arm, aber trotzdem unersättlich waren. Auch Cesare ging nicht leer aus und erhielt das Erzbistum von Valencia und die Zisterzienserabtei Valdigna, Alessandro Farnese die Kardinalswürde. Da allgemein bekannt war, wem er sie verdankte, mußte er sich die Spottnamen »Cardinale Gonnella« oder »Cardinale Fregnese« gefallen lassen, wobei gonnella Weiberrock bedeutet und fregna in der Vulgärsprache den weiblichen Geschlechtsteil bezeichnet. Für Juan, Lucrezia und Jofré schließlich wurden vorteilhafte Heiraten beschlossen.

»Sie ist von mittlerer Größe und schlank«, schilderte der Parmenser Niccolò Cagnolo die zwölfjährige Papsttochter, »sie hat ein ovales Gesicht, eine feingeschnittene Nase, blondes Haar, helle, ein wenig verschleierte Augen, einen etwas zu großen Mund, blendend weiße Zähne und eine wohlgeformte, hellhäutige Brust.«

Eigentlich war Lucrezia noch mit Don Gasparo d'Aversa verlobt, doch ihrem Vater schien nun eine Verbindung mit dem Hause Sforza vorteilhafter, und der Spanier wurde trotz heftiger Gegenwehr abgefunden. Lucrezia lebte zu dieser Zeit mit Adriana de Mila und Giulia Farnese in einem Palazzo, der nach der Titelkirche seines Erbauers Santa Maria in Portico hieß. Er lag in unmittelbarer Nähe des Papstpalastes und ermöglichte den Bewohnerinnen ungesehenen Zugang zu den Privatgemächern des Papstes, dem Appartamento Borgia.

Dort fand auch die Hochzeit Lucrezias mit Giovanni Sforza statt, dem Grafen von Pesaro und Neffen des Kardinals Ascanio Sforza. Zur Belustigung der Gäste wurde eine der Komödien des Plautus aufgeführt. Sie waren in der Zeit der Wiederentdeckung der Antike große Mode, und der Pontifex amüsierte sich über die Darstellung verliebter Greise, übertölpelter Väter, ausschweifender Lebemänner, unersättlicher Mätressen und Parasiten – Zustände, die denen seines Rom, des päpstlichen, auf ein Haar glichen.

Für Cesare bedeutete die Ernennung zum Erzbischof von Valencia und bald darauf zum Kardinal nur ein Sprungbrett für eine viel größere und ganz anders geartete Karriere, denn es zog ihn »niemals auch nur im geringsten zur geistlichen Laufbahn«. Andrea Bocciaccio, Bischof von Modena und Geschäftsträger des Herzogs von Ferrara, schilderte den Sohn des Papstes als einen äußerst intelligenten jungen Mann, der seinen Lebensstil und seine Lebensziele bereits gewählt hatte. »Er wollte gerade zur Jagd aufbrechen und war mit vollkommener Eleganz gekleidet; ein kleines Rund in seinem Haar erinnerte kaum daran, daß er sich die Tonsur hatte ausrasieren lassen. Er ist eine Persönlichkeit von großem, ja äußerst bemerkenswertem Geistesvermögen; sein Gebaren ist das eines Potentatensohnes. Er hat ein heiteres Gemüt voller Fröhlichkeit, strahlt größte Lebensfreude aus und ist tatkräftiger als sein Bruder.« Gemeint ist Juan, der die weltliche Laufbahn einschlagen und Herzog von Gandía im spanischen Aragón werden durfte, nicht unbedingt zur Freude Cesares. Durch seine Vermählung mit Maria Enriquez, einer Nichte Ferdinands von Aragón, heiratete er sogar ins spanische Königshaus ein. Die katholischen Könige waren dem Papst zu Dank verpflichtet, denn er legte 1493 in einer Bulle die kolonialen Hoheitsgebiete Spaniens und Portugals mittels einer Demarkationslinie fest, sozusagen eine Garantie der eroberten und noch zu erobernden Gebiete, die 1494 im Vertrag von Tordesillas noch einmal festgeschrieben wurde. Sinn und Zweck der Verleihung dieser Rechte sollte vor allem sein, in diesen Ländern den christlichen Glauben zu verbreiten, doch in Wahrheit verbargen sich hinter dem Schleier christlicher Missionstätigkeit Eroberungssucht, Ausbeutung und der Beginn grausamer Kolonialpolitik.

Bei den Kardinalsernennungen im ersten Jahr seines Pontifikats verfolgte Alexander nicht nur private, sondern auch politische Ziele. Sie sollten die Großmächte zufriedenstellen und die Bemühungen seiner Feinde zunichte machen, die eine Annullierung der Papstwahl erreichen wollten. Den feindlich gesinnten Kardinälen della Rovere, Carafa und Piccolomini blieb nichts anderes übrig, als Rom zu verlassen und ihre Intrigen gegen den Borgia-Papst anderswo zu spinnen. Giuliano della Rovere fand bei Karl VIII. von Frankreich, der auf Grund vager Erbansprüche einen Zug nach Neapel plante, nur allzubald ein williges Ohr. Anfang September 1494 überschritt Karl die Alpen und wurde von Lodovico Sforza, »Il Moro«, im Herzogtum Mailand freundlich empfangen. In Florenz vertrieb Karl Piero de' Medici, den Sohn des »Magnifico«, und Savonarola verkündete in der Stadt seine Vision vom Schwert Gottes, das in der Gestalt des Franzosenkönigs auf Florenz niedersauste, um die sündigen Florentiner zu züchtigen. Vom Papst verlangte Karl freien Durchzug durch sein Gebiet und die türkische Geisel Djem, denn der König hatte feierlich proklamiert, daß er nicht nur gegen Neapel marschiere, sondern auch die heiligen Stätten der Christenheit befreien wolle. Außerdem war kurz zuvor blamablerweise bekanntgeworden, daß der Heilige Stuhl vom Beherrscher der Gläubigen nach wie vor eine Pension für den inhaftierten Prinzen bezog, sogar ein hochdotiertes Angebot des Sultans für die Ermordung Djems lag vor. Alexander plante zuerst, sich in die Festung Gaeta zu flüchten, die ihm König Alfonso von Neapel zur Verfügung gestellt hatte, beschloß dann aber doch, in Rom zu bleiben, und sich mit seinen Kostbarkeiten in der Engelsburg zu verschanzen. Ein neapolitanisch-päpstliches Heer wurde aufgeboten, die Franzosen an der Grenze des Kirchenstaates zu stellen. Die Operation mißlang jedoch, die Franzosen waren weder durch militärischen Widerstand noch durch diplomatische Aktionen aufzuhalten.

Am Abend des 31. Dezember zog Karl bei Regen und Sturm im Licht zahlloser Fackeln in Rom ein und bezog Quartier im Palazzo San Marco. Die Stimmung des Volkes, das dem König trotz seiner kläglichen Erscheinung zugejubelt hatte, schlug bald um, als es unter den Plünderungen der Soldateska zu leiden hatte. Obwohl keineswegs Herr der Lage, bewahrte Alexander seine Gelassenheit und lehnte die Forderungen der Franzosen ab: Übergabe der Engelsburg, Auslieferung des Prinzen Djem und Stellung Cesare Borgias als Geisel. Er ließ die Geschütze der Engelsburg auf die Franzosen richten und befahl seiner spanischen Garnison, auf den Mauern der Festung Posten zu beziehen. Mehr noch als durch diese militärischen Maßnahmen ließen sich die Angreifer jedoch durch die kostbarsten Reliquien Roms einschüchtern, deren Schreine auf der Umwallung aufgestellt wurden. Nach Angabe der Verteidiger enthielten sie die Häupter der Heiligen Petrus und Paulus und das Schweißtuch der Veronika.

Man nahm schließlich Verhandlungen auf, bei denen Alexander scheinbar Konzessionen machte, der Dupierte aber schließlich Karl war, der Alexanders überlegener Schlauheit nichts Gleichwertiges entgegensetzen konnte. Er erreichte zwar, daß Cesare Borgia und Prinz Djem ihn auf dem Zug nach Neapel begleiteten, doch Cesare gelang die Flucht, und der Prinz starb ganz plötzlich, möglicherweise an einer Lungenentzündung. Manche Chronisten behaupteten allerdings, er sei dem »Gift der Borgia« erlegen, ein Gerücht, das sich hartnäckig hielt, obwohl ein Beweis nicht erbracht wurde. Karl zog in Neapel ein, das Alfonso von Aragón fluchtartig verlassen hatte, und ließ sich feierlich krönen, doch auf dem Rückmarsch hatte seine Armee nicht nur Raubgut im Gepäck, sondern auch das im Hafen von Neapel bereits eingelangte »Rachegeschenk Amerikas«: die Syphilis. Er mußte sich aus Italien zurückziehen, um so mehr, als Alexander inzwischen eine »Heilige Liga« zustandegebracht hatte, der Mailand, Venedig, Ferdinand von Aragón und der deutsche König Maximilian angehörten. Der Papst konnte mit Genugtuung feststellen, daß nunmehr der König von Frankreich als barbarischer Eindringling und »Antichrist« bezeichnet wurde. In Florenz verkündete Savonarola, Karl sei vom Himmel gestraft worden, weil er weder eine Kirchenreform verwirklicht noch die unwürdigen Priester aus Rom verjagt habe. Zu Weihnachten 1495 ließ er durch den Großen Rat öffentlich Jesus Christus zum König des florentinischen Volkes erklären: »Das Gesetz der Priester wird außer Kraft gesetzt und diese selbst ihrer Würden entkleidet werden. Die Fürsten werden das Büßerhemd anlegen und die Völker vom Unglück zermalmt werden.« Aber Papst Alexander, der die französische Invasion so gut überstanden hatte, dachte nicht daran, sich durch einen fanatischen Prediger in seinen Plänen stören zu lassen.

Er ließ seinen Lieblingssohn Juan aus Spanien nach Italien kommen, machte ihn zum Generalkapitän der päpstlichen Truppen und schickte ihn zusammen mit dem Herzog von Urbino gegen die Orsini ins Feld, die Karl VIII. unterstützt hatten. Aus ihren Besitzungen in der römischen Campagna sollte ein Herzogtum gebildet und Juan übertragen werden. Doch das Feldherrntalent Juans hielt sich in Grenzen, und nach einigen blamablen Schlappen sah sich der Papst gezwungen, Frieden zu schließen. Das Fürstentum für Juan sollte nun aus Lehnsgütern des Heiligen Stuhls geformt werden, die auf dem Territorium des Königreichs von Neapel lagen, eine Preisgabe kirchlicher Rechte, der sich allerdings nur der Kardinal Piccolomini zu wiedersetzen wagte. Auch die Empörung Cesares gegen seinen Bruder wuchs, der auf so außergewöhnliche Weise belohnt wurde, obwohl sich seine Taten in Rom auf Alkovenabenteuer beschränkten.

Vannozza Cattanei, die Mutter der Papstsöhne, wollte die beiden miteinander aussöhnen und lud sie an einem Juniabend 1497 zu einem Fest in ihren Weinberg bei San Pietro in Vincoli. Unter den Lauben waren reichbesetzte Festtafeln aufgestellt, und bei Musik und Tanz unterhielt man sich bis spät in die Nacht. Alles sah nach einem harmonischen Familienfest aus. Als sich die beiden Brüder auf ihren Mauleseln auf den Heimweg machten, verabschiedete sich Juan nicht weit von der Engelsbrücke von Cesare und bog in ein enges Gäßchen ein, das zum Judenplatz führte. Dort wurde er von einem Maskierten erwartet, der schon im Weingarten Vannozzas gesehen worden war und nun hinter ihm auf sein Reittier stieg. Juans Reitknecht sollte zurückbleiben und auf ihn warten.

Als Juans Diener am nächsten Tag die Abwesenheit ihres Herrn bemerkten, vermuteten sie zuerst ein galantes Abenteuer, machten jedoch Meldung beim Papst. Am Abend war Juan immer noch nicht zurückgekehrt, und so schickte Alexander die Palastwache aus, die schließlich den schwer verletzten Reitknecht Juans auffand, der keine Auskünfte mehr geben konnte. Die erhielten sie von einem Mann, der die Nacht am Tiberufer verbracht und beobachtet hatte, wie einige Vermummte einen leblosen Körper in den Fluß warfen. Alle Fischer und Schiffer wurden nun zusammengetrommelt und Schleppnetze über den Grund geführt. Die Leiche, die schließlich aus dem Wasser gezogen wurde, war tatsächlich die des Herzogs von Gandía. Sie war von zehn Dolchstichen durchbohrt, doch es handelte sich offensichtlich um keinen Raubmord, denn weder Juans kostbare Kleidung noch die reichgefüllte Geldbörse fehlten.

Alexander war zutiefst erschüttert. Er gab Anweisung, Juan feierlich beizusetzen und Ermittlungen anzustellen, um die Mörder zu fassen. Man ging vielen Fährten nach, doch sie verliefen schließlich alle im Sande. Nach wenigen Wochen wurden die Nachforschungen eingestellt. Der Papst behauptete, den Mörder zu kennen, gab jedoch seinen Namen nicht preis. Der Schuldige konnte also weder ein römischer Baron noch ein eifersüchtiger Ehemann sein, der unverzüglich der Justiz übergeben worden wäre. Man schloß daraus, daß Juans Bruder Cesare, dessen Haß und Eifersucht bekannt waren, die Tat begangen hatte. Sie konnte ihm nie nachgewiesen werden, doch zeitgenössische Korrespondenten sprachen diesen Verdacht in ihren Berichten offen aus. Der Papst hüllte sich in Schweigen.

Als sich Alexander von dem schweren Schlag einigermaßen erholt hatte, versammelte er die Kardinäle und Botschafter, legte ihnen in bewegten Worten seinen Schmerz dar und erklärte, er wolle nun eine Kirchenreform ins Werk setzen, um so für seine Sünden und die seiner Famlie zu büßen. Diese Botschaft wurde allgemein mit Beifall aufgenommen, sebst der streitbare Savonarola, seit sieben Monaten mit dem Kirchenbann belegt, schickte einen Kondolenzbrief.

Der Papst rief tatsächlich eine Reformkommission ins Leben, die den Text einer Bulle erarbeitete, die eine Umordnung in der Liturgie vornehmen, der Simonie und Veräußerung kirchlicher Güter Einhalt gebieten und die Übertragung von Bistümern regeln sollte. Diese bemerkenswerte Bulle hatte allerdings einen gravierenden Fehler: Sie wurde nie veröffentlicht. Schon einen Monat, nachdem die Kommission gebildet worden war, ließ Alexander sie nicht mehr zusammentreten, und es blieb alles beim alten. In Rom griff die Zügellosigkeit wieder um sich, Prälaten und Bürger schienen einander in der Lasterhaftigkeit ihrer Lebensführung übertreffen zu wollen, und sie ließen sich selbst durch die schreckliche »Franzosenkrankheit«, die Syphilis, die sich in allen Gesellschaftsschichten verbreitete, nicht von ihren Ausschweifungen abhalten.

Nachdem Alexander den kurzen Anfall von Bußfertigkeit überwunden hatte, widmete er sich mit neuer Kraft seinem Hauptinteresse: Macht und Ansehen seiner Familie zu mehren. Dabei sollte Lucrezia wieder ins Spiel gebracht werden. Ihr Gemahl Giovanni Sforza war gerade noch rechtzeitig aus Rom geflohen, um einem Mordanschlag zu entgehen, und nun wurden Möglichkeiten erwogen, um die Ehe aufzulösen, wobei als Scheinargumente Impotenz des Ehemannes und Nichtvollzug der Ehe herangezogen wurden. Giovanni bestritt voll Empörung alle gegen ihn ins Treffen geführten Behauptungen und ging zum Gegenangriff über: Der Papst wolle die Ehe seiner Tochter nur deshalb auflösen, weil er sie für sich selbst begehre, außerdem habe sie schon zu ihren Brüdern unerlaubte Beziehungen unterhalten, was auch der Grund gewesen sei, daß man ihm nach dem Leben trachtete.

Es nützte ihm wenig. Weder sein Onkel Lodovico in Mailand noch sein Onkel Ascanio, der Kardinal, unterstützten ihn, und so unterzeichnete er schließlich im Palast von Pesaro eine Erklärung über den Nichtvollzug der Ehe.

Von einem Widerstand Lucrezias ist nichts bekannt, sie hielt sich währenddessen im Kloster San Sisto an der Via Appia auf und harrte der Entwicklung der Dinge. Ein Bote ihres Vaters, der junge spanische Kammerdiener Pedro Caldès, Perotto genannt, hielt sie auf dem laufenden. In dieser Zeit soll sich zwischen den beiden jungen Leuten – Lucrezia war erst siebzehn – ein Liebesverhältnis entsponnen haben, das nicht ohne Folgen blieb und zu einer grotesken Situation führte: Als Lucrezia im Dezember 1497 im Vatikan an der Zeremonie zur Auflösung ihrer Ehe mit Giovanni Sforza teilnahm, während der der Spruch verlesen wurde, daß sie »intacta« sei, war sie bereits seit einigen Monaten schwanger. Als Cesare davon erfuhr, soll er sich in rasender Empörung auf Perotto gestürzt und mit dem Degen auf ihn eingeschlagen haben, so daß dem Papst, zu dem Perotto sich geflüchtet hatte, »das Blut ins Gesicht spritzte«. So berichtete jedenfalls der venezianische Botschafter Capello an die Signoria. Perotto wurde in den Kerker geworfen und stürzte kurz darauf »gegen seinen Willen in den Tiber«. Seine Leiche wurde zusammen mit jener von Lucrezias Gefolgsdame Pentasilea herausgefischt, und ganz Rom war der Meinung, nur Cesare könne der Mörder sein. Die pikante Neuigkeit von Lucrezias Schwangerschaft und das Schicksal Perottos machten die Runde an den italienischen Höfen. Wie schon nach Juan von Gandías Tod hüllte sich der Papst auch jetzt in Stillschweigen, und die Öffentlichkeit erfuhr nichts über das Kind, das im Frühjahr 1498 hinter den Mauern des Vatikans geboren wurde.

Indessen traten die Verhandlungen für eine neuerliche Eheschließung Lucrezias in ihr Endstadium. Der Auserwählte war »der schönste Prinz Italiens«, ein illegitimer Sproß des Königshauses von Neapel, Alfonso de Aragón, Herzog von Bisceglie.

Zuerst mußte aber noch der ewige Unruhestifter in Florenz, der »schwatzende Bruder« Girolamo, unschädlich gemacht werden. Nach heftigen Parteikämpfen, bei denen sich die Anhänger und die Gegner Savonarolas blutige Gefechte lieferten, wurde der Prior von San Marco nach einem Sturm des Pöbels auf sein Kloster Anfang April 1498 festgenommen und vor ein Inquisitionsgericht gestellt. Man unterzog ihn grausamer Torturen, doch weder die Streckbank noch glühende Kohlen konnten ein Geständnis der Ketzerei, politischer Fehltritte oder falscher Prophezeiungen aus ihm herauspressen. Auch sein Leidensgefährte Fra Domenico schwor dem Glauben an Savonarolas göttliche Erleuchtung nicht ab, nur der dritte Angeklagte, Fra Silvestro, gab jedes Verbrechen zu, das die Inquisitoren ihm unterstellten. Der Papst sandte zwei Bevollmächtigte, denen Savonarola die Namen der Kardinäle und Würdenträger nennen sollte, die ihn ermutigt hatten, die christlichen Fürsten zu seiner Absetzung aufzufordern. Vergeblich. Schließlich wurden alle drei als »Ketzer und Schismatiker« der weltlichen Obrigkeit überantwortet und am 23. Mai zum Richtplatz geführt. Vor dem Palazzo Vecchio nahm der Bischof von Vaison, Benedetto Pagnotti, die »Degradation« Savonarolas vor: »Ich schließe dich aus der streitenden Kirche und aus der triumphierenden Kirche aus.« Mit sanfter Stimme stellte der Verurteilte richtig: »Nur aus der streitenden Kirche. Zum anderen bist du nicht befugt.« Auf der gleichen Stelle der Piazza della Signoria, auf der die Florentiner ein Jahr zuvor auf Geheiß Savonarolas ihren »weltlichen Tand« den Flammen geopfert hatten, war der Galgen für die drei Mönche errichtet. Nach ihrer Hinrichtung zündete man am Fuße der Galgen Reisigbündel an und verbrannte ihre Körper zu Asche, die vom Ponte Vecchio in den Arno gestreut wurde.

Inzwischen liefen im Vatikan die Vorbereitungen für Lucrezias Hochzeit auf Hochtouren. Als der Bräutigam in Rom eintraf, empfingen ihn aufwendige Festlichkeiten, am 21. Juli fand die Vermählung statt. Unter den Trauzeugen befand sich auch der Kardinal Ascanio Sforza, der Onkel des auf so schmähliche Art von Lucrezia »geschiedenen« Giovanni. Die gleichaltrigen jungen Leute fanden schnell Gefallen aneinander und zogen sich zu den Flitterwochen in den Palazzo Santa Maria in Portico zurück.

Nicht lange nach Lucrezias Hochzeitsfeier versammelte der Papst ein Konsistorium, vor dem Cesare darlegte, daß er niemals die Berufung zur geistlichen Laufbahn verspürt habe und deshalb wünsche, in den Laienstand zurückzukehren. Erwartungsgemäß stimmten die Kardinäle zu, der Papst entband seinen Sohn von den Gelübden, die er ohnedies nicht gehalten hatte, und erlaubte ihm, sich zu vermählen. Noch am selben Tag traf der königliche Kämmerer Louis de Villeneuve in Rom ein und lud Cesare im Namen Ludwigs XII., des neuen Königs von Frankreich, an den französischen Hof ein. Als besondere Aufmerksamkeit verlieh er dem ehemaligen Kardinal von Valencia die Grafschaften Valence und Die sowie die Herrschaft Issoudun, später zum Herzogtum Valentinois zusammengefaßt.

Als erstes Projekt wurde eine vorteilhafte Eheschließung ins Auge gefaßt. Da die Allianz mit dem Königreich Neapel bereits durch die Verbindung Lucrezias mit Alfonso von Aragón und die des jüngsten Papstsohnes Jofré mit dessen Schwester Sancia gefestigt war, trat der Papst an König Federico mit dem Vorschlag heran, seine Tochter Carlotta mit Cesare zu vermählen. Hier stieß er aber auf Unwillen, denn Carlotta war im Gegensatz zu Alfonso und Sancia nicht illegitim geboren. Sowohl sie selbst als auch ihr Vater begegneten dem Plan mit Ablehnung, und Cesares Brautschau schien sich schwieriger zu gestalten als erwartet. Da erwies sich als hilfreich, daß Ludwig XII. von Frankreich für die Auflösung seiner Ehe päpstliche Dispens benötigte. Überbringer der gewünschten Bulle sollte Cesare sein, der sich mit prachtvollem Gefolge nach Frankreich aufmachte. Ludwig XII. revanchierte sich mit einer Braut für den »Valentinus«: Charlotte d'Albret, die Schwester des Königs Jean d'Albret von Navarra. Am 10. Mai 1499 unterschrieben beide Parteien in Blois den Ehevertrag, der auch eine Klausel enthielt, die dem König von Frankreich bei der Wiedereroberung des Herzogtums Mailand und des Königreichs Neapel die Unterstützung des Herzogs und seiner Verwandten zusicherte.

Auch der Papst hatte inzwischen einen Gesinnungswandel vollzogen und sich der gegen Lodovico Sforza gerichteten Allianz Frankreichs und Venedigs angeschlossen. Empört schickten die Herrscher Spaniens und Portugals Gesandte nach Rom, die sich darüber beschwerten, daß Alexander sich mehr um das Fortkommen seiner Kinder sorge als um das Schicksal der Kirche – und der italienischen Staaten, könnte man noch hinzufügen. Denn Ludwig XII. rüstete zur Invasion Italiens, um die Ansprüche seines Bruders Karl VIII. wieder aufzunehmen. Cesare Borgia, der Herzog von Valentinois, begleitete ihn. Seine Gemahlin Charlotte, die ein Kind erwartete, blieb in Frankreich.

Von den Franzosen und Venezianern an zwei Fronten bedrängt, von seinen Verbündeten Neapel und Genua im Stich gelassen, sah sich Lodovico »Il Moro«, der Herzog von Mailand, auf verlorenem Posten und floh nach Tirol zu König Maximilian, dem Gemahl seiner Nichte Bianca Maria. Am 6. Oktober zog Ludwig XII. in Mailand ein, den »Valentinus« an seiner Seite, der sich erste militärische Sporen verdient hatte. Wenig später fand im Vatikan ein glanzvolles Tauffest statt: Lucrezia hatte ihrem Gemahl Alfonso einen Sohn geboren, der auf den Namen des stolzen Großvaters, Rodrigo, getauft wurde.

Von Mailand aus bereitete Cesare einen eigenen Kriegszug vor, der die kleinen Stadttyrannen der Romagna stürzen und die päpstliche Herrschaft in diesem Gebiet wiederherstellen sollte. Die erste Operation war gegen Imola gerichtet, das zu den Besitzungen der Caterina Sforza gehörte, einer Halbschwester der Bianca Maria und streitbaren Virago, die schon drei Ehemänner überlebt hatte und vom Glorienschein ruhmreicher Taten umgeben war. Auch jetzt kämpfte sie in glänzender Rüstung, den Degen in der Hand, in vorderster Reihe, mußte jedoch der Übermacht weichen und sich gefangengeben. Nach Imola ergaben sich auch Forlì und Pesaro dem »Valentinus«. Schon im Anmarsch auf sein nächstes Ziel Cesena sah sich Cesare gezwungen, seinen Feldzug zu unterbrechen, da Lodovico Sforza an der Spitze neuer Truppen, die er mit König Maximilians Hilfe ausgehoben hatte, in der Lombardei erschienen war. Seine französischen Hilfskontingente wurden abgezogen, und er mußte nach Rom eilen, um sich Geld für neue Anwerbungen zu beschaffen.

In Rom hatte Papst Alexander am Weihnachtsabend 1499 die Heilige Pforte von Sankt Peter öffnen und das Heilige Jahr 1500 ausrufen lassen. Unzählige Pilger strömten in die Heilige Stadt, um den päpstlichen Segen und den vollkommenen Ablaß zu erlangen, obwohl die Pest herrschte, die Straßen alles andere als sicher und Raub, Mord und Totschlag auf der Tagesordnung waren. Die Festlichkeiten zur Eröffnung des Jubeljahres wurden noch von der Pracht übertroffen, die zum Anlaß der Rückkehr Cesare Borgias entfaltet wurde. Elf Prunkwagen mit allegorischen Darstellungen der Taten Julius Cäsars wurden durch die Stadt gezogen, und jeder der Schaulustigen verstand die Anspielung auf den Sohn des Papstes. Am 29. März ernannte Alexander seinen Sohn zum Generalkapitän und Gonfaloniere der Kirche und überreichte ihm, nach Leistung des Treueids, die geweihte goldene Rose. »Nimm hin diese Blume«, rief er überschwenglich, »als Sinnbild der Wonne und der Krone der Heiligen, geliebtester Sohn, in dessen Person sich Kraft und grenzenlose Tugend mit dem Adel vereinen!« Man fragt sich, was hier sprach: naive Selbstgerechtigkeit, blanker Zynismus oder beginnende Senilität?

Ein heftiger Gewittersturm im Juni geriet zum Menetekel: Ein Kamin des Vatikanpalastes fiel um, durchschlug das Dach und stürzte mit gewaltigem Getöse in den Saal, in dem der Papst gerade auf seinem Thron Audienz hielt. Drei Menschen fanden den Tod, der Papst selbst wurde bewußtlos, aber nur leicht verletzt unter den Trümmern hervorgezogen. Cesare war zutiefst betroffen, denn er wußte sehr gut, daß ein plötzliches Ableben seines Vaters seine Stellung erschüttern und seine Feinde auf den Plan rufen würde. Er gedachte sich abzusichern.

Die Aragonesen in Spanien und in Neapel waren seit der Umkehr der Bündnisse den Borgias feindlich gesinnt, Cesare mußte damit rechnen, daß sie gegen ihn auftreten würden, auch sein eigener Schwager Alfonso. In einer Nacht im Juli wurde Alfonso auf dem Weg zu seinem Palast Santa Maria in Portico von einer Mordbande überfallen und schwer verletzt. Seine Diener brachten ihn in den Vatikan zu seiner Gemahlin, die mit ihrer Schwägerin Sancia mit der Pflege des Papstes beschäftigt war. Die beiden jungen Frauen mochten ahnen, wer hinter dem Anschlag steckte, ließen sich eine Garde stellen, holten Ärzte aus Neapel und bereiteten alle Mahlzeiten Alfonsos eigenhändig zu. Alfonso war schon fast genesen, als Cesare die Maske endgültig fallen ließ. Johannes Burkhard, der päpstliche Zeremonienmeister, der die Ereignisse am Hof mit der Pedanterie und Nüchternheit eines Buchhalters aufzeichnete, vermerkte lakonisch in seinem geheimen Tagebuch: »Da Don Alfonso an seinen Wunden nicht sterben wollte, wurde er in seinem Bett erwürgt.« Ob Cesare selbst oder der Anführer seiner Häscher, Michelotto Corella, der Täter war, ist nicht schlüssig bewiesen, auf jeden Fall war er der Auftraggeber und machte diesmal auch gar kein Geheimnis daraus. Der Herzog habe ihm nach dem Leben getrachtet und in den vatikanischen Gärten durch Bogenschützen auf ihn schießen lassen. Der venezianische Botschafter berichtete nach Venedig, daß die furchtbare Tat gegen den Willen des Papstes geschehen sei. Nachdem sie vollbracht war, ging er jedenfalls schnell darüber hinweg. Vielleicht hatte er nicht mehr die Kraft, sich gegen seinen schrecklichen Sohn aufzulehnen, dem er ja den Brudermord offensichtlich vergeben hatte. Außerdem kam ihm der Tod Alfonsos sehr gelegen, denn die Aragonesen standen seit der neuen Freundschaft mit Frankreich ohnedies auf der politischen Abschußliste.

Nur Lucrezia trauerte aufrichtig um ihren Gemahl. Sie hatte ihn geliebt, sie hatte einen kleinen Sohn von ihm und war nun mit einundzwanzig Jahren durch verbrecherische Gewalt – vom eigenen Bruder ausgeübt, vom Vater gebilligt – Witwe geworden. Alexander und Cesare fanden diese lang anhaltende Trauer auf die Dauer lästig und schickten Lucrezia ins Exil nach Nepi in den etrurischen Bergen. Burkhard vermerkte, der Anlaß dieser Reise sei gewesen, »etwas Trost oder Zerstreuung zu suchen, angesichts des Schmerzes und der Bestürzung, in die sie der kürzlich erfolgte Tod ihres erlauchtesten Gatten versetzt hatte«. Es sind dies die ersten Berichte, in denen Lucrezia ein wenig persönliches Profil gewinnt, aus denen hervorgeht, daß sie Herz und Gefühl besaß. Ihre Briefe aus Nepi unterzeichnete sie mit »la infelicissima«.

Im Vatikan richtete der Papst sein Augenmerk auf die moralischen und finanziellen Vorbereitungen zu einem neuen Kreuzzug, und Cesares verbrecherische Tat geriet schnell in Vergessenheit. »Der Papst ist siebzig Jahre alt«, berichtete der Botschafter Capello nach Venedig, »und er wird von Tag zu Tag jünger. Alle Sorgen halten sich bei ihm niemals länger als 24 Stunden. Er hat ein heiteres Gemüt, strebt stets nach seinem Vorteil, und sein einziger Gedanke gilt dem Vorankommen seiner Kinder.«

Im September 1500 wurde Cesare 25 Jahre alt und schickte sich an, seinem Vorbild, dem antiken Cäsar, nachzueifern, und das nicht nur als Heerführer. In seinen ehrgeizigen Träumen sah er sich bereits als Reichsgründer und Träger der Königskrone von Italien. Sein Vater unterstützte diese Pläne tatkräftig, vor allem mit Geld. Dazu griff er nicht nur in die Spendenkassen der Rompilger, er schöpfte auch aus der Kreuzzugssteuer und verteilte Kardinalshüte, die er sich mit klingender Münze bezahlen ließ. Inzwischen führte Cesare seinen Feldzug in der Romagna weiter und eroberte Rimini, mußte jedoch vor Faenza eine Niederlage einstecken und sich für den Winter in Cesena einrichten, der eigentlichen Hauptstadt seines entstehenden Staates. Er lud viele Künstler an seinen Hof, Maler, Dichter und Musiker. Auch Leonardo da Vinci war unter ihnen, als »Generalingenieur und Architekt«.

Im Frühjahr wandte sich Cesare erneut gegen Faenza, diesmal mit Erfolg. Dem jungen Stadtherrn, Astorre Manfredi, sicherte er freies Geleit zu. Astorre begleitete Cesare nach Rom und büßte sein Vertrauen in einer Kerkerzelle der Engelsburg, bis man ihn, wie so viele vor und nach ihm, tot aus dem Tiber fischte.

Geschmückt mit dem neuen Titel eines »Herzogs der Romagna«, den ihm sein Vater verliehen hatte, nahm Cesare nun als nächste Ziele Bologna und Florenz ins Visier. Da beide Stadtstaaten aber unter dem Schutz Ludwigs XII. standen, mit dem er es sich nicht verderben wollte, mußte er sich vorerst mit Piombino und der Insel Elba begnügen. Außerdem forderte der französische König nun ein, was im Ehevertrag Cesares mit Charlotte d'Albret festgehalten worden war: die Unterstützung beim Zug nach Neapel.

Die militärische Expedition, die von Massakern und furchtbaren Plünderungen begleitet war, endete schließlich in einem Kuhhandel zwischen den Königen Ludwig und Federico. Der Aragonese verzichete auf den Thron und erhielt dafür eine Pension und einen französischen Herzogstitel. Die großen Verlierer des Feldzugs waren Federicos Verbündete, die Colonna, deren Städte und Burgen der Papst nun in Besitz nahm.

Alexander begab sich auf eine Besichtigungstour nach Sermoneta und Castel Gandolfo am Albanersee und beauftragte für die Dauer seiner Abwesenheit seine nach Rom zurückgekehrte Tochter Lucrezia mit der Leitung der laufenden Amtsgeschäfte der Kirche. »Man stelle sich diese Szene im Vatikan vor«, schrieb Ferdinand Gregorovius, »ein junges, blühendes Weib, des Papstes Tochter, führt den Vorsitz im Konsistorium der Kardinäle! Diese eine Szene reicht hin, die grenzenlose Verderbnis darzutun, in welcher die römische Kirche versunken lag; ja sie sagt mehr davon als tausend Satiren und tausend Berichte der Zeit davon zu sagen vermögen.« Gregorovius war Ostpreuße, Protestant und schrieb seine Biographie 1874, doch seine Empörung über die schamlose Handlungsweise des Papstes kann auch heute durchaus geteilt werden.

Inzwischen plante Cesare eine neue fürstliche Vermählung für seine Schwester. Seine Wahl fiel auf den jungen Erbprinzen von Ferrara, Alfonso d'Este, von dem er hoffen konnte, daß er ihm als Schwager ein verläßlicher Nachbar und potentieller Bündnispartner sein würde. Der vom Papst persönlich gemachte Antrag stieß in Ferrara zunächst auf empörte Ablehnung. Lucrezia entstammte nicht nur einer Familie landfremder Emporkömmlinge, sie war ein »Pfaffenkind«, die Tochter des Papstes, und trotz ihrer Jugend bereits zweimal verlobt und zweimal verheiratet gewesen, wobei sie von ihrem ersten Gatten auf schmachvolle Weise geschieden und ihr zweiter im Auftrag ihres eigenen Bruders ermordet worden war. Ihr Ruf konnte nichts anderes als abschreckend sein, und es fiel schwer, an ihre Tugend zu glauben, auch wenn man nicht alles für bare Münze nahm, was die Cronique scandaleuse berichtete. Die Standhaftigkeit der Ferraresen schmolz jedoch angesichts der in jeder Hinsicht goldenen Brücken, die ihnen Alexander zu bauen gewillt war. Er akzeptierte die ungeheure Mitgiftforderung von 200.000 Dukaten, die Aufhebung des Jahreszinses an den Heiligen Stuhl und etliche Benefizien für Verwandte und Freunde, so das einträgliche Amt des Erzpriesters von Sankt Peter für Kardinal Ippolito d'Este, den Bruder des Bräutigams. Am 26. August 1501 wurde in Rom der Ehekontrakt unterzeichnet und die Heirat am 1. September durch Stellvertreter auf dem Schloß Belfiore in Ferrara geschlossen. Als die Nachricht in den Vatikan gelangte, ließ Alexander die Bombarden der Engelsburg donnern und die Straßen Roms festlich beleuchten. Lucrezia begab sich in prächtigem Aufzug nach Santa Maria del Popolo, um der Heiligen Jungfrau zu danken, und erhielt ihre Mahlzeiten von nun an auf Silbertellern. Als Witwe hatte sie mit Fayencegeschirr vorliebnehmen müssen.

Ende Oktober lud Cesare Vater und Schwester zu einem Fest in seine vatikanischen Gemächer, das als »Kurtisanenball« Berühmtheit erlangt hat. »Nach dem Mahl«, notierte Burkhard, »tanzten die Kurtisanen mit den Dienern und anderen Anwesenden, zunächst bekleidet, dann nackt. Auch wurden nach dem Mahl die brennenden Kandelaber, die auf dem Tisch standen, auf den Boden gestellt, und Kastanien wurden ausgestreut, welche die Prostituierten, zwischen den Kerzen umherkriechend, aufsammeln mußten. Dann wurden

Preise ausgelegt, die denjenigen versprochen wurden, welche die Dirnen am öftesten zu lieben imstande waren.« Borgia-Apologeten haben die Schilderung dieser Orgie in den Bereich der »Borgia-Legende« verwiesen und Burkhards Tagebuch überhaupt als »vergiftete Quelle« bezeichnet, aus welcher die Feinde der Borgias und des Papsttums ihre Verleumdungen schöpften. Verglichen mit all den anderen Schandtaten, deren Entschärfung durch die Last der Beweise unmöglich geworden ist, erscheint der »Kurtisanenball« als – wenn auch unappetitliche – Quantité négligeable.

Bevor Lucrezia nach Ferrara abreiste, mußte noch für ihre Kinder gesorgt werden, für Rodrigo, aus der Ehe mit Alfonso von Aragón, und für Giovanni, der »Infans romanus« genannt wurde, den Sohn des unglücklichen Perotto. In der Bulle »Illegitime genitos« erkannte der Papst Giovanni als legitim an, und zwar als natürlichen Sohn Cesares mit einer unbekannten Frau. In der Bulle »Spes futurae«, die geheim bleiben sollte, bezeichnete sich Alexander selbst als Vater des »Infanten«. Als die beiden Bullen später bekannt wurden, schloß man aus dieser Geheimniskrämerei, daß Giovanni entweder der Sohn Cesares und Lucrezias oder der Sohn Lucrezias und des Papstes sei. Zusammen mit den Gerüchten, die der so schmählich behandelte Giovanni Sforza aus Rache ausgestreut hatte, verdichtete sich diese Meinung zur »Inzestlegende«, die auch durch Spottgedichte neuen Auftrieb erhielt. Der Humanist Sannazaro, der schon anläßlich des Todes Juans von Gandía geschrieben hatte, der Papst sei wahrhaft ein »Menschenfischer«, da er doch seinen Sohn aus dem Tiber gefischt habe, widmete Lucrezia eine ätzende »Grabschrift«:

Schwiegertochter war sie, Gemahlin und Tochter des Papstes,
    Lucrezia, die hier ruht, besser noch Thais genannt.

Der Papst versorgte seine beiden Enkel mit den Gütern, die er den römischen Baronen abgenommen hatte. Giovanni wurde mit dem Herzogtum Nepi belehnt, Rodrigo erhielt das Herzogtum Sermoneta, und den Kardinälen von Alessandria und Cosenza wurde die Vormundschaft übertragen.

Knapp vor Weihnachten 1501 traf das Brautgeleit aus Ferrara ein, um die Braut des Erbprinzen in Rom abzuholen. Kardinal Ippolito d'Este führte mit seinen Brüdern Ferrante und Sigismondo den prachtvollen, aus 500 Personen bestehenden Reiterzug, dem sich viele Freunde der Este angeschlossen hatten. Der Zug wurde an der Porta del Popolo von allen wichtigen Beamten der Stadt, zahlreichen Kardinälen und Vertrauten des Papstes erwartet. Auch der Herzog der Romagna war mit hundert berittenen Edelleuten und achtzig Schweizer Hellebardieren erschienen und glänzte in einem mit Gold, Perlen und Edelsteinen verzierten Gewand. Der Papst empfing Lucrezias Schwäger in seinem Palast und entließ sie dann nach Santa Maria in Portico, wo die Braut sie erwartete. »Sie besitzt eine vollkommene Grazie in allen Dingen, nebst Bescheidenheit, Lieblichkeit und Sittsamkeit«, schrieb der ferraresische Gesandte an seinen Herrn. »Nicht minder ist sie eine gläubige Christin und zeigt sich gottesfürchtig. Ihre Schönheit ist schon an sich hinreichend groß; aber die Gefälligkeit ihrer Manieren und die anmutige Weise sich zu geben lassen sie noch weit größer erscheinen: Kurz und gut, ihre Eigenschaften dünken mir solcher Art, daß man von ihr nichts Schlimmes zu argwöhnen hat, vielmehr stets nur die besten Handlungen zu erwarten berechtigt ist. Man darf wohl urteilen, daß Ew. Hoheit und Don Alfonso über sie eine wahre Genugtuung empfinden werden.«

Das Weihnachtsfest wurde in familiärem Rahmen gefeiert, anschließend durfte das Volk an den Lustbarkeiten teilnehmen, die zusätzlich zum Getümmel des Karnevals auf dem Petersplatz und in den angrenzenden Gassen stattfanden.

Obwohl die Heirat schon in Ferrara durch Prokuration geschlossen worden war, wollte der Papst, daß der Akt nochmals in Rom geschehe, und man hatte den Ringwechsel für diese Zeremonie aufgespart. Am Abend des 30. Dezember holten die ferraresischen Prinzen Don Ferrante und Don Sigismondo Lucrezia ab und führten sie in die Sala Paolina im Vatikan, wo sie Alexander auf dem Thron erwartete, umgeben von dreizehn Kardinälen, seinem Sohn Cesare und den

Botschaftern Frankreichs, Spaniens und Venedigs. Der deutsche fehlte, da König Maximilian sein Mißfallen an dieser Verbindung ausgedrückt hatte. Don Ferrante steckte als Stellvertreter seines Bruders Lucrezia den Ring an den Finger, und Kardinal Ippolito d'Este überreichte ihr den Familienschmuck, wobei er in seiner Rede diskret darauf hinwies, der Herzog könne die Juwelen zurückverlangen, wenn Lucrezia ihrem Gemahl untreu würde. Das Mißtrauen gegenüber den Borgia saß immer noch tief.

Der 6. Januar wurde zum Tag der Abreise Lucrezias bestimmt, und ihr Auszug sollte einer Königin würdig sein. Zuvor verabschiedete sie sich in der »camera del pappagallo« von ihrem Vater und von Cesare, ob sie auch mit ihrer Mutter Vannozza zusammentraf ist nicht überliefert. Bis vor die Porta del Popolo begleiteten sie alle Kardinäle, die Gesandten und die Magistrate Roms. Sie ritt auf einem weißen, mit Gold gezäumten Zelter, in einem Reiseanzug von roter Seide und Hermelin, einen Federhut auf dem Kopf, mitten in einem Zug von mehr als tausend Personen. Cesare begleitete sie eine Strecke lang, dann kehrte er mit Ippolito d'Este in den Vatikan zurück.

Fast vier Wochen dauerte die Reise durch das winterliche Umbrien und die Romagna, erst am 30. Januar traf die zukünftige Herrin von Ferrara in Bologna ein, der Stadt der Bentivoglios. Obwohl sie nur dem Schutz Frankreichs ihre Rettung vor Cesare verdankten, empfingen sie seine Schwester mit allen Ehren und gaben ihr einen glanzvollen Ball und ein Bankett. Von Bologna an reiste Lucrezia zu Schiff über die Kanäle und erreichte am 31. Castel Bolognese, ein anmutiges Lustschloß der Bentivoglio, mit einem Hof, dessen Wände mit leuchtenden roten Rosen bemalt waren. Kaum war sie angekommen, erschien inkognito ihr Gemahl Alfonso, ein kräftiger, etwas untersetzter junger Mann mit blondem Haar und gebräuntem Antlitz. Sie war tief überrascht, doch faßte sie sich schnell und empfing ihn »mit viel Ehrerbietung und Grazie«. Der Erbprinz hatte bisher gegen seine ihm aufgezwungene Gemahlin stumme Zurückhaltung geübt, kein

Hinweis auf eine Korrespondenz der Brautleute ist erhalten geblieben. Erst jetzt, da alles abgemacht und beschlossen war, trat er aus seiner Zurückhaltung hervor. Alfonso blieb zwei Stunden, die er in geselliger Unterhaltung mit Lucrezia und ihrer Begleitung zubrachte, nach anderen Berichten in vertrautem Zwiegespräch, während Lucrezia beschäftigt war, ihr frisch gewaschenes Haar vor dem Kamin zu trocknen. Einig war man sich über den Erfolg der Begegnung: »Es freuten sich das ganze Volk und noch mehr die Braut und die Ihrigen darüber«, schrieb ein ferraresischer Chronist, »daß Se. Herrlichkeit Verlangen empfand, sie zu sehen, und so sie gerne annahm, und das war ein Zeichen, daß sie wohl empfangen und noch besser würde behandelt werden.«

Am 1. Februar setzte Lucrezia ihre Fahrt nach Ferrara fort, mittlerweile begleitet von Isabella d'Este-Gonzaga, der Markgräfin von Mantua, die ihr bis Malalbergo entgegengefahren war. Bei Torre della Fossa wartete Herzog Ercole mit Don Alfonso und dem Hof. Als Lucrezia ihrer Barke entstieg, küßte der Bräutigam die Braut, und alle bestiegen gemeinsam einen prachtvoll geschmückten Bucintoro, wo sich die fremden Gesandten und viele Kavaliere der Braut vorstellten. Unter Musik und Kanonendonner glitt die Prachtbarke den Arm des Po entlang bis zum Borgo Santa Luca, wo man an Land ging.

Lucrezias Einzug in Ferrara am Nachmittag des nächsten Tages gestaltete sich zu einem der glänzendsten Schauspiele der an prächtigen Aufzügen wahrlich nicht armen Zeit. Sie ritt unter einem purpurnen Baldachin, auf einem mit Scharlach gedeckten weißen Pferd, gekleidet in ein Gewand aus schwarzem Samt und einen Mantel aus Goldbrokat mit Hermelinbesatz. Ihr Haupt bedeckte ein von Diamanten und Gold funkelndes Netz, ihr blondes Haar fiel frei auf ihre Schultern herab, und ihren Hals umschlang eine Kette von Perlen und Rubinen. Sechsundachtzig Maultiere trugen Garderobe und Schätze der Braut. Die damalige Residenz des Herzogs lag gegenüber dem Dom und besaß einen großen Hof mit Marmortreppe, an der Lucrezia vom Pferd stieg. Mittlerweile war es Nacht geworden, und Lichter und Fackeln erhellten den Palast, den Lucrezia nun an der Seite ihres Gemahls betrat. Im Empfangssal ließ sich das junge Paar auf einem Thron nieder und lauschte den begeisterten Huldigungsgedichten und Epigrammen, die ihnen die Poeten des Hofes darbrachten, unter ihnen auch Lodovico Ariosto, der in seinem »Epithalamion« das Glück der Stadt Ferrara pries, die fortan alle Fremden um den Besitz eines unvergleichlichen Juwels beneiden würden. Die Chronisten überboten einander in der Beschreibung von Lucrezias Anmut und Schönheit, der Lebhaftigkeit ihrer Augen, der goldenen Pracht ihres Haares und der lachenden Heiterkeit ihres Wesens.

Sechs Tage dauerten die Festlichkeiten mit Turnieren, Banketten, Bällen und theatralischen Darbietungen, wobei wieder Plautinische Komödien aufgeführt wurden, mit Pantomimen und Moresken in den Zwischenakten. Am letzten Abend ließ sich während eines musikalischen Zwischenaktes auch Don Alfonso als virtuoser Lautenspieler hören. Bis zuletzt hatte man auf Charlotte d'Albret, Cesares Gemahlin, gewartet, doch sie wollte Frankreich nicht verlassen, und nur ihr Bruder, der Kardinal d'Albret, nahm an den Hochzeitsfeierlichkeiten teil.

Als die Gäste wieder abreisten, nahmen sie nicht nur die Erinnerung an die prächtigen Festlichkeiten mit sich, manche mußten auch das Urteil revidieren, daß sie sich vorher über Lucrezia Borgia gebildet hatten. Besonders die Damen des Hauses Este, vehemente Gegnerinnen der Heirat ihres Bruders, sahen ihre Schwägerin nun mit anderen Augen.

Lucrezias Start in Ferrara hätte nicht besser und glanzvoller ausfallen können. Es lag nun an ihr, den günstigen ersten Eindruck in einen dauerhaften zu verwandeln.

Indessen war Cesare Borgia damit beschäftigt, seine Herrschaft in der Romagna zu festigen und neue Eroberungen vorzubereiten. Zeitgenossen priesen sein Regiment als vorbildlich, denn er schützte Leben und Eigentum seiner Untertanen und förderte Wirtschaft und Wohlstand. Wo früher gewalttätige Banden ihr Unwesen getrieben und rivalisierende

Familienclans einander befehdet hatten, kehrten nun Frieden und Ruhe ein.

Als nächstes Ziel faßte Cesare das Herzogtum Urbino ins Auge, dessen Herr Guidobaldo di Montefeltre mit seiner Gemahlin Elisabetta Gonzaga noch vor wenigen Monaten Cesares Schwester auf ihrer Reise nach Ferrara freundlich empfangen hatte. Durch geschickte taktische Manöver und perfides Ausspielen seiner Gegner gelang es Cesare, sich in den Besitz Urbinos zu setzen. Guidobaldo war gezwungen, die Flucht zu ergreifen und sich bei Isabella d'Este in Mantua in Sicherheit zu bringen.

Kaum war Cesare in Urbino eingezogen, trat er in Verhandlungen mit Florenz ein. Die Republik sandte ihm ihre gerissensten Unterhändler: Francesco Soderini, den Bischof von Volterra, und den Sekretär des Rates der Zehn, Niccolò Machiavelli. Es war eine schicksalhafte Begegnung, die zwischen dem mit allen Wassern gewaschenen Diplomaten und dem von keinerlei Skrupeln geplagten Borgia stattfand. Sie ist durch Machiavellis Schrift »Il Principe«, die Cesare als Vorbild eines idealen Fürsten darstellt, unsterblich geworden. Als Machiavelli zur Feder griff, um seinen »Fürsten« zu verfassen, war Cesare allerdings längst tot. Jetzt berichtete er nach Florenz über den unmittelbaren Eindruck, den die Persönlichkeit des »Valentinus« auf ihn machte: »Dieser Herr ist wahrhaft wunderbar und glänzend. Nach Ruhm und Ländern strebend ruht er nie und kennt weder Müdigkeit noch Gefahr. Er ist beliebt bei seinen Soldaten und hat die besten Männer um sich geschart. All dies macht ihn unbesiegbar und gefährlich, vor allem wenn sich beständiges Glück dazugesellt.«

Das Glück des »Valentinus« schien tatsächlich außerordentlich beständig zu sein. Die Verhandlungen mit Florenz brachten zwar kein greifbares Ergebnis, doch das Städtchen Camerino an den Ostausläufern des Appennin ergab sich Cesare, der alte Stadttyrann wurde mit seinen beiden Söhnen in den Kerker geworfen und dort auf Befehl Cesares erdrosselt. Der neue Herr von Camerino meldete seinen Erfolg nach Rom und nach Ferrara, wo Lucrezia nach einer Fehlgeburt krank darniederlag. Cesare sandte ihr seinen Leibarzt Gaspare Torella und noch einen berühmten Mediziner aus Cesena und kam schließlich selbst, um mit Freude festzustellen, daß seine Schwester sich bereits auf dem Weg der Genesung befand.

Von Ferrara begab sich Cesare nach Mailand, wo Ludwig XII. von Frankreich hofhielt, umgeben von zahlreichen Feinden der Borgias, die darauf lauerten, daß der König ihnen ihre Gunst entziehen würde. Auch die Pamphletisten fanden sich zu einem Propagandafeldzug gegen das verhaßte Geschlecht, in dem der sogenannte »Savelli-Brief« eine besondere Stellung einnimmt. Burkhard überlieferte den Text in seinem Tagebuch, ohne den Autor zu nennen, Adressat war der Römer Silvio Savelli, der sich als Exilant am Hof König Maximilians aufhielt. Der Brief wiederholte sämtliche Gerüchte und Anschuldigungen gegen den Papst, der ein wahrer Antichrist sei und »sein ganzes mit Unzucht und Raub beflecktes Leben mit dem Betrug von Menschen verbracht und den Vatikan mit Blut besudelt« habe, namentlich mit dem des Alfonso von Aragón und des Perotto Caldès. Der apostolische Palast sei Schauplatz von Unzucht, Blutschande, Ausschweifungen und ruchlosen Schändungen, der Sohn des Papstes »ebenso entartet und grausam« wie dieser selbst. Sein Vater sei mit allem einverstanden gewesen, weil er mit den beschlagnahmten Ländereien seine Kinder und Enkel aus Inzestverbindungen versorgt habe. »Nach Cesares Wink und Willen wird alles geleitet, er versteckt sich unter seiner Hurenbande und bewaffnete Soldaten bewachen ihn. Auf seinen Befehl werden alle verwundet, vergiftet, ermordet, in den Tiber geworfen und ihres Vermögens beraubt. Wenn der Kaiser keine Abhilfe schafft, wird Rom zur Wüste werden. Ein jeder wird fliehen müssen, um zu überleben. Mögen doch endlich die Fürsten der wankenden Religion zu Hilfe kommen und das schwankende Schifflein Petri mitten aus dem Sturm in den Hafen zurücksteuern. Möchten sie der Stadt Rom Gerechtigkeit und Ruhe wiedergeben!« Wer immer der Verfasser dieser, im Original viel längeren, Schmähschrift gewesen ist, er kannte die Borgias und ihre Taten gut, und er verstand es meisterhaft, Dichtung und Wahrheit wirkungsvoll zu vermischen.

Trotz alledem empfing König Ludwig den Herzog der Romagna und Gemahl einer französischen Prinzessin – die er seit der Hochzeit nicht wiedergesehen hatte – als »lieben Vetter und Verwandten«, denn er benötigte seine Unterstützung und die des Papstes für seinen Feldzug gegen Ferdinand von Aragón, der den Franzosen das Königreich Neapel streitig machte. König Maximilian, der erst kurz davor mit Ludwig einen Vertrag geschlossen hatte, ging nun, wahrscheinlich auf Grund des Savelli-Briefes, auf Distanz, während sein Sohn Philipp, der mit Ferdinands Tochter Juana verheiratet war, zwischen den Parteien zu vermitteln suchte. Als Cesare Mailand verließ, hatte er einen Vertrag mit dem König von Frankreich in der Tasche, der ihn zwar zum Kriegsdienst an der Seite Ludwigs verpflichtete, für seine sonstigen Unternehmungen aber ziemlich freie Hand ließ.

In sein Herzogtum zurückgekehrt, sah sich Cesare mit einer Verschwörung seiner eigenen Condottieri konfrontiert, die beschlossen hatten, sowohl die Bentivoglio von Bologna als auch den aus Urbino vertriebenen Guidobaldo di Montefeltre gegen den »Valentinus« zu unterstützen. Der Konflikt zog sich bis tief in den Winter 1502 hinein, mit militärischen Aktionen und heimtückischen diplomatischen Winkelzügen. Cesare wartete auf seine Stunde und schlug im entscheidenden Moment zu. In Sinigaglia lockte er die Condottieri in einen Hinterhalt und ließ sie gefangennehmen. Noch in derselben Nacht wurden zwei von ihnen erdrosselt, und zwei führte er in Ketten gelegt mit sich, er mußte abwarten, ob sein Vater in Rom sich bereits des Kardinals Giambattista Orsini versichert hatte.

Cesare ließ seinen erfolgreichen Schlag gegen die rebellischen Condottieri, die ja im Grunde nichts anderes waren als Glücksritter und Spitzbuben, überall verkünden und erntete große Bewunderung. Ludwig XII. bezeichnete ihn als »eine edle Tat und eines Römers würdig«. Der Geschichtsschreiber

Paolo Giovio nannte ihn »un bellissimo inganno«, einen »herrlichen Betrug«, und Machiavelli, der unmittelbare Zeuge der Ereignisse, bewunderte die Intelligenz und die Mischung aus kalter Überlegung und Beherztheit, mit der Cesare vorgegangen war.

Als Cesare Botschaft erhielt, daß der Papst den Kardinal Orsini in der Engelsburg eingekerkert, alle seine Güter mit Beschlag belegt und sogar dessen achtzigjährige Mutter aus ihrem Palast vertrieben hatte, ließ er Paolo und Francesco Orsini erwürgen und brach nach Rom auf, begleitet von seinen Söldnerhaufen, die alle Städte verwüsteten und plünderten, die auf ihrem Weg lagen, auch Aquapendente, Montefiascone und Viterbo, die der heiligen römischen Kirche gehörten. Vom allgemeinen Vernichtungsfeldzug gegen die Orsini nahm Cesare – gegen den Willen seines Vaters – Giangiordano in Bracciano und Niccolò in Pitigliano aus, denn der eine war ein Freund Ludwigs XII., der andere Condottiere im Sold Venedigs, und Frankreich und Venedig hatten zusammen mit Bologna, Florenz, Lucca und Siena eine Liga gebildet, die den Expansionsbestrebungen des Herzogs der Romagna Einhalt gebieten sollte. Inzwischen starb in der Engelsburg der Kardinal Giambattista Orsini, durch Gift, wie man allgemein annahm, trotz der Aufbahrung der Leiche im offenen Sarg, die keinerlei Entstellungen aufwies. Der Tod des Kardinals paßte zu gut in das gegen die Orsini gerichtete Vernichtungskonzept der Borgias. Kurz darauf zeigten sie sich im Falle Giulio Orsinis jedoch wieder großzügig: Als er sich in seiner Stadt Ceri nach einmonatiger Belagerung ergab, erhielt er freies Geleit und zog an der Seite Cesares in Rom ein, vom Papst »in allen Ehren« empfangen. Der Ehrbegriff all dieser Männer war von so geschmeidiger Art, daß er sich den Gegebenheiten mühelos anpassen ließ.

Cesare hatte gegenüber all seinen Gegnern die Oberhand behalten, er konnte nun darangehen, seiner Verpflichtung gegenüber dem König von Frankreich nachzukommen. Das Geld für den Feldzug nach Neapel beschaffte wie immer sein Vater, hauptsächlich durch Kardinalsernennungen. Außerdem »beerbte« er den schwerreichen venezianischen Kardinal Giovanni Michieli, der eines plötzlichen Todes gestorben war – auch er durch Gift, sagte die Fama. »Der Papst treibt es immer so«, schrieb der venezianische Botschafter an die Signoria, »daß er seine Kardinäle mästet, bevor er sie vergiftet, damit ihm ihre Habe zufällt.«

Die Borgias schienen sich in ihrem Treiben keine Schranken mehr aufzuerlegen, und das »gladius domini«, das Savonarola angekündigt hatte, erschien noch immer nicht am Firmament.

Die Vergeltung kam nicht in einem Feuersturm. Sie kam in einem lauen Lüftchen, das im römischen Weinberg des jüngst zum Kardinal ernannten Gelehrten Adriano Castellesi da Corneto angenehm kühl die Laube umspielte, in der der Kardinal mit dem Papst und Cesare am 5. August 1503 zu Abend speiste. Eine Woche nach dem Gastmahl stellten sich bei Alexander und seinem Sohn Magenkrämpfe, Erbrechen und Fieber ein, am 18. August war der Papst tot und Cesare so schwer krank, daß man an seinem Aufkommen zweifelte. Bis heute sind die Vorgänge im Weinberg nicht restlos aufgeklärt. Eine Version besagt, der Kardinal da Corneto habe die Borgias vergiftet, eine andere, daß der Kardinal das Opfer hätte sein sollen und die Borgias den mit dem langsam wirkenden Gift versetzten Wein irrtümlich selbst getrunken hätten. Nach einer dritten Version wären die Borgias der damals in Rom grassierenden Malariaepidemie zum Opfer gefallen – plausibel sind alle drei Möglichkeiten.

Während der Pöbel traditionsgemäß die Gemächer des verstorbenen Papstes plünderte, ließ der Zeremonienmeister Johannes Burkhard den Leichnam einkleiden und in der »camera del pappagallo« aufbahren. Es fand sich niemand, der die Totenwache gehalten oder das Totenamt gelesen hätte. Am nächsten Tag wurde Alexander in die Peterskirche gebracht und hinter der Abschrankung des Hochaltars nochmals aufgebahrt, obwohl der Leib bereits in Verwesung übergegangen, das Gesicht schwärzlich verfärbt und aufgequollen war und die Zunge grausig verdickt aus dem Mund ragte.

Kein Wunder, daß sich in Windeseile Greuelmärchen verbreiteten und genüßlich ausgeschmückt wurden: Im Konklave habe Alexander seinerzeit einen Pakt mit dem Teufel geschlossen und den Stuhl Petri mit seiner Seele erkauft. Nun sei der Leibhaftige in Gestalt eines schwarzen Affen persönlich am Sterbelager erschienen und habe sich der Seele des Papstes versichert. Wir lächeln heute über solche Geschichten, aber die Menschen der damaligen Zeit glaubten an sie (auch ein so gebildeter Mann wie Francesco Gonzaga, der Markgraf von Mantua), und es erschien ihnen viel wahrscheinlicher, daß die schreckliche Entstellung von Alexanders Leiche nicht das Werk von Gift und Sommerhitze, sondern das von Teufeln und Dämonen gewesen sei. Am Abend des 19. August wurde Alexander provisorisch in der Kapelle Santa Maria delle Febbri beigesetzt, und vom 4. bis zum 13. September fanden feierliche Exequien statt, an denen alle Mitglieder des Kardinalskollegiums teilnahmen. Giuliano della Rovere hielt die Gedenkpredigt.

Die sterblichen Überreste Alexanders VI. wurden später in die spanische Nationalkirche Santa Maria in Monserrato überführt, wo sie heute noch ruhen, zusammen mit denen seines Onkels Calixtus III.

Betrachtet man die Persönlichkeit Alexander Borgias, sollte man sich weder seinen Apologeten noch jenen anschließen, die sein Pontifikat als absoluten Tiefpunkt der Papstgeschichte ansehen. Verglichen mit erbarmungslosen Fanatikern, wie den Verfolgern der Staufer vor ihm oder den Ketzerjägern nach ihm, scheint dieser den Schönheiten und Genüssen des Diesseits lebensfroh und sorglos hingegebene Sinnenmensch geradezu sympathisch. Schon Ferdinand Gregorovius hielt fest, daß das Unbegreifliche seines Wesens nicht in den Leidenschaften lag, denen er verfallen war, und auch nicht in den Handlungen, die er beging. Gleiche und größere Frevel und Verbrechen verübten viele Träger der Macht, aus Ehrgeiz, aus Habgier, manchmal auch aus Lust am Bösen. Bei Alexander ist als einzige Quelle seiner Schandtaten sein Familiensinn und die Liebe zu seinen Kindern auszumachen.

Das Unbegreifliche liegt darin, daß er sie als Papst beging, als Nachfolger Petri und Stellvertreter Christi auf Erden. Litt er bisweilen unter Gewissensqualen? Wie beschwichtigte er sie? Glaubte er an die Existenz Gottes und die Unsterblichkeit der Seele? Die Wucht der Sündenschuld hätte aus ihm einen von Furcht und Wahnsinn verdüsterten Menschen machen müssen, statt dessen berichten die Chonisten übereinstimmend von einem stets heiteren und bis ins Alter genußfrohen Lebemann. In Alexander VI. ist »keine Spur eines faustischen Geistes, nichts von grübelnder Weltverachtung, nichts von titanischer Skepsis« zu entdecken, »vielmehr scheint sich in ihm eine ungeheuerliche Naivität des Glaubens mit der Fähigkeit zu jedem Verbrechen gepaart zu haben«.

Hätte Cesare Borgia den Anschlag im Weinberg (oder den Malariaanfall) nicht überlebt, er wäre auf dem Höhepunkt seiner Karriere aus dem Leben geschieden, mit der Königskrone von Mittelitalien in greifbarer Nähe – zumindest in seinen ehrgeizigen Träumen. So aber hatte das Schicksal noch bittere Jahre des Abstiegs für ihn vorbereitet.

Nach wie vor bettlägerig und vom Fieber geschüttelt, lag Cesare in seinen Gemächern im Vatikan, über dem verlassenen Appartamento Borgia, während sein zusammengerafftes Reich zerfiel, Giovanni Sforza in Pesaro und Guidobaldo di Montefeltre in Urbino einzog. Das Volk jubelte wie stets, und die Parteigänger Cesares wurden eingekerkert oder aufgeknüpft. Nur die Romagna verblieb ihrem Herzog, weil Ercole d'Este seine schützende Hand über sie hielt, nicht nur auf Bitten seiner Schwiegertochter Lucrezia, sondern weil er es vorteilhafter fand, die Provinz einem Verwandten als den Venezianern zu überlassen. In Rom standen die zum Konklave versammelten Kardinäle noch mehrheitlich hinter Cesare, bestätigten ihn in seinen Ämtern und beauftragten ihn mit der Aufrechterhaltung der öffentlichen Ordnung, bis ein neuer Papst gewählt sei. Noch vor dem Beginn des Konklaves verließ er die Stadt mit der gewohnten Prachtentfaltung, doch sein Auszug glich wenig den triumphalen Einzügen früherer Zeiten. Unfähig zu reiten, lag er in einer geschlossenen

Sänfte mit karmesinroten Damastvorhängen, geschwächt und abgemagert, das einst so schöne Antlitz rötlich verfärbt und von eitrigen Pusteln übersät. Nicht nur die Folgen der Vergiftung setzten ihm zu, auch die »Franzosenkrankheit« hatte ihn nicht verschont. Seine Mutter Vannozza und sein Bruder Jofré begleiteten ihn. Ziel war das Familienlehen Nepi, nördlich von Rom.

Die in Santa Maria sopra Minerva versammelten Kardinäle waren sich, soweit sie keine Spanier waren, nur darin einig, daß als nächster Pontifex *kein* Spanier in Frage käme. Da die favorisierten Kandidaten Giuliano della Rovere und Georges d'Amboise nicht die erforderliche Stimmenanzahl erhielten, wurde als »Übergangspapst« ein Neffe Pius II., Francesco Todeschini-Piccolomini gewählt, ein hinfälliger Greis, der den Namen Pius III. annahm. Er rief Cesare wieder nach Rom zurück und bestätigte ihn als Statthalter und Gonfaloniere der Kirche, doch bereits nach 27 Tagen starb er nach einer mißglückten Operation am Wundfieber. Cesare zog sich mit den beiden »Infantes romani«, Rodrigo und Giovanni, mit seinen eigenen illegitimen Kindern Girolamo und Camilla und einer Schutztruppe in die Engelsburg zurück. Seine Schätze hatte er mit dem Kardinal Ippolito d'Este nach Ferrara geschickt, wo sie allerdings unterwegs beschlagnahmt wurden, zuerst von den Florentinern und dann von den Bentivoglio.

Im Konklave gelangte nun endlich Giuliano della Rovere ans Ziel seiner Wünsche: Er hatte am meisten gezahlt und versprochen. Er wählte den Namen Julius II., womit er eher Julius Cäsar im Sinn zu haben schien als den unbedeutenden ersten Julius aus dem 4. Jahrhundert. Als Nepot Sixtus' IV. einst zum Kardinal erhoben, war er nunmehr bereits 58 Jahre alt, aber von kraftvoller Energie und Tatendrang. Als Staatsmann und Feldherr erwarb er sich den Beinamen »Il Terribile«, als Initiator eines allerdings folgenlosen Reformkonzils Anerkennung, als Freund und Förderer Bramantes, Michelangelos und Raffaels Unsterblichkeit.

Ein solcher Träger der Tiara konnte einen Mann wie Cesare

Borgia auf die Dauer nicht in seiner Nähe dulden. Vorerst wiegte er ihn allerdings in Sicherheit, und Cesare vertraute ihm, obwohl er ja eigentlich am besten wissen mußte, was ein Papstwort zu jener Zeit wert war. Sogar eine Familienunion wurde besprochen, zwischen Cesares und Charlotte d'Albrets Tochter Louise und Julius' Neffen Francesco Maria della Rovere, den der Papst besonders liebte, denn von seinen eigenen Bastarden war ihm nur eine Tochter geblieben. Cesare begab sich nach Ostia, wo seine Schiffe vor Anker lagen, und wartete in aller Ruhe auf seine Ernennung zum Gonfaloniere der Kirche. Dann wollte er nach Genua segeln, sein dort deponiertes Kapital abholen und zur Wiederherstellung seiner Herrschaft in der Romagna rüsten. Der Papst hatte einige Städte des Herzogtums sogar angewiesen, ihrem Herrn wieder zu gehorchen. Gegenüber Machiavelli und dem venezianischen Botschafter Giustinian enthüllte er jedoch seine wahren Absichten: »Wenn Wir ihm auch einiges versprochen haben, so soll sich Unser Versprechen nur auf die Sicherheit seines Lebens, seines Vermögens und der Dinge erstrecken, die er gestohlen hat und die ihm zumeist schon verlorengegangen sind. Wir beabsichtigen, die Staaten in den Besitz der Kirche zurückzuführen, und wünschen Uns zu Unserer Ehre, daß Wir alles von Unseren Vorgängern unrechtmäßig Veräußerte wieder zurückgewinnen können.«

Ende November schritt Julius zur Tat, ließ Cesare in Ostia verhaften und nach Rom bringen. Im Borgia-Turm des Vatikans wurde er in den Zimmern eingeschlossen, in denen Lucrezias Gatte Alfonso de Aragón erwürgt worden war, er soll Tränen vergossen haben, als man ihn dorthin führte.

Obwohl Cesare an verschiedenen Orten immer noch treue Anhänger hatte, schien sein Ruin besiegelt zu sein. »Schritt um Schritt nähert er sich seinem Grab«, berichtete Machiavelli der Signoria von Florenz nach seinem Abschiedsbesuch beim »Valentinus«. Das letzte Wort war jedoch noch nicht gesprochen.

Ende Dezember gelang den Spaniern unter dem »Gran Capitán« Gonsalvo de Córdoba ein entscheidender Sieg gegen die Franzosen im Königreich Neapel. Die spanische Partei in Rom erhielt wieder Auftrieb und handelte einen Kompromiß für Cesare aus: Er mußte auf seine Ansprüche im Herzogtum Romagna verzichten und wurde auf freien Fuß gesetzt. Drei Galeeren des Gran Capitán holten ihn in Ostia ab und brachten ihn nach Neapel. Gemeinsam schmiedeten sie neue Pläne, die sowohl gegen Florenz als gegen die Romagna gerichtet waren. Aber der Papst hatte seine Ohren überall und erreichte bei König Ferdinand von Aragón die neuerliche Festnahme Cesares. Der »Valentinus« sollte nun nach Spanien gebracht und dort vor Gericht gestellt werden. Die Herzogin von Gandía, Witwe seines Bruders Juan, hatte ihn als Mörder verklagt.

Im September 1504 lief die Flottille mit dem gefangenen Cesare Borgia in den Hafen von Valencia ein, dessen Erzbischof und Kardinal er einmal gewesen war. Er wurde zuerst auf die nahe Bergfestung Chinchilla gebracht und dort in ritterlichem Gewahrsam gehalten. Mittlerweile hatte er die Folgen seiner langen Krankheit überwunden und die alte physische Behendigkeit wiedererlangt. Als er im Frühjahr 1505 während eines gemeinsamen Spazierganges in den obersten Wehrgängen der Burg versuchte, den Kommandanten Don Gabriel Guzmán in die Tiefe zu stürzen, wurde er in das Castillo de la Mota von Medina del Campo in Kastilien verlegt, ein spätgotisches Kastell aus roten Backsteinen, mit einem hochaufragenden Turm.

Die Prozeßvorbereitungen zogen sich in die Länge, und Cesare mußte ein ganzes und ein halbes Jahr in Medina del Campo ausharren, bis ihm mit Hilfe des kastilischen Grafen Rodrigo de Benavente die Flucht gelang. Seile wurden in den Turm der Mota geschmuggelt und aus schwindelerregender Höhe herabgelassen. Ein Diener Cesares ließ sich als erster in die Tiefe gleiten, doch das Seil erwies sich als zu kurz, und der Diener brach sich beim Absprung beide Beine. Während Cesare ihm folgte, wurde seine Flucht entdeckt und das Seil abgeschnitten, doch er hatte mehr Glück und konnte trotz schwerer Verletzungen von seinen Fluchthelfern in Sicherheit gebracht werden. Der unglückliche Diener blieb liegen, wurde gefangen genommen und hingerichtet.

Während König Ferdinand von Neapel aus eine Prämie auf Cesares Kopf aussetzte, die Regentin Juana eine Untersuchung über alle Einzelheiten der Flucht anordnete und die Wege besetzen ließ, die zur Grenze von Navarra führten, erholte sich Cesare im Schloß des Grafen von Benavente in Villalona. Auf einem guten Pferd, mit einem gefüllten Geldbeutel und zwei landeskundigen Führern verließ er Ende November 1506 sein Asyl und erreichte auf abenteuerlichen Wegen in den ersten Dezembertagen die Grenze von Navarra. Herrscher des kleinen Pyrenäenkönigreichs war Jean d'Albret, Bruder seiner Gemahlin Charlotte, der ihn freudig aufnahm und zum Generalkapitän seines Heeres ernannte. Der König, der sich gegen rebellische Feudalherren zur Wehr setzen mußte, konnte einen versierten Kriegsmann gut gebrauchen, und Cesare war froh, Beschäftigung zu finden. Seine Bemühungen, in Frankreich und Italien wieder Beziehungen anzuknüpfen, waren bisher nicht von Erfolg gekrönt gewesen. Cesare Borgia war keine Figur mehr im Spiel der Mächtigen.

Anfang Februar 1507 gelang dem neuen Generalkapitän die Eroberung von Viana, an der Grenze zu Aragón. Nur in der Festung außerhalb der Stadt hielt sich noch der Sohn des Anführers der Rebellen, Luis de Beaumont. Als Cesare im Morgengrauen des 11. März die Nachricht erhielt, Beaumont habe trotz der ausgestellten Wachtposten während der Nacht von seinem Vater frischen Proviant und Verstärkung erhalten, geriet er in solche Wut, daß er jegliche Überlegung und Vorsicht außer acht ließ. Er legte seine Rüstung an, bestieg sein Pferd und galoppierte vor die Stadt, geradewegs auf den Feind zu, der ihn in eine Schlucht lockte, aus der es kein Entkommen gab. Von einer Übermacht umringt, tötete er im Nahkampf mehrere seiner Gegner, bis er schließlich blutüberströmt zusammenbrach. So fand Cesare Borgia schließlich das ehrenvolle Ende eines Kriegers auf der Walstatt.

Jean d'Albret veranstaltete für den gefallenen Schwager einen prächtigen Leichenzug, ließ ihn im Dom von Viana bestatten und über seiner Gruft ein Grabmonument aus Marmor und Alabaster errichten. Der Dichter Soria verfaßte eine pompöse Grabschrift, die später in die Volksliedersammlung des »Romancero espanol« Eingang fand. Das Grabmal ist nicht mehr erhalten, der Bischof von Calahorra ließ es Ende des 17. Jahrhunderts zerstören, um die Erinnerung an Cesare Borgia auszulöschen. Wo Cesares Gebeine schließlich zur Ruhe kamen, ist nicht ganz geklärt, im Volk hielt sich die Meinung, sie seien unter den Kirchenstufen vergraben worden. Nur zwei in den Hauptaltar eingefügte Pilaster mit anmutigen Arabesken erinnern heute noch an die Grabstätte des Mannes, vor dem einst ganz Italien erzitterte.

Ein viel dauerhafteres Denkmal setzte ihm Niccolò Machiavelli in seinem 1513 erschienenen Buch vom Fürsten (»Il principe«), in dem er ihn »allen jenen, die durch das Glück oder fremde Waffen große Staaten oder ausgedehnte Herrschaften erlangt haben« als Vorbild hinstellte. »Alle Unternehmungen des Herzogs wohl erwogen, sehe ich keinerlei Anlaß, ihm irgendeinen Vorwurf zu machen. Mit seinem Wagemut und seinen hochfliegenden Plänen vermochte er nicht anders zu handeln. Bloß seine Krankheit und die kurze Lebensdauer Alexanders stellten sich der Ausführung aller seiner Absichten entgegen.

Wer immer danach strebt, sich im neuerrichteten Fürstentum seiner Freunde und Feinde zu versichern, durch Gewalt oder List zu siegen, Furcht oder Liebe seines Volkes, Ehrfurcht und Gehorsam seiner Soldaten zu erlangen, sich jener zu entledigen, die ihm schaden wollen oder müssen, mit neuen Mitteln alte Bräuche lebendig zu erhalten, streng oder wohlwollend, weitherzig und aufgeklärt zu sein, Aufstände seiner Truppen zu unterdrücken und neue aufzustellen, mit den Königen und übrigen Fürsten in Freundschaft zu leben, damit sie ihm, wo nicht nützlich, so doch wenigstens nicht schädlich werden – der kann sich kein besseres Vorbild wählen als die Taten des Herzogs von Valentinois.«

Machiavellis Werk ist vielen Mißverständnissen und Mißinterpretationen ausgesetzt gewesen, und den »Machiavellismus« hat er ebensowenig begründen wollen wie Marx den »Marxismus«. Man schalt ihn öffentlich und benutzte ihn heimlich, wie Friedrich der Große, der ihn in seinem »Antimachiavell« nach außen hin widerlegte, sich insgeheim jedoch nach ihm richtete. »Unser Erstaunen über die Amoral der Politik der Renaissancefürsten würde sehr viel geringer werden«, schreibt Horst Günther im Nachwort der 1990 erschienenen Insel-Ausgabe des »Fürsten«, »wenn wir die Metaphern von Tod und Krieg im Wirtschaftsleben und die wirklichen Verbrechen, das bewußte Schädigen anderer, das in der Regel kein Gesetz bestraft und oft Erfolg und Gewinn noch eigens krönen, versuchsweise als den Bereich ansehen, worin die Regeln Machiavellis gelten. Der ungebändigte Kapitalismus von Gründerzeiten mit überhitzten Konjunkturen und Krisen, mit Arbeitskämpfen und Handelskriegen, läßt sich vorzüglich mit Machiavellis Kategorien beschreiben. Die Ideologie der ›virtù‹, der persönlichen Tüchtigkeit, ist dort viel stärker ausgebildet, das Problem der Söldnerheere angeworbener Arbeitskräfte, die sich nicht mit der Firma identifizieren, ist wohlbekannt, und selbst das Phänomen der geistlichen Herrschaften findet sein Äquivalent. Und wenn man schließlich in einer Zeit der Schuldenkrise und des Dahinsiechens staatlich gelenkter Ökonomien das, was Machiavelli über sein Milizsystem und politische Moral sagt, auf die Arbeitsmoral überträgt und das Wirtschaftsethos, so findet man seine Gedanken mit ein wenig anderen Worten in den Leitartikeln der Weltpresse und in den Konferenzen der übernationalen Organisationen. Ein politisches Ziel und politische Verantwortung lagen den meisten Fürsten der Renaissance ebenso fern wie den heutigen Unternehmern oder denen, die mit Konjunkturziffern spielen und sich deshalb für Politiker halten.«

Lucrezias Geschick in Ferrara gestaltete sich zumindest anfangs weit weniger dramatisch als das ihres Bruders.

Sie hatte ihren Gemahl Alfonso ganz für sich gewonnen, obwohl er sich weniger für schöngeistige Dinge als für Pferde,

Hunde, Turniere und den Guß von prächtigen Bronze-
kanonen interessierte. Zu seinen Beschäftigungen zählten
aber auch zartere Liebhabereien wie Lautenspiel und das
Bemalen von Fayencen.

Lucrezia hatte sich aus Rom nicht nur ihre Privatbiblio-
thek mitgebracht, in der sich sowohl geistliche Werke befanden wie die von Dante und Petrarca, sie begann auch, einen
erlesenen Dichterkreis um sich zu sammeln »und trat mit
Leichtigkeit in Gebiete des Geistes ein, die in den Köpfen der
gerühmten Schönheiten unserer Zeit nur den Schauer hoff-
nungsloser Inferiorität hervorrufen würden, falls überhaupt
noch jemand sie dazu bringen könnte, sich mit solchen Dingen zu beschäftigen«, schreibt Reinhard Raffalt. Zu dem
Kreis, den Lucrezia in ihrer kleinen Privatwohnung empfing,
drei in Himmelblau und Gold dekorierten Räumen mit Ausblick auf ein romantisches Blumengärtchen, zählten Niccolò
da Correggio, der Schwiegersohn des berühmten venezianischen Condottiere Bartolomeo Colleoni, Tito Vespasiano
Strozzi und dessen Sohn Ercole, der seine angeborene Geh-
behinderung durch elegante und melancholische Poesien
wettmachte, die bei den Damen großen Anklang fanden.
Zum Dank für seine Verse überreichte ihm Lucrezia eine Rose, die sie geküßt hatte, und Strozzi bedankte sich mit einem
Vierzeiler:

»Rose, dem Boden der Freuden entsprossen,
    vom Finger gepflückte,
Warum erscheinet schöner als sonst dein farbiger Glanz?
Färbt' dich Venus aufs neue? Hat eher Lucrezias Lippe
Dir im Kusse so hold schimmernden Purpur verliehn?«

Kein Wunder, daß schwärmerische Ergüsse dieser Art gelegentlich die Eifersucht Don Alfonsos erregten.

Lucrezias erlesener Lebensstil erstreckte sich auch auf die
Körperpflege, was besonders bei ihren Badezeremonien zum
Ausdruck kam. In einem von Kohlenbecken geheizten Bade-
raum bestieg sie mit ihrer Lieblingshofdame den hölzernen

Badezuber und genoß unter Lachen und Scherzen das Bad im gewärmten und parfumierten Wasser, während Räucherpfannen betörende Düfte verströmten. Anschließend pflegten die Damen auf seidenen Kissen der Ruhe, nur mit langen farbigen Badegewändern bekleidet, das Haar von kostbaren Netzen und maurischen Kämmen zusammengehalten.

Schon kurz nach ihrer Eheschließung, im Frühjahr 1502, wurde Lucrezia schwanger, doch gegen Ende der Schwangerschaft erkrankte sie und brachte vorzeitig ein totes Mädchen zur Welt. Auch sie selbst schwebte zwischen Leben und Tod, und Cesare, damals gerade mit seinen Kriegszügen in der Romagna beschäftigt, schickte ihr Ärzte und besuchte sie am Krankenbett. Don Alfonso hatte ein Gelübde abgelegt und begab sich nach der Genesung seiner Gemahlin auf eine Wallfahrt zur Madonna von Loreto.

Im Herbst desselben Jahres erschien der junge Venezianer Pietro Bembo in Ferrara und nahm in der Villa Ostellato der Strozzis Quartier. Ihm ging bereits ein bedeutender Ruf als Dichter und Philosoph voraus, außerdem war er schön, charmant und von fröhlicher Lebensart. Bembo fehlte auf keinem der Feste, die in Ferrara veranstaltet wurden, und reihte sich bald in die Schar von Lucrezias Bewunderern ein. Auch Lucrezia blieb von Charme und Talent Bembos nicht unbeeindruckt, und zwischen dem jungen Dichter und der Gemahlin des Erbprinzen entwickelte sich eine »amitié amoureuse«, die auch in ihrem Briefwechsel Niederschlag fand.

Im Sommer 1503 brach in Ferrara die Pest aus, und wer konnte, floh aus der Stadt, Lucrezia in das am Ufer des Po gelegenen und von anmutigen Gärten umgebene Schlößchen Belriguardo. Dort erreichte sie die Nachricht vom Tod ihres Vaters. Sie war die einzige, die in Ferrara um Alexander VI. trauerte, und der Dichter Bembo der einzige, der Anteil an ihrer Trauer nahm. »Ich kam gestern zu Eurer Hoheit«, schrieb er ihr, »um Euch zu sagen, wieviel Anteil ich an Eurem Unglück nehme, und um Euch nach meinen Kräften zu trösten. Ich vermochte weder das eine noch das andere. Denn als ich Euch in diesem schwarzen Kleid in Eurer abgedunkelten Kammer liegen sah, in Tränen aufgelöst, da gab mir das einen tiefen Stich ins Herz. Obwohl ich doch gekommen war, um Trost zu spenden, bedurfte ich nun selbst des Trostes ...«

Lucrezia war auch über die Schwierigkeiten, in die ihr Bruder Cesare nun zusehends geriet, genau informiert, suchte ihm zu helfen, wo sie konnte, und hob auf eigene Kosten Soldaten für ihn aus. Zum Glück traf sich ihr Familiensinn hier mit den Absichten der Estes, denn wie schon erwähnt, waren der Herzog und sein Sohn nicht daran interessiert, daß die Romagna in die Hand der Venezianer oder des Papstes fiel. Auch der Rat Ludwigs XII., Lucrezia zu verstoßen, weil sie noch keinen Erben geboren hatte, fand kein geneigtes Ohr. Weder wollte Alfonso sich von seiner Gemahlin trennen, noch wollte Ercole die gewaltige Mitgift zurückzahlen. Außerdem war keiner von beiden an einem Scheidungsskandal interessiert.

Am 23. Januar 1505 starb Herzog Ercole eines friedlichen Todes, und Alfonso und Lucrezia wurden als neues Herzogspaar inthronisiert. Lucrezia mußte nun ständig auch repräsentative Pflichten übernehmen, denen sie sich mit Geschick und Grazie unterzog. Als wichtiger Berater, auch als Helfer bei ihren Bemühungen um die Freilassung ihres in Spanien gefangenen Bruders, diente ihr dabei Francesco Gonzaga, Markgraf von Mantua und Gemahl von Alfonsos Schwester Isabella. Francesco hatte von Lucrezia nie etwas wissen wollen und war auch ihrer Hochzeit ferngeblieben, doch anläßlich eines Besuches in Ferrara verfiel auch er ihrem Zauber. Im Gegensatz zu den eher ätherischen Dichtern, dem zarten Strozzi und dem schönen Bembo, war Francesco ein häßlicher und rauher Geselle, von heftigem Temperament, aber berühmt nicht nur als Militär, sondern auch als Förderer von Kunst und Wissenschaft. Romantische Briefe gingen zwischen der schönen Dame von Ferrara und dem Kriegshelden in Mantua hin und her, und oft machte Ercole Strozzi den Postillon d'amour, wobei eine ähnliche Beziehungen im Gange zu sein schien wie zwischen Lucrezia und Bembo. Die

Frage, ob sie sich jemals über die erlaubten Grenzen höfischer Galanterie hinaus entwickelt hat, ist in beiden Fällen unbeantwortet geblieben.

Im Sommer 1505 brach in Ferrara wieder die Pest aus, und Lucrezia floh zuerst auf die Esteburg Rubiera bei Carpi, im Grenzgebiet gegen Mantua, und dann nach Reggio, wo sie am 19. September ihren ersten Sohn Alessandro gebar. Die Freude der Eltern über ihren männlichen Erben war jedoch nur kurz, denn der kleine Alessandro starb schon nach wenigen Wochen.

In Belriguardo erholte sich Lucrezia von ihrem Unglück und machte auch Ausflüge ins Mantuanische, nach Borgoforte, um mit Francesco Gonzaga neue Maßnahmen zur Rettung Cesares zu besprechen, und nach Mantua, wo Francescos Gemahlin, die berühmte Mäzenatin Isabella d'Este, sie voll Stolz durch das riesige Gonzagaschloß und seine prachtvollen Kunstsammlungen führte.

Inzwischen braute sich ein Eifersuchtsdrama zusammen, in dessen Mittelpunkt nicht Lucrezia, sondern ihre schöne Cousine Angela Borgia stand. Die jüngeren Brüder Alfonsos, die beide dem geistlichen Stand angehörten, der Kardinal Ippolito und der Bastard Don Giulio, wetteiferten schon lange um die Gunst der schönen Angela, die den jüngeren und schöneren Giulio zu bevorzugen schien. Es hieß sogar, sie erwarte ein Kind von ihm. Als Angela Ippolito gegenüber bemerkte, die Augen Don Giulios wären einfach zu schön, daß ein Frauenherz ihnen widerstehen könne, ließ sich der Kardinal zu einem heimtückischen und grausamen Racheakt hinreißen. Er beauftragte den Söldnerhauptmann Masino del Forno, der als Vollstrecker blutiger Aufträge bei den Este eine ähnliche Rolle spielte wie Michelotto bei Cesare Borgia, Don Giulio bei einem Jagdausflug zu überfallen und ihm die Augen auszustechen. Die Söldner entledigten sich pünktlich ihres Auftrags und ließen ihr gräßlich entstelltes Opfer in einer Blutlache zurück. Don Giulio wurde jedoch gefunden, nach Belriguardo gebracht und gesundgepflegt, den Ärzten gelang es sogar, eines seiner Augen zu retten. Um den Papst nicht auf den Plan

76

zu rufen, wurde die ganze schreckliche Angelegenheit nach Möglichkeit vertuscht, und es gelang dem Herzogspaar sogar, die Brüder miteinander auszusöhnen. Angela Borgia wurde mit Alessandro Pio, dem Herrn von Sassuolo, verheiratet, und Lucrezia richtete persönlich die Hochzeit aus.

Don Giulio hatte aber weder Ippolito noch Alfonso verziehen und brütete Rache, zusammen mit seinem Bruder Don Ferrante, der sich mit einer Stellung als Prinz ohne Staat nicht abfinden wollte. Gemeinsam mit weiteren Verschwörern schmiedeten sie Attentatspläne, denen sich auch der Hofmusiker Jean de Gascogne anschloß. Da sie sich nicht einigen konnten, welcher der älteren Brüder zuerst ermordet werden sollte, zögerten sie zu lange. Ippolito bekam Wind von der Sache und ließ Ferrante verhaften, während Giulio und Jean de Gascogne nach Mantua und nach Rom entkamen. Es nützte ihnen wenig. Sie wurden ausgeliefert und mußten in Ferrara der Hinrichtung ihrer Mitverschworenen zusehen. Dann brachte man Ferrante und Giulio in zwei tür- und fensterlose Verliese in einem Schloßturm, während der Musiker in einem Käfig aus Eisenstäben der Winterkälte ausgesetzt wurde. Nur mit einem Hemd bekleidet, fror er sieben Tage in seinem Freiluftgefängnis, bis es ihm gelang, sich mit dem Tuch, in dem man ihm das Essen reichte, an den Gitterstäben zu erhängen. Zur allegemeinen Abschreckung baumelte sein Leichnam noch lange von einem über den Poarm gespannten Strick, bis seine allmählich abfaulenden Glieder in den Fluß fielen.

Als Lucrezia Jahre später während Alfonsos und Ippolitos Abwesenheit die Regentschaft führte, besuchte sie ihre Schwäger im Kerker und sorgte für Hafterleichterungen. Man nahm ihnen die Ketten ab und richtete ihnen eine helle Stube zwischen den Verliesen als Aufenthaltsraum ein. Sie überlebten Lucrezia, Alfonso und Ippolito. Don Ferrante starb 1540, als bereits Lucrezias Sohn Ercole II. Ferrara regierte, und Don Giulio wurde 1559, anläßlich der Herzogskrönung von Lucrezias Enkel Alfonso II. begnadigt, mehr als ein halbes Jahrhundert nach seiner Verurteilung.

Ende April 1507 erreichte die Nachricht vom Tode Cesare Borgias Ferrara. Man hielt sie zuerst vor der Herzogin geheim, die wieder in Erwartung war, und teilte ihr nur mit, daß ihr Bruder in einem Gefecht verwundet worden sei. Sie begab sich in ein Kloster der Stadt und verbrachte zwei Tage im Gebet, erst dann übergab man ihr ein Schreiben ihres abwesenden Gemahls, das die Todesnachricht enthielt. Sie nahm sie mit mehr Fassung auf, als man erwartet hatte.

Es ist nicht überliefert, wie tief Lucrezias Schmerz war, oder wie sie für einen Bruder überhaupt noch Zuneigung empfinden konnte, der als Mörder ihres Bruders Juan und ihres Gemahls Alfonso de Aragón galt. So wie ihr Vater schien auch sie Cesare gegenüber seltsam hilflos gewesen zu sein und immer bereit, ihm zu verzeihen, welche Untaten er auch beging.

Ercole Strozzi widmete Cesare ein langes und pompöses Heldengedicht, das »Epicedium«, ein poetisches Seitenstück zu Machiavellis späterem »Principe«, das Cesares Heldenlaufbahn schilderte, dem ein widriges Geschick verwehrt habe, zum König Italiens aufzusteigen. Der verheißene Held würde nun aus den vereinigten Geschlechtern der Este und Borgia hervorgehen.

Ein Jahr später, am 4. April 1508, gebar Lucrezia endlich den ersehnten Erben, einen gesunden und kräftigen Knaben, der den Namen seines Großvaters Ercole erhielt, und Ercole Strozzi feierte seine Geburt als Erfüllung seiner Weissagungen.

Zwei Wochen später fand man den Dichter tot unter den dunklen Laubengängen nahe dem Kloster »Corpus Domini«, aus zweiundzwanzig Wunden blutend. Ganz Ferrara war bestürzt über das grausame Ende des schwärmerischen Verehrers der Herzogin, des geistvollen Freundes von Bembo und Ariosto. Der mysteriöse Mord blieb unaufgeklärt. Viele wurden beschuldigt, die Hand im Spiele gehabt zu haben, selbst der Herzog und die Herzogin. Man flüsterte von verschmähter Liebe, von Rache und Eifersucht, von einem unentwirrbaren Gespinst der Intrige, in das zahlreiche Persönlichkeiten an

78

den Höfen von Ferrara und Mantua verwickelt gewesen wären. »Niemand nannte den Urheber des Mordes, denn der Prätor schwieg«, schrieb später der Chronist Paolo Giovio.

Im Dezember 1508 schlossen Ludwig XII. von Frankreich, Heinrich VII. von England und Maximilian, der sich mit Erlaubnis des Papstes nunmehr »erwählter römischer Kaiser« nennen durfte, die »Liga von Cambrai« gegen Venedig, der auch Julius II. und Alfonso d'Este beitraten. Zum Dank dafür ernannte der Papst den Herzog von Ferrara zum Generalkapitän der Kirche.

Im Sommer 1509 schlugen die Streitkräfte der Liga die Venezianer zu Lande bei Cremona und zu Wasser im Podelta bei Adria. An beiden Siegen waren die Este entscheidend beteiligt: Alfonso vor Cremona mit seinen Kanonen und Ippolito mit seinen beweglichen Pokähnen, die die schwerfälligen Galeeren der Serenissima in der Enge des Flußbetts ausmanövrierten. Der in diesen Tagen geborene zweite Sohn Lucrezias erhielt den Namen seines siegreichen Onkels. Auch er wurde später Kardinal und als solcher Schöpfer der für ihre grandiosen Wasserspiele berühmten Villa d'Este in Tivoli bei Rom.

Die Enttäuschung des estensischen Kriegshelden war groß, als der Papst im Februar 1510 wider Erwarten mit den Venezianern Frieden schloß. Er löste die »Liga von Cambrai« auf und plante bereits eine neue, die die Franzosen aus Italien vertreiben und Ferrara aus seinem losen Lehensverhältnis in die direkte Verwaltung des Heiligen Stuhls überführen sollte. Als die Brüder d'Este an dem gegen Venedig gerichteten Bündnis mit Frankreich festhielten, schleuderte Julius II. den Kirchenbann gegen Ferrara, und die Venezianer machten Francesco Gonzaga, der während des Krieges in ihre Gefangenschaft geraten war, zu ihrem Generalkapitän. Dieser ließ sich mit der Eröffnung der Feindseligkeiten jedoch Zeit und meldete sich beharrlich krank. Wie schon einmal stellte sich der Papst persönlich an die Spitze seiner Truppen und nahm die ferraresische Grenzfestung Mirandola im Sturm, mußte sich jedoch bald wieder zurückziehen. Eine Kirchenspaltung drohte, da Ludwig XII. die gallikanischen Freiheiten der Kirche verkündete und ein im Mai 1511 in Pisa zusammentretendes Konzil begünstigte, das den Papst absetzen sollte. Julius konterte mit der Einberufung eines Konzils im Lateran, doch kurz danach erkrankte er so schwer, daß man allgemein seinen Tod erwartete. Kaiser Maximilian griff nun alte Pläne wieder auf, um seine italienischen Interessen nachhaltig zu vertreten: Er wollte entweder selbst Papst werden oder sich als Gegenpapst aufstellen lassen. Viel Geld wurde in dieses Projekt investiert, doch die Aufkündigung der Unterstützung Spaniens und Frankreichs und die wundersame Genesung des »terribile Giuliano« machte die phantasievollen Pläne des Kaisers zunichte.

Ferrara stand immer noch auf der Seite der Franzosen, und die französischen Truppenkommandanten genossen die Gastfreundschaft des estensischen Hofes. Einer von ihnen war »der große Bayard«, Louis de la Trémouille, der schon an den neapolitanischen Unternehmungen Ludwigs XII. beteiligt gewesen war. Der Biograph Bayards hielt das Urteil seines Herrn über die Herzogin von Ferrara fest: »Ich wage es zu sagen, daß es weder zu ihrer Zeit noch viel früher eine glorreichere Fürstin gab als sie; denn sie war schön und gut, sanft und liebenswürdig. Sie sprach spanisch, griechisch, italienisch und französisch, etwas sehr gutes Latein und schrieb in allen diesen Sprachen. Nichts ist so sicher als dies, daß, obwohl ihr Gemahl ein kluger und kühner Fürst war, diese genannte Dame ihm durch ihre Liebenswürdigkeit gute und große Dienste geleistet hat.«

Von Rom aus ermunterte der unermüdliche Papst die Spanier Süditaliens, sich an der Auseinandersetzung gegen die Franzosen im Norden zu beteiligen. Am 11. April 1512 trafen die feindlichen Armeen bei Ravenna aufeinander, doch der mit Hilfe von Alfonso d'Estes Kanonen – eine hieß »Giulia« und war aus einer zertrümmerten Statue des Papstes gegossen – errungene Sieg erwies sich als Pyrrhussieg. Die Franzosen hatten ihren Kommandanten Gaston de Foix und ihre besten Ritter verloren und mußten sich angesichts der feindlichen Haltung vieler Städte über die Alpen zurückziehen.

Am 9. Juli 1512 erschien Alfonso d'Este als reuiger Büßer im Vatikan, warf sich »Il Terribile« zu Füßen und erzwang durch diesen öffentlichen Akt der Demut die Aufhebung des Kirchenbanns. Der Unterzeichnung eines Dokuments, in dem er sich bereiterklärte, auf sein Herzogtum zugunsten der Kirche zu verzichten, entzog er sich jedoch durch Flucht und gelangte mit Hilfe der Colonna auf abenteuerlichen Wegen zurück nach Ferrara. Lodovico Ariosto, der zum Gefolge des Herzogs gehörte, klagte sehr darüber, daß er die gefährlichen Abenteuer der Helden, die er in seinen Werken beschrieb, nun am eigenen Leib verspüren mußte.

In Ferrara fand Alfonso seine Gemahlin in Trauer, da ihr Sohn Rodrigo aus der Ehe mit Alfonso de Aragón dreizehnjährig in Bari gestorben war. Sie hatte sein Schicksal nur aus der Ferne überwachen, ihn nicht an ihren Hof holen können, zumindest so lange sie Alfonso d'Este keinen Erben geboren hatte. Man fürchtete etwaige Ansprüche des kleinen Aragón. Keinerlei Einwände wurden hingegen wider den »Infans romanus« erhoben, der schon 1505 nach Ferrara kam, zuerst als »Sohn des Herzogs von Valence« in Carpi erzogen und später als »Bruder der Herzogin« am Hof aufgenommen wurde. Die Bullen Alexanders VI., die sowohl das eine wie das andere bezeugten, standen ja zur Verfügung.

Am 21. Februar 1513 starb Julius II., der streitbare Roverepapst, und die Kardinäle stimmten nach einem kurzen Konklave für den 37jährigen Giovanni de'Medici, der den Namen Leo X. annahm. Der Sohn des »Magnifico«, seit seinem 14. Lebensjahr Kardinal, soll den Ausspruch getan haben: »Laßt Uns das Papsttum genießen, da Gott es Uns verliehen hat« – se non è vero, è ben trovato. Er ist vor allem als verschwendungsfreudiger Kunstmäzen und Auftraggeber Raffaels und Michelangelos in die Geschichte eingegangen, doch war er es auch, der den Ablaßhandel zu einem gewinnträchtigen Wirtschaftssystem ausbaute, was Martin Luther

zur Veröffentlichung seiner Thesen veranlaßte, der Initial-
zündung der Reformation.

In Ferrara kehrten nun friedliche Zeiten ein. Die Herzogin
widmete sich jetzt immer intensiver frommen Werken und
religiösen Übungen und trug unter ihren kostbaren Roben ein
härenes Büßerhemd. Besondere Zuwendungen erhielt das
von ihr gestiftete und von Clarissen geführte Kloster San Bernardino, in dem Cesare Borgias illegitime Tochter Camilla als
»Suor Lucrezia« den Schleier genommen hatte. Auch die Witwe des »Valentinus«, Charlotte d'Albret, beschloß ihr Leben
im Kloster, während ihre und Cesares Tochter am französischen Hof erzogen wurde. Trotz ihrer Häßlichkeit machte sie
zwei gute Partien, heiratete in erster Ehe den »großen Bayard«, Louis de la Trémouille, und in zweiter Philippe de Bourbon, einen entfernten Verwandten des Königshauses.

Wenn der Hof von Ferrara durch die Kriege, in die das
Herzogtum verwickelt gewesen war, auch viel von seinem
Glanz verloren hatte, so blieb er doch einer der angesehensten
Fürstenhöfe Italiens. Pietro Bembo war zwar nach Rom ge-
gangen und wurde dort Sekretär des Medicipapstes, aber Lo-
dovico Ariosto lebte in der ferraresischen Residenz und ver-
herrlichte die Este in seiner Apotheose des Rittertums, dem
Epos »Orlando Furioso«.

Das Zusammenleben des Herzogspaars scheint in dieser
Zeit besonders innig gewesen zu sein, denn Lucrezia gebar
ihrem Gemahl 1514 und 1516 die Söhne Alessandro und
Francesco und 1515 die Tochter Leonora. Hatten frühere
Huldigungen ihre jugendliche Schönheit gefeiert, so galten sie
jetzt ihren Tugenden, und ihre Vergangenheit schien ebenso
ausgelöscht wie die Taten ihres Vaters und ihres Bruders,
obwohl sie so weit gar nicht zurücklagen.

1519 erwartete Lucrezia wieder ein Kind und litt sehr unter einer schwierigen, kräfteraubenden Schwangerschaft. Am
14. Juni brachte sie eine nicht lebensfähige Tochter zur Welt,
heftiges Kindbettfieber setzte ein, und die Wöchnerin fühlte
ihr Ende nahen. In einem zugleich einfachen und würdevollen
Schreiben bat sie Papst Leo um seinen Segen, der noch recht-

zeitig eintraf. Sie starb am Abend des 24. Juni im Beisein ihres Gemahls, in ihrem 39. Lebensjahr. Noch in derselben Nacht schrieb Alfonso an seinen Neffen Federigo Gonzaga nach Mantua: »Gott unserem Herrn hat es gefallen, in dieser Stunde die Seele meiner teuersten Gattin zu sich zu rufen. Nicht ohne Tränen kann ich dieses schreiben, so schwer wird es mir, mich einer so lieben und süßen Gefährtin beraubt zu sehen, denn das war sie mir durch ihre guten Sitten und die zärtliche Liebe, die zwischen uns bestand.« Persönlich geleitete der Herzog seine Gemahlin zu ihrer letzten Ruhestätte in der Klosterkirche »Corpus Domini«, an der Seite seiner Mutter Eleonora de Aragón.

Was immer Lucrezia in ihrer Jugend gefehlt hatte, machte ihr makelloses Leben als Herzogin von Ferrara vergessen, »das Brandmal, das man auf ihre Stirn gepreßt hatte, löschte sie selbst aus, aber es erschien wieder, als sie tot war«. Einen wesentlichen Anteil daran, daß Lucrezia Borgia zum Typus aller weiblichen Verworfenheit stilisiert wurde, hatten Victor Hugo, der sie zur Heldin eines Dramas machte, das mit sämtlichen mörderischen und blutschänderischen Details aus Geschichte und Legende der Borgias angereichert war, und Gaetano Donizetti, der ihr zu Opernehren verhalf. Ein ganz anders geartetes Denkmal setzte Goethe ihrem Enkel Alfonso II. in seinem »Torquato Tasso«.

Am 21. April 1671 verkündete Papst Clemens X. Altieri die Heiligsprechung des Francisco de Borja, ehemals Herzog von Gandía und dritter General des Jesuitenordens. Francisco war ein Enkel des ermordeten Papstsohnes Juan de Gandía und demnach ein Urenkel Alexanders VI.

Hätte Boccaccios bekehrter Jude Abraham dies erleben können, er hätte vielleicht zu Jeannot de Sevigné gesagt: »Siehst du, mein Freund, das genau ist es, was ich gemeint habe.«

IV
DIE KINDER DES KAISERS

Madama Margarita und Don Juan d'Austria

Noch heute besitzt die flandrische Stadt Oudenaarde mit ihren grandiosen Stadtplätzen, breiten Straßentrakten und schönen Brunnen den ganzen Zauber des Mittelalters, auch wenn vieles verschwunden ist, wie das Schloß von Burgund oder die Béguinage auf der alten Burginsel, von der nur das Eingangstor erhalten geblieben ist. Der machtvolle gotische Bau der Hauptkirche Sinte-Walburga erhebt sich immer noch im Herzen der halb von der Schelde umflossenen Stadt, und auf dem Groten Markt fasziniert vor allem das spätgotische Rathaus, das zusammen mit der romanischen Lakenhalle, dem einstigen Tuchlager der Weber, wie ein kostbarer Schrein vor dem Platz steht.

Als sich der jugendliche Kaiser Karl V. im Spätherbst 1521 in Oudenaarde aufhielt, konnte er auf ein ereignisreiches Jahr zurückblicken. Es hatte zwar auf dem Reichstag zu Worms die Begegnung mit dem rebellischen Mönch Martin Luther gebracht, dann jedoch eine Reihe militärischer und diplomatischer Erfolge auf Kosten seines Rivalen Franz I. von Frankreich. Der Mediceerpapst Leo X., im Wahlkampf noch ein entschiedener Gegner des Habsburgers, war nun auf dessen Seite eingeschwenkt, als er die Interessen seines Hauses und des Kirchenstaates durch die Franzosen bedroht sah. Auch Kardinal Thomas Wolsey, der erste Minister Heinrichs VIII. und Leiter der englischen Politik, trat dem Geheimbündnis bei. All dies mußte den noch nicht zweiundzwanzigjährigen Kaiser in eine Hochstimmung versetzen.

In diese Zeit der Hochstimmung fiel Karls Bekanntschaft mit der jungen Niederländerin Johanna van der Gheynst, als Begegnung flüchtig, durch die im darauffolgenden Jahr geborene Tochter jedoch von nicht geringer Bedeutung.

Von Johanna ist nicht viel mehr bekannt, als daß sie ein Mädchen aus dem Volke war, nicht die Tochter eines Tapezierers, wie oft fälschlich berichtet, sondern eines Tapisserie-Unternehmers, die im Niederländischen »tapitsier« heißen. Sie brachte im Juli 1522 – das genaue Datum ist unbekannt – ein Mädchen zur Welt, das in der Pamelekerk am Scheldeufer auf den Namen von Karls Tante, der Regentin Margarete, getauft wurde. Das Kind kam zunächst in die Familie des Hof-Speisemeisters André de Douvrin, wo es so gut gepflegt wurde, daß noch die vierzigjährige Margarete sich dankbar erinnerte, und bei ihrem Halbbruder Philipp II. von Spanien für ein Mitglied der Familie eintrat, »pour service que jày ci devant receu de luy et de sa maison, en la quelle je suis estè nourrie« (für die Dienste, die er und sein Haus mir erwiesen haben, in dem ich aufgezogen wurde).

Johanna heiratete 1525 den brabantischen Steuereinnehmer Jean van der Dycke und führte mit ihm eine gutbürgerliche, mit zahlreichen Kindern gesegnete Ehe. Ganz scheint sie der Kaiser nie vergessen zu haben, denn 1542 informierte er seine Schwester Maria von Ungarn persönlich von ihrem Tod und verfügte, daß die gewährte Pension an ihre Töchter weiterbezahlt werde.

Wahrscheinlich im selben Jahr, in dem ihre Mutter heiratete, kam Margarete an den Hof von Mecheln, die Residenz der Statthalterin, wo sie als anerkannte Tochter des Kaisers wie eine Prinzessin erzogen werden sollte. Besseren Händen hätte sie nicht anvertraut werden können.

Die Regentschaft führte Margarete von Österreich, die Tochter Kaiser Maximilians, der ihr nach dem frühen Tod seines Sohnes Philipp dieses Amt übertragen und sie zum Vormund von Philipps Kindern bestellt hatte. Rasch gelang es ihr, Vertrauen und Zuneigung ihrer kleinen Nichten zu gewinnen, die sie »Frau Tante und gute Mutter« nannten. Nur zum Herzen ihres zurückhaltenden und verschlossenen Neffen Karl konnte sie zu ihrem Kummer keinen rechten Zugang finden. Die gradlinig denkende, ganz unzeitgemäß am liebsten mit offenen Karten spielende Margarete hatte es zwischen ihrem sprunghaften, ständig phantastische Pläne verfolgenden Vater und ihrem schwer zugänglichen Neffen oft recht schwer, doch die auf gegenseitiger Achtung und Wertschätzung beruhende verwandtschaftliche Zuneigung und der unverrückbare Glaube an die Sendung der »Casa de Austria« blieb trotz gelegentlicher Konflikte ungebrochen. Die Wahl Karls zum Nachfolger Maximilians als »erwählter römischer Kaiser« und seine Krönung in Aachen am 22. Oktober 1520, an der sie als erste Dame des Reiches teilnahm, stellte einen glanzvollen Höhepunkt in Margaretes späterem Leben dar. In dieser Zeit begann auch ihre zweite Amtsperiode als Statthalterin der Niederlande.

Margarete hatte das malerisch an der Dyle gelegene Mecheln zu ihrer Residenz gewählt und ihren »Hof van Savooie« zu einem Zentrum kulturellen Lebens, einem Mittelpunkt des Geistes und der Künste gemacht.

Der Hof zu Mecheln war aber nicht nur ein Hort der Musen, er war auch einer der Moral und der guten Sitten. Der höchste niederländische Adel drängte sich, seine Töchter an den Hof der Statthalterin zu schicken, damit sie Anstand und Sprachen lernten und sich in fraulichen Beschäftigungen übten. In diesem Kreis wuchs nun auch die kleine Kaisertochter heran, umgeben von der mütterlichen Fürsorge der Regentin, der eigene Kinder versagt geblieben waren. Ausbildung und gutes Betragen waren das Reglement des Haushalts, an dessen Spitze ein »chevalier d'honneur« und dessen Gattin für ein reibungsloses Funktionieren verantwortlich waren, von den Ehrendamen bis zum untersten Hauspersonal. Margarete hielt viel auf gepflegte Tischsitten, was im Zeitalter des Grobianismus keineswegs allgemein üblich war, und stellte den Gebrauch von unehrenhaften Wörtern und schimpflichen Flüchen unter Strafe. Bei den »filles d'honneur« waren Koketterie und Vertraulichkeiten mit den Pagen und Herren verpönt, Klatsch als unwürdig untersagt. Dabei schätzte die Regentin fröhliches Geplauder und harmlose Vergnügungen sehr, veranstaltete im Sommer Reitausflüge und im Winter Schlittenfahrten zu den Schlössern befreundeter Adelsfamilien und besuchte gern und oft die Märkte und Volksfeste in den flandrischen Städten.

Wann und in welcher Weise die Großnichte der Regentin über ihre Herkunft unterrichtet wurde, ist nicht bekannt, ihren Vater bekam sie jedenfalls in den ersten Jahren ihres Lebens nicht zu Gesicht, denn Karl verbrachte die Zeit zwischen dem Sommer 1522 und dem Herbst 1529 in seinen spanischen Reichen.

Nach dem Tod des sybaritischen Leo war im Jänner 1522 Karls einstiger Lehrer und Statthalter in Spanien, Adrian Florensz d'Edel aus Utrecht zum Papst gewählt worden, ein gelehrter, sittenstrenger und zutiefst frommer Mann, ein Reformpapst, wie ihn die Zeit dringend erforderte. Allerdings regierte er viel zu kurz, um Wesentliches zu bewirken, und starb schon eineinhalb Jahre nach seiner Wahl, von Mißerfolgen, Enttäuschungen und dem ätzenden Spott zermürbt, den er bei den römischen Höflingen und Literaten erntete. Hätte er länger gelebt und die Reform der Kirche durchsetzen können – vielleicht wäre die Kirchenspaltung zu verhindern gewesen. So aber blieb das Pontifikat Hadrians VI. Episode, denn sein Nachfolger trat nicht in seine Fußstapfen, sondern in die seiner Vorgänger.

Mit Giulio de'Medici, der sich Clemens VII. nannte, bestieg ein veritabler Bastard den päpstlichen Thron: der illegitime Sohn eines Bruders von Lorenzo »Il Magnifico«. Während einem Mann wie Erasmus von Rotterdam wegen seiner unehelichen Geburt eine geistliche oder weltliche Karriere versperrt war, konnte sich ein Bastard sogar die Tiara aufsetzen – vorausgesetzt, er stammte aus der richtigen Familie und die Weichen wurden richtig gestellt. Dies hatte vor allem Giulios Vetter, Papst Leo X. besorgt, der ihn nach Kräften gefördert und zum Kardinal erhoben hatte. »Er zeigte zwar den Wunsch, die Mißstände in der heiligen Kirche beseitigt zu sehen«, schrieb der venezianische Gesandte über Clemens, »aber er bringt keinen derartigen Gedanken zur Ausführung und entschließt sich zu keiner Maßnahme.« Die Entschlußlosigkeit, Familienhörigkeit und der Wankelmut dieses Papstes sollten sich in der Tat verhängnisvoll auswirken.

Vorerst setzte Clemens die Bemühungen seines Vorgängers fort, zwischen Franz I., der Anspruch auf Mailand erhob, und Karl V. zu vermitteln, schloß aber dann mit dem Kaiser, Heinrich VIII. von England und Erzherzog Ferdinand von Österreich einen Vertrag, der die Partner zu gemeinsamem Handeln gegen Frankreich verpflichtete. Er war nicht mehr wert als viele andere Verträge auch, denn unter dem Eindruck der Eroberung Mailands durch die Franzosen im Dezember 1524 schwenkte Clemens auf die Seite Franz I. Schon bald mußte er zweifeln, das Richtige getan zu haben, denn am 24. Februar 1525 besiegte ein kaiserliches Heer die Franzosen bei Pavia, und Franz geriet in Gefangenschaft. Er wurde nach Spanien gebracht und beschwor im »Frieden von Madrid« feierlich, Burgund und die italienischen Gebiete an Karl zurückzugeben. Die eheliche Verbindung mit Karls Schwester Eleonore sollte das neue Bündnis festigen, doch nur der Kaiser glaubte an das Wort seines königlichen »Bruders«. Kaum hatte Franz als freier Mann wieder französischen Boden betreten, erwies sich, daß auch der Vertrag von Madrid nicht mehr war als ein wertloses Stück Papier.

Der Kaiser, der im Frühjahr 1526 in Sevilla die schöne Isabella von Portugal geheiratet hatte, die einzige Frau, der er sich dauernd innig verbunden fühlte, wartete vergeblich auf die Ratifikation des Madrider Vertrages durch den König von Frankreich. Franz erklärte dem kaiserlichen Gesandten, er fühle sich an den erzwungenen Vertrag nicht gebunden, und schloß mit dem Papst, Francesco II. Sforza, Florenz und Venedig die »Liga von Cognac«. Als Karl davon erfuhr, verlor er seine gewohnte Contenance und herrschte die französischen Emissäre zornig an: »Euer König hat mich betrogen, er hat nicht ritterlich, nicht wie ein Edelmann gehandelt, sondern niederträchtig!« Der eitle und ruhmsüchtige königliche Raufbold Franz und der kaiserliche Visionär Karl hatten eben völlig diametrale Ansichten, wie und zu welchem Endzweck Politik zu betreiben sei.

Inzwischen braute sich in der Lombardei Fürchterliches zusammen. Die spanischen Söldner und die deutschen Landsknechte gerieten durch fehlenden Sold, Hunger und Entbehrung in eine immer gefährlichere Stimmung. Sie gaben die Schuld dem Papst, dem geldgierigen Antichrist im lasterhaften römischen Babel, in dem sie den größten Feind des Kaisers erblickten, und setzten sich in Richtung Kirchenstaat in Marsch. Habgier und Beutelust taten ein übriges. Weder ihren Anführern noch den aus Neapel angereisten kaiserlichen Diplomaten gelang es, das Unheil aufzuhalten. Papst Clemens hatte sich vorgegaukelt, seine Bundesgenossen würden ihn schützen, und viel zu lange gezögert, auch mit der Beschaffung von Geld. Als er sich endlich entschloß, zum altbewährten Mittel des Verkaufs von Kardinalshüten zu greifen, war es zu spät. Am 5. Mai 1526 langten die Landsknechtshorden vor der Ewigen Stadt an, am 6. begann der Sturm, und ohne Ansehen von Freund und Feind plünderte die Soldateska Paläste und Kirchen, Bürgerhäuser und Werkstätten, Speicher und Handelskontore und belagerte den Papst, der sich in die Engelsburg geflüchtet hatte. Monatelang dauerten das Chaos und die Greuel des »Sacco di Roma«, von vielen beschrieben und beklagt. Nicht wenige, vor allem Deutsche, sahen jedoch in dieser Katastrophe, die über das römische Babylon hereingebrochen war, ein Strafgericht Gottes. Savonarolas »gladius domini« hatte nun doch endlich zugeschlagen.

Der Kaiser ließ dem Papst sein Bedauern über die römischen Untaten aussprechen und die Engelsburg freigeben, aus der Clemens verkleidet nach Orvieto entwich. »Eure Heiligkeit können versichert sein«, schrieb ihm der Kaiser, »daß wenn Ihr Euch, wie ich hoffe, als wahrer Vater und guter Hirte erweist, ich wie ein ehrerbietiger Sohn handeln werde.«

In Italien nahmen die kriegerischen Auseinandersetzungen ihren Fortgang. Der kaiserliche General Antonio Leyva schlug die Franzosen bei Landriano, und der Genueser Admiral Andrea Doria ging zum Kaiser über und befreite mit seinen Galeeren Neapel von den französischen Belagerern.

Angesichts dieser Erfolge der Kaiserlichen sagte sich der Papst von der »Liga von Cognac« los und versöhnte sich im »Frieden von Barcelona« am 29. Juni 1529 mit Karl, »aus Schmerz über die Zerrissenheit der Christen, zur Abwehr der Türken und zur Anbahnung eines allgemeinen Friedens«.

Viel mehr für den allgemeinen Frieden leisteten allerdings zwei Damen: Karls Tante Margarete, die Regentin der Niederlande, und Louise von Savoyen, die Mutter des französischen Königs Franz. Die beiden kannten einander seit Kindertagen und bezogen nun im französischen Cambrai in zwei durch einen bedeckten Gang verbundenen Häusern Wohnung. Lange, geheime Verhandlungen führten schließlich zur Unterzeichnung des »Damenfriedens von Cambrai« am 3. August 1529, der sich um einiges dauerhafter erwies als der »Frieden von Madrid«, obwohl er ihm in vielen Punkten glich. Karl konnte nun zur lange geplanten Fahrt nach Italien rüsten.

Karl übertrug seiner Gemahlin Isabella, die ihm bereits die Infanten Philipp und Maria geboren hatte, die Regentschaft und stach Ende Juli von Barcelona aus in See. Am 12. August landete er in Genua und begab sich mit seinem Gefolge über Tortona, Voghera und Piacenza nach Bologna, wo er am 6. Dezember feierlich einzog und von Papst Clemens VII. bereits erwartet wurde. Die beiden Häupter der Christenheit, kurz davor noch verfeindet, residierten im Palazzo Comunale, einem festungsähnlichen, aus dem Mittelalter stammenden Bau, und trafen einander zu vertraulichen Gesprächen.

Am 22. Februar 1530 empfing Karl aus den Händen des Papstes die eiserne Krone der Lombardei und am 24. Februar, seinem 30. Geburtstag, fand im gotischen Dom von San Petronio die Kaiserkrönung statt, die letzte südlich der Alpen und die letzte durch einen Papst.

Unter den Gästen der Krönungsfeierlichkeiten befand sich auch der neunzehnjährige Alessandro de'Medici, offiziell der Neffe des Papstes, in Wahrheit jedoch dessen Sohn. Auf Clemens' Wunsch sollte mit ihm die Herrschaft der Medici über Florenz erneuert werden. Der Kaiser gewährte seine Zustimmung und darüber hinaus auch weitere militärische Hilfe gegen die florentinische Republik, die sich widerspenstig zeigte.

Am 5. Juli 1531 zog Alessandro de'Medici in die Stadt ein, die schwere Schaden erlitten hatte. In seinem Besitz befand sich nicht nur ein Dokument mit der Unterschrift Karls V., das ihn und seine Nachkommen zu erblichen Herrschern von Florenz bestimmte, er war auch zum Schwiegersohn des Kaisers ausersehen, sobald Karls niederländische Tochter Margarete ein ehefähiges Alter erreicht haben würde.

Der Kaiser war bereits im Frühjahr 1530 über Mantua, Trient und Innsbruck nach Deutschland gezogen, wo er sich einer veränderten Welt gegenübersah, die ihn vor komplizierte Probleme stellte. Eine Reihe deutscher Fürsten und Städte hatte gegen das auf dem Reichstag zu Speyer ausgesprochene Verbot der Lehren Luthers und Zwinglis protestiert und feierlich erklärt, in Glaubensfragen keinen politischen Mehrheitsbeschluß mehr anzuerkennen. Somit war die Spaltung innerhalb der Christenheit vollzogen, auch wenn sich die Zeitgenossen der epochalen Bedeutung dieses Vorgangs gar nicht bewußt waren, am allerwenigsten der Kaiser, der nach wie vor um die Erhaltung oder Wiederherstellung der Kircheneinheit bemüht war. Auf dem nach Augsburg einberufenen Reichstag wurde Karl am 25. Juni die von Philipp Melanchthon redigierte Fassung der »Confessio Augustana« vorgelegt, die dogmatische Grundlage des Protestantismus. Auch jetzt noch blieb der Kaiser auf Ausgleich bedacht, nahm der von den altkirchlichen Theologen verfaßten Confutatio, die er den Ständen vorlesen ließ, in vielen Punkten die Schärfe und suchte den Papst – vergeblich – zur Einberufung eines allgemeinen Konzils zu bewegen. Der Reichstagsabschied, den die Protestierenden nicht annahmen, machte jedoch deutlich, daß er mit seiner Absicht, einen Kompromiß mit den Protestanten zu erreichen, gescheitert war.

Nach Beendigung des Reichstages, an dem auch seine Geschwister Ferdinand von Österreich und Maria von Ungarn teilgenommen hatten, begab sich der Kaiser in die Niederlande. Unterwegs, in Speyer, erreichte ihn die Nachricht vom Tod seiner Tante Margarete. Sie war für Karl wie eine Mutter gewesen – seine leibliche lebte nach wie vor in geistiger Umnachtung in Tordesillas –, darüber hinaus auch für seine Schwestern Eleonore, Isabella und Maria, und zuletzt für seine Tochter Margarete. Nach seinem Großkanzler Gattinara, der auf der Reise in Innsbruck gestorben war, hatte er nun auch die zweite starke Stütze seiner Jugendjahre verloren.

Margarete wurde nur provisorisch beigesetzt. Im folgenden Frühjahr geleitete ihr treuer Berater und Mitarbeiter Graf Hooghstraeten ihre sterbliche Hülle nach Brou bei Bourg-en-Bresse, nordöstlich von Lyon, wo sie als Grablege für ihren unvergeßlichen Gemahl Philibert, dessen Mutter und für sich selbst ein Kloster und eine Kirche begründet hatte.

Karl mußte nun den niederländischen Statthalterposten neu besetzen und fand in seiner Schwester Maria eine würdige Nachfolgerin für Margarete.

Schon in frühester Jugend zeigte Maria eine ausgeprägte Persönlichkeit: Hohe Intelligenz paarte sich mit Tatkraft und Mut, und als kühne Jägerin, glänzende Reiterin und Fechterin glich sie einer »virago« vom Zuschnitt einer Caterina Sforza. Nach dem Tod ihres Gemahls Ludwig II. von Ungarn in der Türkenschlacht von Mohács im Jahr 1526 widmete sie all ihre Kräfte und Fähigkeiten der neuen Aufgabe in den Niederlanden und ihrem Lebensziel, »dem Kaiser zu dienen und zu gehorchen«.

Während seines Aufenthalts in den Niederlanden traf Karl nun endlich auch seine Tochter Margarete, die im neunten Lebensjahr stand. Wir verdanken die erste Beschreibung ihrer Person einem Brief des Mantuaner Gesandten, der am 21. Januar 1531 aus Brüssel berichtete, die Kaisertochter sei »sehr klein, nicht über ihre Jahre hinaus entwickelt, aber ziemlich hübsch und liebenswürdig«. Margarete lernte nicht nur ihren Vater, sondern auch ihren präsumtiven Bräutigam Alessandro de'Medici kennen, der im Gefolge des Kaisers nach Brüssel gekommen war. Dieser war allerdings weder hübsch noch liebenswürdig. Wenn wir dem Portrait Angiolo

Bronzinos in den Uffizien zu Florenz Glauben schenken, der Alessandro als Scheusal dargestellt hat, und den übereinstimmenden Aussagen der Zeitgenossen, die ihn als »bösartigen und reizbaren Bastard« bezeichneten, so fragt man sich, wie der Kaiser eine solche Verbindung auch nur in Erwägung ziehen konnte. In Sachen Heiratspolitik dachte Karl jedoch in erster Linie politisch und dynastisch, persönliche Wünsche oder gar Gefühle hatten keine Rolle zu spielen. Das hatte schon seine älteste Schwester Eleonore zu spüren bekommen, der er eine Liebesheirat untersagte, um sie in erster Ehe mit dem alternden Witwer Manuel von Portugal und in zweiter mit dem von der Lustseuche gezeichneten Lebemann Franz von Frankreich zu vermählen. Auch seiner Schwester Isabella erging es nicht anders, die an der Seite Christians »des Bösen« von Dänemark ein bedauernswertes Schicksal erleiden mußte.

Nach der mütterlichen Großtante Margarete übernahm nun die ganz anders geartete Tante Maria die Oberaufsicht über die Erziehung der Kaisertochter bis zu ihrer Abreise nach Italien. Einem zeitgenössischen Bericht zufolge bewunderte Margarete die sportlichen Aktivitäten der Tante und suchte ihr nachzueifern, besonders als Reiterin und Jägerin, worin sie ebenfalls Meisterschaft erlangte.

Im Spätherbst des Jahres 1531 erschien eine florentinische Gesandtschaft in Brüssel, die beim Kaiser untertänigst die Entsendung der »promessa sposa« nach Italien urgierte, die vorerst nach Neapel reisen und dort unter der Obhut der Witwe des Vizekönigs Charles de Lannoy auf ihr künftiges Leben vorbereitet werden sollte.

Mitten im Winter, am 7. Januar 1532, trat Margarete ihre erste große Reise an. Über die Gefühle, die sie bewegten, ist ebensowenig überliefert wie darüber, ob es ihr erlaubt war, von ihrer Mutter Abschied zu nehmen. Inmitten eines stattlichen Gefolges von 150 Berittenen, geleitet von Charles de Croix, Bischof von Tournai, und dem Grafen de Ligne-Fouquemberghe, seiner Gemahlin und Mitgliedern der Familie Douvrin, wo sie ihre ersten Kinderjahre verbracht hatte, reiste

»la duchessina Margarita«, die kleine Herzogin, ihrer Bestimmung entgegen.

Nach 70 beschwerlichen Tagen erreichte die Reisegesellschaft Verona und somit das Gebiet der Serenissima, wo der »illustrissima figliola di Cesare« ein würdiger Empfang bereitet wurde. »Diese Frau ist sehr klein und mager«, berichtete der Podestà von Verona an die Signoria, »außer den vollen Lippen erinnert in ihren Zügen nichts an den Vater.«

Am 16. April traf Margarita, wie wir sie von nun an nennen wollen, in Florenz ein, wo sie für zehn Tage im Palazzo Medici Station machte, Tage, die mit festlichen Empfängen, Spielen und musikalischen Darbietungen ausgefüllt waren, die Alessandro für sie veranstaltete. Auf der Piazza Santa Croce fanden sogar Stierkämpfe statt. Auch die nur drei Jahre ältere Caterina de'Medici, Cousine Alessandros und künftige Königin von Frankreich, nahm an den Festlichkeiten teil.

Alessandro und der Erzbischof von Bari, der Spanier Gabriele Merino, ein besonderer Vertrauensmann des Kaisers, begleiteten den Zug weiter nach Rom, wo man am Abend des 5. Mai ankam. Das päpstliche Empfangskomitee wartete bereits in der »vigna del papa« am Osthang des Monte Mario, in der von Raffael konzipierten und von seinen Schülern ausgeschmückten Villa, die heute als »Villa Madama« bekannt ist. Von dort zog man den Hügel hinab und durch die Porta Angelica zum Vatikanspalast, wo Clemens VII. Margarita erwartete. Die Begrüßung gestaltete sich außerordentlich herzlich, der Papst verwehrte seiner künftigen Schwiegertochter den zeremoniellen Fußkuß, hob sie empor und küßte sie ganz familiär auf die Wangen, ohne sich um das Entsetzen seines Zeremonienmeisters zu kümmern. Nach der Vorstellung von Margaritas Damen war die Audienz beendet, und man konnte sich endlich in das für den römischen Aufenthalt bestimmte Quartier begeben, den Palazzo dei Medici in der Nähe des Pantheons und der Piazza Navona. Er heißt heute »Palazzo Madama«, ebenso nach Margarita benannt wie die Villa auf dem Monte Mario.

Am 13. Mai setzte Margarita ihre Reise Richtung Neapel

fort. Der Erzbischof von Bari und Alessandro de'Medici leisteten ihr noch eine Tagesetappe lang Gesellschaft.

Drei Jahre dauerte der Aufenthalt Margaritas in Neapel, drei Jahre, in denen die kleine Niederländerin zu einer »sposa italiana« geformt und in ihr die Liebe zu Sprache und Kultur ihrer neuen Heimat geweckt werden sollte. Der Kaiser überwachte von fern die Erziehung seiner Tochter und sandte immer wieder präzise schriftliche Anweisungen, etwa wie sie ihre Briefe zu unterzeichnen hätte, nämlich mit »Margarita d'Austria«. Es verdient auch festgehalten zu werden, daß Margarita niemals die Illegitimität ihrer Geburt zu spüren bekam, eine Auszeichnung, die »Bastarden« nicht immer zuteil wurde.

In Florenz begann der junge Herzog Alessandro de'Medici inzwischen langsam Farbe zu bekennen. Hatte er sich zu Lebzeiten seines Vaters Clemens VII. noch von seiner liebenswürdigen Seite gezeigt und Kabinett, Senat und Rat der Zweihundert in der Hoffnung gewiegt, man werde mit ihm recht gut auskommen, so änderte sich das nach Clemens' Tod im Herbst 1534 schlagartig. Alessandro schockierte die Florentiner mit der Veranstaltung sexueller Orgien, wie man sie gelegentlich in Rom, niemals aber in Florenz erlebt hatte. Führende Bürger der Stadt, unter ihnen der Geschichtsschreiber Francesco Guicciardini, setzten sich deshalb mit dem Kardinal Ippolito de'Medici – einem ebenfalls illegitim geborenen Cousin Alessandros – in Verbindung, um mit ihm einen möglichen Regierungswechsel zu besprechen. Florentiner Verbannte scharten sich in Rom um den jungen Prälaten und richteten eine Beschwerde an den Kaiser. Der befand sich auf seinem Feldzug gegen Tunis und die Piraten des Chair-ed-Din Barbarossa, eines Vasallen des Sultans. Kardinal Ippolito machte sich nun auf die Reise, um den Kaiser persönlich aufzusuchen, erkrankte jedoch unterwegs und starb nach wenigen Tagen. Man munkelte, er sei in Alessandros Auftrag vergiftet worden, nachdem dieser von dem Komplott zu seinem Sturz erfahren habe.

Nach der siegreichen Beendigung des Feldzuges in Afrika,

durch den nicht nur die spanische Seeherrschaft im westlichen Mittelmeer wiederhergestellt, sondern auch das Ansehen des Kaisers im ganzen Abendland erhöht wurde, besuchte Karl zum erstenmal seine süditalienischen Reiche und wurde als Vorkämpfer Europas gegen die muselmanische Bedrohung enthusiastisch gefeiert.

Im November 1535 traf der Kaiser in Neapel ein, wo er nicht nur seine im vierzehnten Lebensjahr stehende Tochter begrüßte, sondern auch mit den Berichten über die Lebensführung seines künftigen Schwiegersohns konfrontiert wurde. Er zitierte Alessandro nach Neapel, der sich schlauerweise von Francesco Guicciardini begleiten ließ, der der Partei seiner Gegner angehörte. Der eitle und ehrgeizige Historiker war von dieser Ehre so geschmeichelt, daß er meinte, er würde seiner Karriere wohl am besten dienen, wenn er den Kaiser über die Eskapaden des Mannes beruhigte, der mit seiner Tochter verlobt war. Der Kaiser ließ sich überzeugen, oder tat jedenfalls so, und kündigte lediglich an, er werde einen Mann seines Vertrauens mit dem Auftrag nach Florenz schicken, das Betragen des Herzogs kritisch zu beobachten. Nachdem am 28. Februar 1536 auch der zivile Ehekontrakt unterzeichnet worden war, konnte Alessandro im Triumph nach Florenz heimkehren und sein ausschweifendes Leben wieder aufnehmen. Ein anderer Medici aus der jüngeren Linie, Lorenzino di Pierfrancesco de'Medici, leistete ihm als Kuppler und Kumpan seiner Laster Gesellschaft. Alessandro konnte nicht ahnen, welche Ziele der hochgebildete und ihm intellektuell weit überlegene Lorenzino in Wirklichkeit verfolgte.

Im März 1536 begab sich der Kaiser nach Rom, um sich mit dem Nachfolger Clemens' VII. zu treffen. Es war der mittlerweile achtundsechzigjährige Alessandro Farnese (Paul III.), den noch Alexander VI. zum Kardinal erhoben hatte. Paul III. war mehrfacher Vater und Großvater und stand in seinem Bestreben, seine Nachkommenschaft gut zu versorgen, seinen Vorgängern aus den Häusern Borgia, della Rovere oder Medici in nichts nach. Er machte seinen ältesten Sohn Pier Luigi, den letzten berüchtigten Renaissancebastard im

Stile Cesare Borgias, zunächst zum Gonfaloniere der Kirche und Herzog von Castro in Latium und erhob drei Enkel zwischen vierzehn und sechzehn Jahren zu Kardinälen. Trotz alledem war Paul III. ernsthaft um eine Reform der Kirche bemüht, und der Kaiser erhoffte sich von ihm nicht nur die Einberufung eines Konzils zur Wiederherstellung der Glaubenseinheit, sondern auch Unterstützung gegen Franz I. von Frankreich, der nach dem Tod Francesco Sforzas von Mailand wieder einmal in Oberitalien eingefallen war. Der Papst sah in der universalen Weltpolitik des Kaisers jedoch eine Gefahr für seine eigene Autorität und Macht und wollte lieber die Rolle eines Schiedsrichters einnehmen. So führten die Verhandlungen trotz einer eindrucksvollen Ansprache Karls zu keiner Annäherung der Standpunkte.

Auf der Weiterreise machte der Kaiser in Florenz Station, versicherte den Herzog noch einmal seines Wohlwollens und ermahnte ihn, sich vor der »Hinterlist seiner Feinde« zu hüten. Bis zur Hochzeit Alessandros mit Margarita konnte er wegen des sich zuspitzenden Konflikts mit Frankreich nicht bleiben.

Margarita zog durch die Porta del Prato in das festlich geschmückte Florenz ein, wo man die für Karl V. errichteten Triumphbögen gleich hatte stehenlassen. In einem Brief beschrieb Giorgio Vasari den Einzug in allen prächtigen und farbigen Details, bis zu den beiden Dromedaren des Herzogs, die ihm der Kaiser aus Afrika mitgebracht hatte. Von der Hand Vasaris stammt auch das »Hochzeitsbild«, ein Fresko im Palazzo Vecchio, das einen recht gut getroffenen Karl V. zeigt, vor dem ein ziemlich geschönter Alessandro und eine schon sehr fraulich wirkende Margarita die Hände ineinanderlegen.

Der zeitgenössische Chronist Varchi notierte, die junge Herzogin habe »an der Seite ihres zärtlichen Gemahls ein höchst vergnügtes Leben« geführt, während andere Berichterstatter behaupteten, die Ehe sei gar nicht konsumiert worden. In beiden Fällen läßt sich der Wahrheitsgehalt nicht überprüfen. Wie immer es um das Eheleben der vierzehnjährigen Margarita bestellt war – es dauerte wenig mehr als ein halbes Jahr.

Auch nach seiner Vermählung setzte Herzog Alessandro zusammen mit seinem Kumpan Lorenzino sein ausschweifendes Leben fort, veranstaltete wüste Gelage und befand sich ständig auf der Suche nach Liebesabenteuern. In einer Karnevalsnacht im Januar 1537 lockte Lorenzino den Herzog mit dem Versprechen eines galanten Abenteuers in sein Quartier, doch nicht die erwartete Schönheit erschien, sondern ein »bravo«, ein professioneller Meuchelmörder. Mit Dolch und Degen gingen Lorenzino und der Bravo auf den völlig überraschten Alessandro los, bis er leblos zusammenbrach. An dem über die blutige Leiche gebreiteten Bettlaken befestigte Lorenzino einen Zettel mit einem Zitat aus Vergils »Aeneis«: »Möge die Vaterlandsliebe die Ruhmessucht besiegen.« Lorenzino fühlte sich als neuer Brutus und vergaß wie jener, daß der meuchlings Ermordete nicht nur ein »Tyrann«, sondern auch sein Freund und Wohltäter gewesen war, der ihm, dem mittellosen Verwandten, ein Leben in Saus und Braus ermöglicht hatte. Lorenzinos Traum, in Florenz wieder eine Republik zu errichten, ging nicht in Erfüllung. Der Senat berief seinen Vetter Cosimo, den Sohn des legendären Kriegs- und Maulhelden Giovanni »delle bande nere«, der im Kampf gegen die kaiserlichen Truppen in Oberitalien gefallen war, als neuen Herzog. Er wurde der erste Großherzog der Toskana, der sein Land mit eiserner Hand regierte, Florenz aber noch einmal eine Zeit kultureller Hochblüte schenkte.

Unmittelbar nach Bekanntwerden des Attentats brachte der Kommandant der in Florenz stationierten kaiserlichen Truppen Alessandros Witwe Margarita in die sichere Festung von Basso. Ihr kleiner Hof, der Sondergesandte des Papstes, Kardinal Cibo, und der ebenso draufgängerische wie geistreiche Kapitän Francesco de Marchi begleiteten sie. Er sollte einer ihrer getreuesten Paladine werden.

Es konnte nicht ausbleiben, daß der noch unvermählte achtzehnjährige neue Herzog Cosimo sich beeilte, um die Hand Margaritas anzuhalten, doch Karl V., der sich in Spanien von seinen letzten – erfolglosen – Feldzügen gegen Franz I. erholte, winkte ab. Er hatte andere Pläne mit seiner Tochter. Eine Verbindung mit dem Haus Medici, zu Lebzeiten Clemens' VII. noch von politischem Wert, war uninteressant geworden. Dafür rückte der Papstenkel Ottavio Farnese ins Blickfeld. Wieder spielte ein Friedensschluß eine Rolle, diesmal der von Nizza am 18. Juni 1538, bei dem Paul III. als Vermittler zwischen Franz I. und Karl V. aufgetreten war.

Völlig neu war Margaritas Reaktion auf diese Zukunftsperspektive. Mittlerweile fast erwachsen und durch die schrecklichen Erlebnisse gereift, wagte sie es, dem Plan des kaiserlichen Vaters Widerstand entgegenzusetzen, der sie nach dem Mediciwüstling, der immerhin Herzog von Florenz gewesen war, mit einem blassen Farneseknaben verheiraten wollte, der gar nichts war und noch dazu einige Jahre jünger als sie. Es nützte ihr nichts. Am 12. Oktober 1538 wurde der Heiratskontrakt im Vatikanspalast in Gegenwart des Papstes und vieler geistlicher und weltlicher Würdenträger unterzeichnet. Margarita mußte sich nach Rom begeben, wo sie am 3. November eintraf. Sie war nun kein schüchternes Kind aus dem Norden mehr, das die Landessprache nicht verstand wie bei ihrem ersten Aufenthalt vor fünf Jahren, sondern eine selbstbewußte junge Dame, die sich Sprache und Sitten ihrer neuen Heimat perfekt angeeignet hatte.

Margarita nahm zunächst im Palazzo Cesi im Borgo Quartier, und bereits am Abend des nächsten Tages fand in der Sixtinischen Kapelle die Trauung statt, gefolgt von einem feierlichen Abendessen in den Gemächern des Papstes. Es folgten Bälle, Bankette, Feuerwerke, Illuminationen und Straßenfeste, wie sie seit jeher üblich waren, wenn ein Papst eine »Familienhochzeit« ausrichtete.

Ungeachtet der prächtigen Festlichkeiten war der Ehe des jungen Paares kein harmonischer Start beschieden. Margarita zeigte offen ihre Abneigung, reagierte auf Annäherungsversuche Ottavios mit Ablehnung und weigerte sich, ihn auch nur zu sehen. Sie fand ihn »brutto, piccolo, rozzo e sporco« – häßlich, klein, roh und schmutzig. »Zweimal hat man mich verheiratet«, soll sie gesagt haben, »als Kind mit einem um vieles älteren Mann, und jetzt, da ich eine Frau bin, mit einem unfähigen und ungezogenen Bürschlein ohne jegliches Taktgefühl!« Alle Aufmerksamkeiten und Bemühungen des Papstes, Margarita gnädiger zu stimmen, fruchteten nichts, und die Geschichte wurde bald genüßlich von Hof zu Hof weitererzählt, auch Margaritas Äußerung, die Ehe sei gar nicht gültig, denn sie habe bei der Trauung nicht ja gesagt.

Am 17. März 1539 sandte der Kaiser aus Toledo ein Dokument, das den Heiratskontrakt vom 12. Oktober 1538 bestätigte, an Margaritas Haltung und Benehmen jedoch nichts änderte. Die väterlichen Ermahnungen mußten nun deutlicher formuliert werden. »Seit längerer Zeit schon bin ich über Euer Mißvergnügen unterrichtet«, schrieb Karl am 11. April an seine widerspenstige Tochter, »doch glaubte ich, es sei durch Eure Vernunft bereits geheilt. Aus Eurem durch Lopez Hurtado übermittelten Brief erfahre ich aber jetzt, daß die Dinge schlimmer stehen denn je. Außerdem mißfällt mir, daß Eure Worte viel mehr von der Leidenschaft als von der Vernunft diktiert scheinen . . . eine solche Auddrucksweise kann ich niemandem gestatten, schon gar nicht Euch, die Ihr meine Tochter seid.«

Nicht nur, um die Landluft und die schöne Umgebung zu genießen, zog sich Margarita im Juni mit ihrem kleinen Hof nach Tivoli zurück, um bis in den September dort zu bleiben. Sie wollte und sollte wohl auch Abstand gewinnen und in sich gehen. Lopez Hurtado de Mendoza und Jean d'Andelot, beide Vertrauensleute des Kaisers, begleiteten sie als Beobachter und Berater. Schließlich scheint Margarita die Erkenntnis gewonnen zu haben, daß Widerstand auf die Dauer zwecklos war, vielleicht spielte auch eine Rolle, daß Paul III. seinem Enkel Ottavio inzwischen das Herzogtum Camerino verschafft hatte. In einem langen Schreiben gab der Kaiser am 15. August seiner Zufriedenheit darüber Ausdruck, daß seine Tochter sich entschlossen habe, »seinem Willen und seiner Mahnung gemäß« zu handeln, da sie nun einmal die »erklärte Gemahlin des Signor Ottavio« sei und »verpflichtet, mit ihm ein eheliches Leben« zu führen. Er fügte noch hinzu, er hätte sie nicht gegen ihren Willen verheiratet, wenn er von ihrer Abneigung gewußt hätte – keine ganz überzeugende Aussage, denn erstens war Margarita gar nicht gefragt worden, und zweitens hatte sie aus ihrer Abneigung gegenüber der farnesischen Heirat nie ein Hehl gemacht.

In Spanien erlebte der Kaiser in diesem Jahr einen schweren Verlust: Am 1. Mai starb seine Gemahlin Isabella erst sechsunddreißigjährig nach der frühzeitigen Geburt ihres siebenten Kindes. Sie war der einzige Mensch gewesen, dem er je vorbehaltlos vertraut hatte.

Beunruhigende Nachrichten aus den Niederlanden zwangen den Kaiser, gegen Ende des Jahres 1539 Spanien zu verlassen. In seiner Geburtsstadt Gent herrschte wilder Aufruhr, der sich an religiösen und sozialen Motiven entzündet hatte.

Das nächste Jahr verbrachte der Kaiser in den Niederlanden, wo er strenges Gericht über die Aufständischen hielt. Anfang 1541 begab er sich nach Deutschland und berief einen Reichtag nach Regensburg ein, immer noch hoffend, einen Ausgleich zwischen den Konfessionen zu erreichen. Der Konflikt war aber längst vom Religiös-Dogmatischen ins Politische hinübergeglitten, und die Positionen verhärteten sich immer mehr. Am 29. Juli 1541 schloß der Reichstag ohne greifbares Ergebnis, und der Kaiser verließ das Reich in Trauer und Resignation.

Trotz der allgemein nicht günstigen politisch-militärischen Lage befaßte sich Karl schon in Regensburg mit den Vorbereitungen zu einer neuen Expedition nach Afrika, um den Kampf gegen die Ungläubigen wieder aufzunehmen. Bevor er sich zur Flotte begab, die vor Mallorca von Andrea Doria gesammelt wurde, traf er in Lucca mit dem Papst zusammen, den er, nicht unbedingt erfolgreich, für ein Konzil, für wirksame Türkenhilfe und Schutz gegen Frankreich zu gewinnen suchte. Der Papst war »mit Familie« gekommen, der Kaiser konnte also auch seine wieder gehorsame Tochter Margarita und seinen Schwiegersohn begrüßen. Er ließ Ottavio auch an der Expedition nach Algier teilnehmen, die nicht glücklich verlief, dem jungen Farnese jedoch Gelegenheit gab, sich persönlich auszuzeichnen. Heftige Stürme und die Angriffe der Muselmanen, die aus Algier vorstießen, kosteten den Kaiser einen Teil seiner Flotte, so daß er beschloß, das Unternehmen abzubrechen und die Truppen auf den geretteten Schiffen in den spanischen Hafen Cartagena zurückzuführen.

In Italien trafen die Nachrichten spärlich und mit großer Verspätung ein, so daß Margarita lange um Gesundheit und Leben ihres Vaters und ihres Gemahls fürchten mußte. Erst im Mai 1543 konnte sie in Pavia beide wieder in die Arme schließen. Einen Hinweis, daß es sich tatsächlich um ein freudiges Wiedersehen handelte, gibt der etwas saloppe Bericht, den Paolo Giovio an Herzog Cosimo nach Florenz sandte: »Der schöne Herzog Ottavio bestieg in der ersten Nacht in Pavia viermal seine Madama, dann kam er ad sanctissimos pedes, und so ist die schlechte Meinung, die man hatte, aufgehoben.« Offen bleibt allerdings, woher Giovio, der seinen Herzog gern mit »Geschichten« versorgte, so genaue Informationen über die Vorgänge im fürstlichen Alkoven bezogen hatte.

Ende Juni traf der Kaiser in Busseto bei Parma noch einmal mit Paul III. zusammen. Auf die üblichen scheinheiligen Friedensappelle des Papstes erwiderte er heftig, man müsse den Frieden nicht auf seiner Seite suchen, denn er sei der von Frankreich betrogene und angegriffene Teil. Dem Kaiser blieb als Haupteindruck, daß der Papst »sehr bedacht sei auf die Vergrößerung seines Hauses, und daß die Seinigen großen Appetit zeigten«. Der farnesische Appetit war auf das Herzogtum Mailand gerichtet, mit Margarita und Ottavio als Herzogspaar, aber er blieb unbefriedigt.

Von Italien zog der Kaiser an den Niederrhein, um den mit Frankreich verbündeten Herzog von Cleve zu maßregeln – ungeachtet aller Freundschaftsbeteuerungen hatte Franz schon im Sommer 1542 offiziell an Karl den Krieg erklärt. Nachdem seine wichtigsten Städte sich ergeben hatten, bat der Herzog kniefällig um Vergebung, und die kaiserliche Armee stieß im Herbst 1543 gegen die Franzosen vor, die in

Luxemburg eingedrungen waren. Trotz einiger Erfolge konnte keine Entscheidung herbeigeführt werden. So war der Kaiser auf dem Reichstag zu Speyer im Februar 1544 vor allem darauf bedacht, die deutschen Fürsten zur Unterstützung gegen Frankreich zu gewinnen, die ihm auch zugesagt wurde, allerdings nicht ohne Gegenforderungen der protestantischen Fürsten und Städte. Karl mußte Zugeständnisse machen, versah sie jedoch mit dem Zusatz, daß diese Regelung nur bis zu einem »gemeinen christlichen freien Konzil in deutscher Nation« gelten solle. Entrüstet über diese Konzessionen, erließ der Papst ein zugleich salbungsvoll wie scharf gehaltenes Tadelsbreve, in dem er den Kaiser mit »gottlosen Herrschern wie Nero, Domitian und Friedrich II.« verglich. Während Karl erklären ließ, es sei unter seiner Würde, auf so etwas zu antworten, erhielt er unerwartete und nicht unbedingt erwünschte Schützenhilfe von seiten Calvins und Luthers. Calvin zeigte in geschliffener Dialektik die historischen und moralischen Schwächen des Breve auf, während Luther in seiner Flugschrift »Wider das Babsttum zu Rom, gestiftet vom Teuffel« wesentlich gröber argumentierte. Auch andere Stimmen erhoben sich, so die des Kurfürsten Joachim II. von Brandenburg, der vom Papst verlangte, daß er dem türkenbündlerischen König von Frankreich endlich den Ehrentitel des »Rex christianissimus« entziehe.

Im Frühsommer 1544 begann der Kaiser seine lang geplante Offensive gegen Frankreich und rückte von Metz aus, die Marne entlang auf Paris vor. Als sich die Spitzen der Reiterei der Hauptstadt näherten, brach unter der Bevölkerung Panik aus. Unterdessen hatten aber bereits Verhandlungen begonnen, in die sich auch Königin Eleonore einschaltete, die ihrem Bruder schrieb, sie wünsche nichts sehnlicher als einen dauerhaften Frieden. Der wurde schließlich am 14. September in Crépy bei Soissons geschlossen und brachte dem Kaiser nicht nur die Erneuerung der Abmachungen von Nizza, sondern auch die Zusage militärischer Hilfe gegen die Türken und aktiver Unterstützung bei seinen Bemühungen zur Wiederherstellung der Kircheneinheit.

Des Kaisers Tochter Margarita hatte sich inzwischen in Rom im Palazzo Medici, dem heutigen Sitz des Senates, eingerichtet und ihn neu dekorieren und ausschmücken lassen. Sie unternahm Reisen zu ihren Latifundien in Latium und in den Abruzzen, doch ihr Hauptinteresse war religiösen und karitativen Werken gewidmet. Sie hatte keinen geringeren als Ignatius von Loyola zum Beichtvater und Seelenführer, und es wird nicht zuletzt auch ihrem Einfluß zugeschrieben, daß Paul III. der »Gesellschaft Jesu« die kanonische Anerkennung gewährte. Margarita unterstützte die »Compagnia di Gesù« auch materiell, ebenso wie Einrichtungen zum Wohle von Armen, Kranken, Waisenkindern und der Bekehrung von Prostituierten, die im päpstlichen Rom eine »soziale Plage« darstellten. Sie verstand es auch, verwandte und befreundete Damen der römischen Gesellschaft für ihre Aktionen zu gewinnen, unter ihnen die berühmte Vittoria Colonna, Dichterin und Freundin Michelangelos.

Der Papst liebte es, die Gemahlin seines Enkels immer wieder auszuzeichnen, und beschenkte sie häufig, vor allem mit kostbarem Schmuck, was in der päpstlichen »Tesoreria«, der Schatzkammer, genau verbucht wurde. Als sich dann Anzeichen einstellten, daß Margarita den Papst zum Urgroßvater machen würde, kannte seine Freude keine Grenzen.

Im Dezember 1545 berief Paul III. nun auch das Konzil, auf das der Kaiser so lange gedrängt und gegen das er sich so lange gesträubt hatte, nach Trient ein und gewährte Karl für einen Feldzug gegen die Protestanten Truppen und Geldmittel. Ungefähr um dieselbe Zeit setzte er einige Rochaden unter den italienischen Fürstentümern ins Werk: Er belehnte den »Bannerträger der Kirche«, seinen Sohn Pier Luigi, mit den Herzogtümern Parma und Piacenza, gab dessen bisheriges Herzogtum Castro an Ottavio und Margarita und zog die Herrschaften Camerino und Nepi ein, ein Manöver, das der Kaiser erwartungsgemäß vorerst geschehen ließ, nachdem der Papst endlich auf seine Seite getreten war. Welt- und Kirchenpolitik dienten wieder einmal als Vehikel, um die »Glorie« des Hauses Farnese zu mehren.

Der Glanz und der Fortbestand seines Hauses, der dem Papst mehr als alles andere am Herzen lag, schien auch durch die Geburt der Zwillingsknaben gesichert, denen Margarita, die neue Herzogin von Castro, am 27. August 1545 in Rom das Leben schenkte. Sie wurden auf die Namen des Großvaters und des Urgroßvaters Carlo und Alessandro getauft, doch Carlo starb bereits im Oktober 1549. Paul III. besuchte Margarita am Wochenbett, überschüttete sie mit kostbaren Gaben und Aufmerksamkeiten und zeigte sich »fuor di sé dalla gioia« – außer sich vor Freude.

Der Kaiser hatte inzwischen einen neuen Reichstag nach Regensburg einberufen, wo er am 10. April 1546 eintraf. Auch dieser letzte Versuch, zu einer gütlichen Einigung zu kommen, scheiterte, und die im »Schmalkaldischen Bund« vereinigten Protestanten und die Altkirchlichen boten bereits den Eindruck von zwei großen Heerlagern. Die Stimmung war allgemein erregt und gereizt, der Verlauf der Dinge schien unaufhaltsam auf eine kriegerische Auseinandersetzung zuzutreiben. Trotzdem fühlte sich der Kaiser so gut wie schon lange nicht. Eine erfolgreiche Kur mit Gujakholz hatte dem Gichtgeplagten große Linderung gebracht, er konnte wieder ein Pferd besteigen und auf die Jagd reiten, man fand ihn erfrischt und verjüngt.

Auch eine junge Regensburgerin trug dazu bei, die Stimmung des Kaisers zu heben: Barbara Blomberg, Tochter eines wohlhabenden Gürtlermeisters (der eigentlich Plumberger hieß), hübsch, blond, achtzehn Jahre jung, von fröhlicher und unbeschwerter Wesensart. Es ist nicht überliefert, wie die Beziehung zwischen dem Kaiser und dem Bürgermädchen verlief, nur, daß sie nicht länger dauerte als der Aufenthalt Karls in Regensburg, wo er in der Herberge »Zum Goldenen Kreuz« im Haus des jungen Patriziers Bernhard Crafft logierte, das noch heute als imponierendes Zeugnis spätgotischer Baukunst den Haidplatz ziert. Als der Kaiser von dort aus in den »Schmalkaldischen Krieg« zog, erwartete Barbara ein Kind von ihm. Am 24. Februar, Karls Geburtstag, den er auf dem kursächsischen Kriegsschauplatz verbrachte, schenkte sie einem Sohn das Leben, und auf den Tag zwei Monate später triumphierte der Kaiser bei Mühlberg an der Elbe über die Schmalkaldischen.

Mit den gefangenen Führern des »Schmalkaldischen Bundes« zog der Kaiser im Sommer nach Ausburg, wo im September ein neuer Reichstag eröffnet wurde. Während seines Aufenthalts dort scheint Karl auch Verfügungen bezüglich seines Sohnes von Barbara Blomberg getroffen zu haben, der der Obhut seiner Mutter entzogen wurde, wie es auch 25 Jahre davor bei Margarita geschehen war. Zu seiner Vaterschaft bekannte sich der Kaiser allerdings erst in einem Kodizill zu seinem Testament.

Zu Beginn des Jahres 1548 verließen zwei Hauptexponenten der europäischen Politik die irdische Bühne: des Kaisers oft unzuverlässiger Verbündeter Heinrich VIII. von England und sein Gegenspieler Franz I. von Frankreich. Der Papst, der den Kaiser schon im »Schmalkaldischen Krieg« durch den Abzug seiner Truppen im Stich gelassen hatte, wandte sich nun vollends gegen ihn, weil er ihn der Mitwisserschaft bei der Ermordung seines Sohnes Pier Luigi verdächtigte. Der Herzog von Parma und Piacenza war jedoch einer Verschwörung von Adeligen zum Opfer gefallen, die er durch seine harte und rücksichtslose Herrschaft selbst gegen sich aufgebracht hatte. Paul III. wollte es anders wissen, und »der Haß des eigensinnigen Greises« ging so weit, daß er Frankreich zu einer Kriegserklärung an Karl zu bewegen suchte und im gleichen Sinne sogar mit der Pforte in Verbindung trat.

In der Kirchenfrage erstrebte der Kaiser ein Interim mit einer Erklärung, »wie es der Religion halber im heiligen Reich bis zum Austrag des gemeinen Konzils gehalten werden sollte«, doch der Kompromißvorschlag fand auf keiner der beiden Seiten Zustimmung. Auch der geplante Reichsbund zur militärischen und finanziellen Stärkung des Kaisers erwies sich als undurchführbar, ebenso wie Karls Idee, die Kaiserwürde in Zukunft abwechselnd an den spanischen und den österreichischen Zweig des Hauses Habsburg zu geben, was nicht nur von den Kurfürsten, sondern auch von seinem Bruder Ferdinand abgelehnt wurde.

Nach dem Hochgefühl des siegreichen Feldzuges war Augsburg eine Enttäuschung, und im Grunde waren es nur mehr Enttäuschungen und Niederlagen, die das Schicksal für Karl V. bereithielt.

Das Verhältnis zum Vatikan besserte sich zwar, als der neue Papst Julius III. Ciocchi del Monte das von Paul III. suspendierte Konzil von Trient wieder einberief, doch der junge König von Frankreich, Heinrich II., konspirierte mit den Gegnern des Kaisers in Italien und in Deutschland. Er schloß mit den protestantischen Fürsten, denen sich auch Karls einstiger Paladin, der Kurfürst Moritz von Sachsen, vorerst heimlich angeschlossen hatte, einen Vertrag, der am 15. Januar 1552 in Chambord ratifiziert wurde. Der Kaiser, der sich in Innsbruck aufhielt, wollte die Nachrichten, die ihm darüber zugetragen wurden, lange nicht glauben. Auch den Warnungen seiner Schwester Maria und seines Bruders Ferdinand schenkte er so lange kein Gehör, bis es fast zu spät war und er sich vor den anrückenden Truppen des Kurfürsten nur durch einen überstürzten Rückzug durch die Täler von Eisack, Rienz und Drau nach Villach retten konnte, eine »unsagbar bittere Erfahrung für den alten Edelmann und Souverän«. Karls Situation schien aussichtslos, doch plötzlich verlegte sich Moritz aus schwer durchschaubaren Motiven aufs Verhandeln mit König Ferdinand und verschaffte dem Kaiser so eine Atempause.

Im Herbst 1552 zog Karl noch einmal ins Feld, um den Franzosen die Festung Metz zu entreißen, in der sie sich festgesetzt hatten. Der Feldzug endete mit einem Mißerfolg, an dem nicht nur der erbitterte Widerstand der Franzosen, sondern auch die winterliche Kälte und Nässe und die Epidemien ihren Anteil hatten, die im kaiserlichen Heer ausbrachen. Anfang Januar 1553 hob Karl die Belagerung auf und zog sich nach Brüssel zurück.

Das Scheitern vor Metz hatte den Stolz des Kaisers schwer getroffen und ihn in tiefe Niedergeschlagenheit versetzt. Auch der Einsicht, daß er sich einem Religionsfrieden nicht länger in den Weg stellen könne, konnte er sich nicht verschließen. Er fühlte sich jedoch außerstande, an dem neuen Reichstag in Augsburg persönlich teilzunehmen, und übertrug die Ordnung der deutschen Angelegenheiten und damit zugleich die Reichsregierung in aller Form seinem Bruder Ferdinand, wenn auch der Reichstagsabschied am 25. September 1555, der unter anderem die Gleichberechtigung der beiden Konfessionen anerkannte, noch in seinem Namen erging. Der auf den kompromißbereiten Julius III. und den heiligmäßigen Marcellus II. Cervini gefolgte, wütende Eiferer Paul IV. Carafa wies die Abmachung zurück und gab den Habsburgern die Schuld am Niedergang der katholischen Kirche.

Nun gelangte des Kaisers Plan, sich aus der aktiven Politik und von den Staatsgeschäften zurückzuziehen, über den er zu Vertrauten schon mehrfach gesprochen hatte, zur endgültigen Reife. »Wie er das Unerhörte empfangen hatte«, heißt es bei Brandi, »in einer Reihe merkwürdiger Erbfälle, so gab er es nun auch auf unerhörte Weise zurück, aber eigentlich nicht den Ständen der Niederlande, den spanischen Cortes oder den deutschen Kurfürsten; eigentlich gab er es zurück an den Allerhöchsten.«

Mit der Rücktrittserklärung als Souverän des Ordens vom Goldenen Vlies begann am 22. Oktober die Reihe der Abdankungszeremonien. Drei Tage später übergab Karl im großen Saal des Brüsseler Schlosses die Regierung der Niederlande an seinen Sohn Philipp. An dem einzigartigen und ergreifenden Staatsakt nahmen auch seine Schwestern Eleonore und Maria, die verwitwete Königin von Frankreich und die scheidende Statthalterin der Niederlande, sein Neffe Ferdinand von Österreich und seine Nichte Christine von Lothringen teil. Der Kaiser ergriff selbst das Wort und gab einen Rückblick auf die wichtigsten Stationen seines Lebens und seiner Regierung. Sein größter Kummer sei, daß er den Seinen nicht den Frieden hinterlasse, doch er sei am Ende seiner Kraft, todmüde, und die Reise nach Spanien, die er bald antrete, werde seine letzte sein. Er habe oft geirrt, aus Jugend, aus

Schwäche, aus Eigensinn, aber niemals habe er willentlich einem Menschen Unrecht getan; sollte es dennoch geschehen sein, bitte er um Verzeihung. Als er erschöpft auf seinen Thronsessel zurücksank, sah man Tränen und hörte Schluchzen im Saal, auch der Kaiser selbst konnte seine Bewegung nicht verbergen. Einige Monate später erfolgte im kleinen Kreis die Verzichterklärung auf die spanischen Reiche, Sizilien und die Neuen Indien. Gerne hätte er seinen Bruder Ferdinand noch einmal gesehen, doch der war wegen der Türkengefahr im Osten des Reiches nicht abkömmlich und ließ sich durch seinen Sohn Maximilian vertreten.

Am 8. August 1556 verließ der Kaiser mit seinen Schwestern und einem stattlichen Gefolge Brüssel, von Seeland aus stach er in See und landete am 28. September in Laredo, einem kleinen Hafen an der Nordküste Spaniens, östlich von Santander. Von dort ging es über Burgos nach Valladolid. Karl verbat sich aufwendige Empfänge, begrüßte nur seinen elfjährigen Enkel Don Carlos, dessen »Benehmen und Temperament« ihm wenig gefielen, und empfing die Regentin, seine Tochter Juana, verwitwete Kronprinzessin von Portugal. Dann zog er auf beschwerlichen Gebirgspfaden südwärts nach Estremadura, in das Flußgebiet des Tajo, westlich von Toledo. Der kleine Hof nahm zunächst in Jarandilla Quartier, dem Schloß des Grafen von Oropesa in der Vera de Plasencia, und der Kaiser genoß den schönen und warmen südlichen Herbst. Ende November besuchte er zum erstenmal das nahe gelegene Hieronymitenkloster San Jerónimo de Yuste, und zwei Monate später bezog er endgültig seinen »Palazuelo«, die Villa, die nach seinen Angaben unmittelbar neben dem Kloster errichtet worden war.

Gemessen an den Palästen, die er im Laufe seines Lebens bewohnt hatte, war diese letzte Wohnung bescheiden, aber sie war immer noch die Residenz eines Grandseigneurs, ausgestattet mit kostbarem Hausrat, einer Bibliothek, auserlesenen Bildern und Möbeln, niederländischen Gobelins, Instrumenten und Uhren, für die er eine besondere Vorliebe hatte. Wenn er auch jede direkte Beteiligung an den Staatsgeschäften ablehnte, so hielten ihn Briefe und Berichte doch auf dem laufenden, und Philipp und Juana erbaten häufig seinen Rat. Mit Genugtuung konnte er die Nachrichten über die Siege lesen, die der Herzog von Alba vor den Toren Roms gegen die päpstlichen und der niederländische Statthalter Emanuel-Philibert von Savoyen zusammen mit dem Grafen von Egmont bei Saint-Quentin und Gravelingen gegen die französischen Truppen errangen. Besuche schätzte der Kaiser nicht, sie mußten mit Quartieren in den umliegenden Dörfern vorliebnehmen. Nur seinen beiden Schwestern stellte er Zimmer in der Villa zur Verfügung.

Gern ließ er sich aber gelegentlich von einem blonden und blauäugigen Knaben Gesellschaft leisten, der Jerónimo gerufen wurde. Nur seine allerengsten Vertrauten wußten, daß es der Sohn Barbara Blombergs war.

Jerónimo hatte seine frühen Lebensjahre zuerst bei dem kaiserlichen Kammerdiener Adrian du Bois und dann bei dem Violinspieler Francisco Massi verbracht, der sich 1550 nach anstrengendem Hofdienst mit seiner Frau in dem Dorf Leganes bei Madrid zur Ruhe gesetzt hatte. Dort tollte Jerónimo mit der Dorfjugend und lernte, Äpfel zu stehlen und mit der Armbrust auf Spatzen zu schießen. Nach Massis Tod blieb er noch eine Weile in der Obhut von dessen Frau Ana, bis er im Auftrag von des Kaisers Hofmarschall Don Luis Mendez de Quijada abgeholt und in ein Herrenhaus nach Villagarcia in der Nähe von Valladolid gebracht wurde. Das Gut gehörte Doña Magdalena de Ulloa, der Gemahlin des Don Luis, die selbst keine Kinder hatte und nun zu Jerónimos eigentlicher Mutter wurde. Ihr Gemahl hatte ihr geschrieben, es handle sich um den »Sohn eines bedeutenden Mannes und lieben Freundes«, und Doña Magdalena mochte vermuten, Don Luis sei selbst sein Vater und seine Mutter eine Deutsche oder Niederländerin. Sie widmete dem Knaben ihre ganze Liebe und Fürsorge, ließ ihn Reiten und Latein lernen und bemühte sich nach Kräften, ihm die bäurischen Umgangsformen abzugewöhnen und Manieren beizubringen. Sie las ihm aus jenen Ritterromanen vor, über die sich Cervantes später lustig

110

machte, und weckte in ihm die Liebe zur Mutter Gottes, die sie selbst glühend verehrte. Als Don Luis mit dem Kaiser nach Spanien zurückkehrte, kamen auf Wunsch Karls auch Doña Magdalena und Jerónimo nach Estremadura und nahmen in dem malerischen Dorf Cuacos, zwei Kilometer bergabwärts von der kaiserlichen Villa, Quartier. Jerónimo durfte am kaiserlichen Hof Pagendienste versehen.

Im Sommer 1558 verschlimmerte sich nicht nur die Gicht des Kaisers, da er von seiner lebenslangen Vorliebe für eiskaltes Bier und fette, stark gewürzte Speisen nicht lassen wollte, er zog sich auch eine gefährliche Erkältung zu, die sich zur Todeskrankheit entwickelte. In dieser Zeit ließ er einmal eine Totenfeier für seine Eltern und Großeltern veranstalten, die man später legendenhaft zur Totenfeier für seine eigene Person ausgestaltete. Gegen Mitte September wurde sein Zustand hoffnungslos. Er bestimmte seinen Jugendfreund, den nunmehrigen Jesuitenpater Francisco de Borja zum Testamentsvollstrecker und bereitete sich auf sein Ende vor. Bei vollem Bewußtsein empfing er die Tröstungen der Religion. Im Todeskampf drückte er das kleine, elfenbeinerne Kruzifix, das seine Gemahlin Isabella in ihrer letzten Stunde in den Händen gehalten hatte, an die Brust. Er starb in den ersten Stunden des 21. September. Sein letztes Wort war: »Jesus«.

Daß dieser bedeutendste Habsburger, der letzte Repräsentant eines abendländisch-christlichen Kaisertums, dessen Legitimität auf metaphysischer Grundlage beruhte, trotz glänzender Einzelerfolge in den Hauptanliegen seines politischen Programms scheiterte, macht ihn zur tragischen Figur, nimmt ihm aber nichts von seiner Größe.

Wir kehren noch einmal in das Rom der späten vierziger Jahre des 16. Jahrhunderts zurück, wo Margarita als »prima donna di Roma« an ihren Hauptwohnsitzen hofhielt, im »Palazzo Madama« am Circo Agonale und in der »Villa Madama« am Monte Mario.

Nachdem Margarita Mutter geworden war, wandte sie ihre ganze Liebe ihren Söhnen, und nach dem frühen Tod Carlos' dem einzigen Sohn Alessandro, zu. Sie scheint in Aussehen und Statur eine echte Niederländerin gewesen zu sein, grobknochig und früh zur Fülle neigend. Zeitgenossen fanden sie »maskulin«, spöttelten über ihren »Schnurrbart«, ihre »unweibliche« Jagdpassion und munkelten über Beziehungen zu Frauen, Geschwätz, das immer dann entsteht, wenn die Betreffende sich gegenüber den Galanterien der Männerwelt unempfindlich zeigt. Einig war man sich stets über ihre echte und tiefe Religiosität und ihre große persönliche Würde, wenn auch manche die Distanz, die sie zu ihren Mitmenschen hielt, für Hochmut ansahen.

Nach der Ermordung seines Vaters Pier Luigi strebte Ottavio Farnese die Nachfolge in Parma und Piacenza an, wobei er sich sowohl den Kaiser, der die Herzogtümer als Reichslehen einziehen, als auch Papst Paul III., der sie dem Kirchenstaat einverleiben wollte, zu Gegnern machte. Margarita setzte sich vehement für die Rechte ihres Gemahls ein, wohl schon im Hinblick auf ihren Sohn, dem sie lieber die wichtigen lombardischen Gebiete als die kümmerlichen Herzogtümer von Castro und Camerino hinterlassen wollte. Der Tod Pauls III. ermöglichte einen einstweiligen Kompromiß: Julius III. bestätigte am 29. Februar 1550 Ottavio Farnese als Herzog von Parma, während Piacenza in der Hand der Kaiserlichen verblieb.

Mitte Juni 1550 verließ Margarita mit ihrem Söhnchen Alessandro Rom, um ihrem Gemahl nach Parma zu folgen. Er kam ihr auf der letzten Etappe von Reggio nach Parma entgegen, und nach einer Rast in der Certosa zog Margarita auf einem prächtigen Zelter durch die Porta San Michele in Parma ein, wo ihr ein feierlicher und festlicher Empfang bereitet wurde.

Obwohl vom Kaiser als Ritter des Goldenen Vlieses und vom Papst als Bannerträger der Kirche ausgezeichnet, wollte sich Ottavio mit Parma nicht begnügen und versuchte, große Politik zu machen, wobei er in Heinrich II. von Frankreich einen willigen Helfer fand. Er verärgerte damit sowohl den Kaiser wie den Papst und brachte seine Gemahlin zur Verzweiflung, die das Erbe ihres Sohnes leichtsinnig aufs Spiel gesetzt sah. Als ihr der Kaiser den Vorschlag machte, ihren Gemahl zu verlassen und sich an einem Ort ihrer Wahl unter seinen Schutz zu begeben, entschied sie sich jedoch, an Ottavios Seite auszuharren, auch als Parma von kaiserlichen und päpstlichen Truppen eingeschlossen war und unter Hunger und Seuchen schwer zu leiden hatte. Die Ausdauer des Herzogpaars wurde belohnt: Am 29. April 1552 bestätigte Julius III. Ottavio erneut als Herzog von Parma. Als nach Julius' Tod und dem kurzen Pontifikat Marcellus' II. Paul IV. Carafa im Mai 1555 Papst wurde, begab sich Ottavio nach Rom und erhielt gnädige Verzeihung für den der Heiligen Kirche zugefügten Schaden. Dabei spielte gewiß eine Rolle, daß er auch gegen den von Paul gehaßten Kaiser rebelliert hatte.

Im Spätherbst desselben Jahres erschütterte die Abdankung Karls V. die europäische Staatenwelt und nicht zuletzt seine Tochter, die Herzogin von Parma. Neuer Regent der Niederlande und König von Spanien wurde des Kaisers Sohn Philipp, mit dem sie bisher nur brieflichen Kontakt gepflogen hatte. Ihm vertraute Karl auch die Sorge für seine Halbschwester Margarita an: »Tragt stets Sorge um meine Tochter und ihre Kinder und im Hinblick auf diese auch um den Herzog Ottavio. Sie war mir in der Tat immer außerordentlich gehorsam, wenn es galt, meinen Willen zu erfüllen, deshalb müßt Ihr sie begünstigen und fördern und für ihren Schutz und den ihrer Kinder sorgen.« Eine erste Bestätigung für Philipps loyales Verhalten war bereits der Vertrag von Gent vom 15. September 1556, der Ottavio Farnese nun auch als Herzog von Piacenza bestätigte, mit der kleinen Einschränkung einer spanischen Garnison in der Zitadelle, um das Wohlverhalten des Herzogs zu garantieren. Die kühne Unbotmäßigkeit Ottavios und die treue Ausdauer Margaritas hatten die erwünschten Früchte getragen: Die Herzogtümer Parma und Piacenza würden in Zukunft von ihnen und ihren Nachkommen regiert werden.

Die triumphale Etablierung des Hauses Farnese brachte für Margarita auch einen großen Schmerz: Sie mußte sich von ihrem nunmehr elfjährigen Sohn Alessandro trennen, der auf

Philipps Wunsch an seinem Hof erzogen werden sollte, nicht nur, um auf große Aufgaben vorbereitet zu werden, sondern als zusätzliche Gewähr für die »fedeltà farnesiana«. Philipp hatte Ottavios kurzfristige Freundschaft mit Heinrich II. von Frankreich keineswegs vergessen.

Margarita beschloß, ihren Sohn im Oktober 1556 persönlich in die Niederlande zu begleiten, nicht nur, um so lange wie möglich mit ihm beisammen zu sein, sondern auch, um das Land ihrer Kindheit und ihren Vater wiederzusehen. Zu ihrem Kummer mußte sie aber schon unterwegs erfahren, daß der Kaiser seine Reise nach Spanien bereits angetreten hatte. »Nichts in der Welt wünschte ich mehr«, schrieb sie ihm am 5. November aus Mailand, »als Euch zu sehen und noch einmal Hände und Füße zu küssen, bevor ich sterbe, da ich sonst nicht zufrieden leben kann. Gott möge mir die Gnade erweisen, Euch noch lange, gesund und glücklich zu erhalten.« Am 31. März 1557 schrieb ihr der Kaiser aus San Yuste, daß er ihr von der langen und beschwerlichen Reise nach Spanien dringend abrate, obwohl es ihm leidtäte. Es war sein letztes Schreiben an sie.

In Brüssel traf Margarita mit ihrem Bruder Philipp zusammen, der in dieser Zeit durch seine Ehe mit Maria Tudor auch König von England war. Das große Projekt der Etablierung einer habsburgischen Dynastie auf englischem Boden und der Rekatholisierung des Landes sollte jedoch primär an der Unfruchtbarkeit Marias scheitern. Philipp kehrte nach Marias Tod 1558 zuerst in die Niederlande und dann nach Spanien zurück, und den englischen Thron bestieg Elisabeth, die Tochter Heinrichs VIII. und der Anna Boleyn, um deretwillen sich Heinrich von der katholischen Kirche getrennt hatte. Katholische Legitimisten betrachteten sie als »Bastard« und sahen in ihrer Cousine Maria Stuart die rechtmäßige Königin von England und Schottland.

Margarita trat im Juni 1557 die Heimreise nach Parma an, verlegte aber bald nach ihrer Ankunft ihre Residenz nach Piacenza. Über ihre Motive können nur Vermutungen angestellt werden. Nachdem sie ihre dynastische Pflicht erfüllt

114

und ihrem Gemahl einen Erben geboren hatte, der ihrer Obsorge nun entzogen war, schien sie an einem weiteren Zusammenleben mit Ottavio Farnese, an dem sie seine kriegerischen Ambitionen und amourösen Eskapaden ebenso störten wie sein Geiz, nicht mehr interessiert zu sein und zog es vor, in Piacenza ein Leben nach eigenen Vorstellungen zu führen, fern von der »razza« Farnese. Es war keineswegs ein müßiges Leben. Sie beauftragte Francesco Paciotti mit dem gewaltigen Bau des »Palazzo Farnese«, führte umfangreiche Korrespondenzen mit ihrem Gemahl, mit Philipp II. von Spanien, mit ihrem Sohn Alessandro, mit dem Papst und mit anderen Persönlichkeiten, wobei ihr Caterina de'Medici, nunmehrige Königin von Frankreich, reichlich Unannehmlichkeiten bereitete, da sie auf diverse mediceische Hinterlassenschaften Anspruch erhob. Der Streit zog sich über Jahrzehnte und wurde erst nach Margaritas Tod von ihrem Sohn Alessandro endgültig beigelegt.

Bei der Nachricht vom Tod ihres Vaters, die sie im November 1558 erreichte, erlitt Margarita einen Nervenzusammenbruch, von dem sie sich nur langsam erholte. Ihr Schwager, der Kardinal Alessandro Farnese, sandte seinen persönlichen Sekretär Annibale Caro, um sie in ihrem Kummer zu trösten und aufzurichten. Ihr Gemahl Ottavio war zu dieser Zeit als Kommandant der spanischen Truppen gegen Ferrara im Einsatz und befand sich selbst in Lebensgefahr. Margaritas Sekretär Tommaso Macchiavelli notierte, daß erst durch die Botschaft, der Herzog wäre wohlauf, auch im Befinden der Herzogin eine Besserung eingetreten sei.

Am 3. April 1559 schlossen Philipp II. und Heinrich II. von Frankreich unter dem Zwang beiderseitiger finanzieller Erschöpfung den »Frieden von Cateau-Cambrésis« und setzten dem von ihren Vätern ererbten Kampf um Italien und um die burgundische Erbschaft ein Ende. Frankreich verzichtete auf seine Positionen und Ansprüche in Italien, was Spaniens Vorherrschaft in Süd- und Westeuropa sicherte. Dafür stabilisierte Heinrich II. seine Ost- und Nordgrenze, und die habsburgischen Ansprüche auf das Herzogtum Burgund wurden endgültig aufgegeben. Das Ende der politischen Rivalität zwischen den Häusern Habsburg und Valois sollte auch durch eine dynastische Verbindung besiegelt werden: durch die Ehe des bereits zweimal verwitweten, zweiunddreißigjährigen Philipp mit Heinrichs Tochter Elisabeth (Isabella). Die erst vierzehnjährige Prinzessin kam im nächsten Jahr an den spanischen Hof und wurde als »Isabel de la paz«, als Friedensbringerin, begrüßt. Ihre Güte und Liebenswürdigkeit gewannen ihr alle Herzen, auch das des problematischen Thronerben Don Carlos.

Eine weitere Folge des »Friedens von Cateau-Cambrésis« war die Rückkehr des Herzogs Emanuel-Philibert von Savoyen in seine italienischen Länder und somit eine Vakanz des Statthalterpostens in den Niederlanden. Man wartete mit großer Spannung auf die Entscheidung Philipps II., wem er dieses wichtige und schwierige Amt anvertrauen würde.

Seine Wahl fiel auf die Herzogin von Parma.

Ob Margarita diese Berufung angenommen hätte, wäre ihr bewußt gewesen, was auf sie zukam? Ohne genaue Kenntnis der niederländischen Verhältnisse sprach vieles für die Annahme: die Ehre, auf den Posten berufen zu sein, den ihre Tanten Margarete und Maria innegehabt hatten, die Erwartung, daß man sie als geborene Niederländerin und Tochter Karls V. mit Freude begrüßen würde, und die Hoffnung, in ihrer neuen Position dem Haus Farnese und somit ihrem Sohn mehr zu nützen als in Piacenza. Sie konnte nicht ahnen, daß ihr Halbbruder Philipp sie vor allem als repräsentative Galionsfigur einsetzen wollte, die sich in allen Fragen der Regentschaft seinen Wünschen und Vorstellungen zu beugen habe.

Die habsburgischen Niederlande hatten in Karl V., der in Gent zur Welt gekommen war, ihren »seigneur naturel« gesehen, ihren natürlichen Herrscher. Sein in Spanien geborener und erzogener Sohn Philipp blieb ihnen fremd. Der Geschichtsschreiber Famianus Strada bescheinigte in seinem Werk »De bello belgico« Karl V., er wäre leicht zugänglich, anpassungsfähig und trotzdem seiner Majestät immer sicher gewesen; den Deutschen habe er sich als Deutscher, den Spaniern als Spanier, den Niederländern als Niederländer gezeigt. Im Gegensatz dazu erschien Philipp allen als Spanier. Er sprach wenig, und wenn, dann nur Kastilisch; Latein und Französisch beherrschte er nur mangelhaft. Er kleidete sich spanisch und erschien selten in der Öffentlichkeit. Dieses Verhalten, das in Schüchternheit und tiefen Minderwertigkeitsgefühlen wurzelte, trug ihm wenig Sympathien ein, und man hielt ihn für überheblich, hochmütig und kalt.

Als bekannt wurde, daß Philipp sich nach Spanien begeben und seine Halbschwester Margarita als Generalstatthalterin einsetzen würde, wurde dies von den maßgebenden niederländischen Herren mit Unwillen aufgenommen. Vor allem Graf Wilhelm von Nassau, Prinz von Oranien, von Karl V. noch geschätzt und gefördert, jetzt zunehmend in Opposition gegen Philipp, hätte lieber Philipps Cousine Christine von Lothringen als Regentin gesehen, die mit den Verhältnissen in den Niederlanden naturgemäß vertrauter war als die Herzogin von Parma, die den größten Teil ihres bisherigen Lebens in Italien verbracht hatte.

Am 26. Juni 1559 trat Margarita von Piacenza aus ihre Reise in die Niederlande an, die sie zwischen Basel und Köln auf einem Rheinschiff zurücklegte. Am 28. Juli empfing sie Philipp feierlich in Gent, umgeben von seinem Hof und den Rittern des Ordens vom Goldenen Vlies. Am 7. August präsentierte er sie den versammelten Generalständen, denen er versicherte, seine Wahl sei vornehmlich deshalb auf seine Schwester gefallen, weil sie in den Niederlanden geboren und erzogen sei, das Volk liebe und seine Sprache kenne. Ihr zur Seite würde Antoine Perrenot de Granvelle wirken, der Bischof von Arras, dessen Vater Nicholas schon Karl V. beraten hatte. Granvelle war nicht nur ein kluger, weltgewandter Mann von großer politischer Erfahrung, er war auch ein unbedingter Anhänger des Königs und seines Systems, also die geeignete Persönlichkeit, um die in den Staatsgeschäften noch unerfahrene Regentin im Sinne des Königs zu leiten und zu lenken. Philipp erfüllte zwar scheinbar den Wunsch der

Generalstände, daß das Land während seiner Abwesenheit »nach den Ratschlägen der einheimischen Herren« regiert würde, und berief Wilhelm von Oranien und den Grafen von Egmont in den Staatsrat, doch seine geheimen Instruktionen liefen darauf hinaus, daß in Wirklichkeit Granvelle die Zügel der Regierung in der Hand behielt. Ihr Ziel war, die reichen und privilegierten Provinzen im Sinne einer straffen, zentralisierten Regierungsform zusammenzufassen und als ergiebige Einnahmequelle zu nutzen. Dem stand der feudale und regionale Behauptungswille des hohen Adels gegenüber, repräsentiert von Männern wie Wilhelm von Oranien und den Grafen Egmont und Hoorn, die sich dem Aufkommen des neuen, bürokratisch-absolutistisch geführten Stils in Verwaltung, Finanzwesen und kirchlichen Fragen widersetzten. Wenn es auch bereits »ketzerische« Elemente gab – Gruppen von Lutheranern, Calvinisten und Wiedertäufern –, so spielte das konfessionelle Element anfangs noch eine geringe Rolle, das Aufeinanderstoßen entgegengesetzter politischer Tendenzen stand im Vordergrund.

Am 26. August 1559 bestieg König Philipp in Seeland die Galeone, die ihn nach Spanien bringen sollte. Margaritas nunmehr vierzehnjähriger Sohn Alessandro begleitete ihn, offiziell, um am spanischen Hof seine Erziehung zu vollenden, inoffiziell, um weiterhin das Wohlverhalten seiner Eltern zu garantieren. Ottavio Farnese war auf den König von Spanien nicht unbedingt gut zu sprechen, denn eigentlich hatte er gehofft, Philipp würde *ihn* mit der Statthalterschaft in den Niederlanden betrauen. Außerdem wartete er nach wie vor vergeblich auf den Abzug der spanischen Garnison aus Piacenza.

Im Werk des Strada, das auch von Schiller und von Goethe als Quelle benutzt wurde, findet sich eine ausführliche Charakterisierung der Herzogin von Parma: »Nicht nur hatte sie wahrhaftig einen Geist, der den einer Frau weit übertraf, sondern auch eine Körperhaltung und ein Auftreten, als wäre sie nicht so sehr eine Frau mit dem Geist eines Mannes als vielmehr ein Mann in Frauenkleidern. Sie war freilich so

118

stark, daß sie bei der Hirschjagd die Pferde zu wechseln pflegte, wozu die kräftigsten Männer oft nicht imstande sind. Sie
hatte auch am Kinn und auf der Oberlippe ein wenig Bart-
wuchs, was nicht so sehr ihr männliches Aussehen betonte,
als es ihr die entsprechende Autorität gab. Und, was bei Frau-
en selten ist: Sie wurde wiederholt von der Gicht geplagt. Im
übrigen besaß sie eine rasche Intelligenz und Geistesgegenwart und eine wunderbare Geschicklichkeit, bei ihren Unternehmungen jede gewünschte Richtung einzuschlagen.« Betrachtet man die erhaltenen Bildnisse Margaritas, besonders
das des Niederländers Anthonis Mor, sieht man sich keineswegs mit einem Mannweib konfrontiert, sondern mit einer
Persönlichkeit, die natürliche Würde, Güte und Menschlichkeit ausstrahlt.

Wie bereits erwähnt, war die Berufung der Herzogin von
Parma alles andere als mit großem Beifall aufgenommen worden. Stimmen gegen das »ewige Weiberregiment« wurden
laut, man wollte nicht länger »von einer Frau regiert und von
Spaniern bewacht« werden. Trotzdem ging zunächst alles
gut, selbst im Staatsrat schien Frieden und Eintracht zu herrschen. Unstimmigkeiten traten erst auf, als sich der von Philipp versprochene Abzug der spanischen Infanterie verzögerte. Im Hinblick auf die sich zuspitzenden religiösen Konflikte
in Frankreich zwischen Katholiken und Hugenotten hätte sie
der König lieber in den Niederlanden belassen, doch schlecht
bezahlt und dem Elend preisgegeben, verwilderte die Truppe
zusehends, und es kam zu blutigen Gewaltszenen zwischen
den Spaniern und der einheimischen Bevölkerung. Nicht nur
die Stände, auch Margarita und Granvelle drängten den König, der Sache ein Ende zu machen, doch es dauerte bis zum
Januar 1561, bis sie endlich absegelten. Das Volk feierte das
Ende der »spanischen Plage« mit Freudenfesten, die man sich
wieder ganz in bruegelscher Manier vorstellen kann.

Den nächsten Entrüstungssturm entfesselte die von Philipp
geplante neue Diözesanverfassung. Man hatte dem Projekt
anfangs keine große Bedeutung beigemessen, doch als Einzelheiten über die angeordnete Vermehrung der Bistümer, In-

119

korporation der Abteien und die Ausdehnung der kirchlichen Rechte der Krone bekanntwurden, war die Empörung bald allgemein, vor allem die Anhänger der Reformation fürchteten eine Verschärfung der Inquisition in »spanischem« Stil und der Verfolgung. Die brabantischen Stände, von Oranien nachdrücklich unterstützt, erließen eine Protestschrift und schickten Gesandtschaften an den spanischen Hof und zu Papst Pius IV. nach Rom. Philipp hätte, seinem Naturell entsprechend, am liebsten alles auf die lange Bank geschoben, doch schließlich gab die Frage der Steuern den Ausschlag, deren Bewilligung bei den Ständen lag. Der König empfahl also seiner Schwester im Sommer 1562 in einem geheimen, eigenhändigen Brief, auf ein Mittel der Verständigung mit den »Teufeln von Brabant« zu sinnen – die langen und zermürbenden Verhandlungen fanden erst im Konkordat vom 30. Juli 1564 ihren Abschluß. Wieder hatten die Vertreter der Krone nachgeben müssen, und jene der Opposition fanden sich bestätigt. Sie richteten ihre Aktionen nun gezielt gegen Granvelle, in dem sie das Haupthindernis für ihre weiteren Bestrebungen sahen.

Man beschuldigte den Berater der Regentin, mittlerweile Erzbischof von Mecheln, Primas der Niederlande und Kardinal, nicht der König, sondern er, auf dessen Rat alles geschehe, sei der Urheber sämtlicher unbeliebter Maßnahmen, stehe mit der katholischen Partei der Guisen in Frankreich in heimlichem Einvernehmen und plane mit diesen eine Liga zur Unterdrückung des Protestantismus in ganz Europa. Man sah nicht oder wollte nicht sehen, daß Granvelle nicht Urheber, sondern ausführendes Organ der königlichen Politik war, der dem König gegenüber immer betonte, man müsse in den Niederlanden behutsam zu Werke gehen und auf die Zeitumstände und den Volkscharakter Rücksicht nehmen. Freilich war er ein Gegner der Vermehrung ständischer Macht und hauptsächlich als solcher der Opposition im Wege. Zu den sachlichen Gegensätzen traten noch persönliche Intrigen, Gerüchte und Hofklatsch, die in Pasquillen und Pamphleten weite Verbreitung fanden und die Stimmung gegen den »roten Pfaffen«

und »Sohn des römischen Drachen« schürten. Als Graf Hoorn im Juli 1561 im Auftrag von Egmont und Oranien nach Spanien reiste, um persönlich vor dem König Klage zu führen, zeigte sich dieser jedoch keineswegs geneigt, Kardinal Granvelle sein Vertrauen zu entziehen.

Im März 1563 richteten Oranien, Egmont und Hoorn im Namen der Provinzialgouverneure und der Vliesritter ein Gesuch an den König, Granvelle zu entlassen, und kündigten gleichzeitig an, sie würden dem Hof der Generalstatthalterin so lange fernbleiben, bis der Bescheid des Königs eingetroffen sei. Philipp antwortete am 6. Juni, da die Beschwerde der Herren ihm keine Aufklärung über die Gründe für die Entlassung des Kardinals gebe und er sich selbst zur Zeit nicht in die Niederlande verfügen könne, fordere er sie auf, einen Mann ihres Vertrauens mit den nötigen Informationen zu ihm zu entsenden. Zugleich richtete er auf den Rat Granvelles an den Grafen Egmont ein Geheimschreiben, in dem er den Wunsch aussprach, daß dieser die Mission übernehme, und wies auch die Statthalterin an, auf Egmont diesbezüglich einzuwirken. Der Plan lief darauf hinaus, den für Gunst und Ehren keineswegs unempfindlichen Egmont auf die andere Seite zu ziehen und die Liga der Opposition zu sprengen. Mit der Einigkeit wäre ihr auch die Schlagkraft genommen, Granvelle, von König und Regentin beschirmt, könnte im Lande bleiben und allen Anfechtungen zum Trotz das Heft in den Händen behalten. Der Kardinal hatte alles sehr fein gesponnen und gut ausgedacht, nur mit einer Möglichkeit hatte er nicht gerechnet: daß ihm die Regentin ihre Gunst entziehen könne.

Wenn die Herzogin von Parma durch ihre oft aufreibende Tätigkeit als Statthalterin auch stark in Anspruch genommen war, so verlor sie doch nie die Interessen des Hauses Farnese aus den Augen. Zu dem noch immer ungelösten Problem der spanischen Garnison in Piacenza kam ein neues: die Heirat ihres Sohnes Alessandro, die natürlich eine möglichst glänzende sein sollte.

Noch war der junge Prinz von Parma Student an der Universität von Alcalá de Henares, wohin ihn König Philipp zusammen mit seinem Sohn und seinem Halbbruder geschickt hatte. Wäre Philipp imstande gewesen, mit dem Schicksal oder gar mit Gott zu hadern, er hätte es beim Anblick der drei fast gleichaltrigen jungen Leute tun müssen. Zwischen dem klugen und vielseitig begabten Alessandro und dem strahlenden Juan sein eigener Sohn und Thronfolger: schmalbrüstig, verwachsen, ein Hysteriker und sadistischer Tierquäler, der über gefährlichen Ideen brütete.

Gleich nach seiner Rückkehr aus den Niederlanden hatte Philipp auf der Jagd in der Nähe von Valladolid eine zwanglose Begegnung mit dem Schützling des Don Luis de Quijada arrangieren lassen und ihn über seine wahre Herkunft aufgeklärt. Er wurde von da an wie ein Infant behandelt – wenn auch mit kleinen Unterschieden, etwa der Anrede »Exzellenz« statt »Hoheit« –, erhielt einen eigenen Haushalt und einen neuen Namen: Don Juan de Austria (eingebürgert hat sich später die italienische Schreibung d'Austria). Als die Cortes von Kastilien im Frühjahr 1560 in Toledo dem Thronerben Don Carlos den Treuschwur leisteten, wurde er als der »Erlauchteste Don Juan de Austria, natürlicher Sohn des Kaiser-Königs« vorgestellt. Karl V. hätte es gern gesehen, wenn er »aus freiem und spontanem Willen das Kleid eines reformierten Ordens« genommen hätte, doch Juan zeigte keinerlei Neigung zum geistlichen Beruf, also ließ ihn der König vorerst mit seinen um zwei Jahre älteren Neffen die Universität beziehen.

Von den drei Scholaren war Alessandro Farnese zweifellos der intelligenteste und für ein Studium geeignetste. Don Juan hatte schon als Kind ungern gelernt und zog auch jetzt den Aufenthalt auf dem Turnierplatz dem in der Studierstube vor, während Don Carlos sich in Liebesabenteuer einließ. Auf dem Weg zu einem Rendezvous stürzte er eines Abends so unglücklich über eine Treppe, daß er bewußtlos liegenblieb. Nach mehreren kritischen Wochen besserte sich sein Zustand zwar, doch es ist mit ziemlicher Sicherheit anzunehmen, daß sein Verhalten, das von da an immer unberechenbarer wurde und schließlich zu seinem tragischen Ende führte, nicht nur auf erbliche Belastung, sondern auch auf diesen Unfall zurückzuführen ist. Er lebte mit jedermann in Unfrieden, auch mit Don Juan, mit dem er anfangs sehr befreundet gewesen war, und manche Geschichte von Auseinandersetzungen zwischen den beiden wurde überliefert. »Ich rede nicht mit einem unter meinem Stand«, soll Don Carlos ihn einmal angeschrien haben. »Eure Mutter war eine Dirne, und Ihr seid ein Bastard«, worauf Don Juan ruhig erwiderte: »Auf jeden Fall war mein Vater ein bedeutenderer Mann als der Eure.« Don Carlos beklagte sich beim König, doch dieser soll den Streit mit den Worten beendet haben: »Don Juan hat recht, und Ihr habt unrecht. Sein und mein Vater war ein viel größerer Mann, als es der Eure je war oder sein wird.« In Anbetracht der fast mythischen Verehrung, die Philipp seinem Vater entgegenbrachte, eine durchaus plausible Antwort.

Don Juans Mutter Barbara Blomberg hatte übrigens keineswegs die Lebensbahn einer Dirne eingeschlagen, auch wenn ihr eine gewisse Leichtlebigkeit nicht abzusprechen war. Sie heiratete, ob vor oder nach der Geburt Jerónimo-Juans ist nicht bekannt, den aus Kärnten stammenden kaiserlichen Offizier Hieronymus Kegel, der sich »Piramus« nannte, und lebte zunächst in der Nähe von Regensburg. Noch während der Regentschaft der Statthalterin Maria von Ungarn übersiedelten die Kegels nach Brüssel, wo Hieronymus zum Inspektor der deutschen Regimenter in den Niederlanden ernannt wurde, eine Position, die nach mehr klang, als sie einbrachte. Auch die materielle Unterstützung, die der bald auf fünf Köpfe angewachsenen Familie von seiten des Kaisers zufloß, war nicht gerade fürstlich zu nennen. Erst das Amt eines Musterungskommissars, das Kegel von Marias Nachfolger Emanuel-Philibert von Savoyen übertragen wurde, ermöglichte der Familie ein behaglicheres Leben. Kurz vor seinem Tod verschrieb Karl V. der Mutter »Jerónimos« die Summe von 600 Golddukaten, von der ihr eine Rente gekauft werden sollte. Über etwaige Kontakte zwischen den Kegels und der Herzogin von Parma ist nichts überliefert, ebenso-

wenig wie über solche Barbaras mit ihrem in Spanien auf-
wachsenden Sohn. Erst nach dem Tod ihres Gemahls im Jahr
1569 sollte Barbara wieder aktenkundig werden.

Alessandro Farnese war zwar noch nicht achtzehn, doch
seine Eltern betrieben mit Eifer seine Vermählung, die das
Ansehen der jungen, von beiden Seiten her illegitimen Dynastie Farnese erhöhen und festigen sollte. Das von Philipp vor-
geschlagene Projekt der Verbindung Alessandros mit einer
Tochter von Kaiser Ferdinand paßte vortrefflich in diesen
Plan. Der König beauftragte Kardinal Granvelle mit den Verhandlungen, doch Ferdinand antwortete, nachdem er sich anfangs geneigt gezeigt hatte, zuerst aufschiebend und dann ab-
lehnend. Die Herzogin von Parma konnte diese plötzliche Sin-
nesänderung nicht verstehen, vermutete eine Intrige, an der
sie Granvelle die Schuld gab, und entzog ihm ihr Vertrauen.

Im Frühjahr 1563 kam Ottavio Farnese in die Niederlande
und faßte gemeinsam mit seiner Gemahlin den Entschluß,
dem König die Wahl der Braut für Alessandro anheimzustel-
len, dafür aber entschieden die Auflösung der spanischen
Garnison in Piacenza zu fordern, andernfalls aber die Demission Margaritas anzubieten. Die Antwort Philipps brachte
zwar nichts Neues bezüglich Piacenza, als Trostpflaster aber
wenigstens eine Braut aus dem portugiesischen Königshaus.
Das alte Vertrauensverhältnis zwischen der Herzogin und
dem Kardinal ließ sich allerdings nicht mehr herstellen, und
die Regentin suchte bei König Philipp seine Entlassung zu
erwirken: Die Opposition würde sich beruhigen, wenn man
ihr Granvelle zum Opfer bringe. Philipp zögerte lange, befahl
aber schließlich dem Kardinal in einem Handschreiben vom
22. Januar 1564, von der Regentin Urlaub zu erbitten und
sich »freiwillig« in die Freigrafschaft Burgund zu begeben –
offiziell, um seine alte Mutter noch einmal zu sehen. Es war
ein schlimmer Schlag für seinen Stolz, daß ihn der König,
dem er stets loyal gedient hatte, nun einfach fallenließ, und
eine große menschliche Enttäuschung, daß auch die Herzogin in das Lager seiner Gegner übergewechselt war. Als die
Nachricht sich verbreitete, daß der Kardinal abtrete, brach

allgemeiner Jubel aus. »Gott gebe«, schrieb Wilhelm von Oranien an seinen Bruder Ludwig von Nassau, »daß er weit genug reist, um niemals mehr wiederzukommen.« Tatsächlich sollte Granvelle die Niederlande nicht wiedersehen.

Am 18. März 1564 erschienen Oranien, Egmont und Hoorn zum ersten Mal wieder im Staatsrat und erhoben ihre alten Forderungen: gemeinsame Beratung der Generalstände, Neuordnung der Finanzverwaltung und Stärkung der Macht der Provinzialgouverneure zuungunsten der Zentralverwaltung. Dazu kamen Forderungen religiöser Natur, die nicht gegen die katholische Kirche, wohl aber gegen die grausame Verfolgung der Ketzer gerichtet waren. Obwohl alle diese Forderungen im Gegensatz zum System König Philipps standen, beschloß Margarita, sie zu unterstützen, und zwischen ihr und den Führern der Opposition entwickelte sich ein geradezu freundschaftliches Verhältnis. Man einigte sich schließlich darauf, den Grafen Egmont nach Spanien zu entsenden, damit er dem König die Wünsche seiner niederländischen Vasallen persönlich unterbreite.

Egmont traf Anfang Februar 1565 in Spanien ein und wurde am königlichen Hof in der neuen Hauptstadt Madrid mit großer Auszeichnung empfangen. Philipp sparte nicht mit schönen Worten und Gnadenbeweisen, wohl aber mit konkreten Zusagen, und machte alles von einem Gutachten der Statthalterin abhängig, das er einzuholen versprach. Trotzdem schmeichelte sich Egmont, seine Mission sei höchst erfolgreich gewesen, und trat in Begleitung von Alessandro Farnese die Heimreise an. »Sire, ich kann nicht umhin, Euer Majestät zu sagen, daß ich von hier die Rückfahrt als der zufriedenste Mensch der Welt antrete«, schrieb er dem König zum Abschied, »denn ich habe erkannt, welches Zutrauen mir Euer Majestät in allen den Dingen zeigt, die ich Ihnen als notwendig für Ihr Wohl vorstellte, und ich schätze das mehr als alle Gnaden der Welt.«

Ende April traf Egmont wieder in den Niederlanden ein, und sofort verbreiteten sich die übertriebensten Gerüchte über den Erfolg seiner Gesandtschaft. Ein Freudentaumel ergriff alle über den zu erwartenden Umschwung, und Margarita richtete ein emphatisches Dankschreiben an den Bruder für die gnädigen Erklärungen, die er ihr durch Egmont übersandt und durch die er sie und die Herren so sehr verpflichtet habe; ihrer aller Eifer für seinen Dienst sei dadurch verdoppelt. Eine kritische Analyse der Instruktion, die Philipp Egmont mitgegeben hatte, und eine Reihe königlicher Depeschen holte jedoch alle Beteiligten wieder auf den Boden der Tatsachen zurück.

Es erwies sich, daß Egmont in Spanien absolut nichts erreicht hatte. Der König behielt sich weiterhin alle Entscheidungen vor und dachte gar nicht daran, von der bisher eingeschlagenen Linie abzuweichen. Die Opposition tobte, sah sich schmählich getäuscht und warf Egmont vor, er habe in Spanien zwar an sein eigenes Wohl gedacht, das des Landes aber preisgegeben. Die Regentin wollte anfangs noch an ein Mißverständnis glauben und stellte dem König in einem Schreiben vom 22. Juli 1565 vor, wie dringend nötig es sei, die Differenzen zwischen seinen mündlichen Äußerungen Egmont gegenüber und seinen Depeschen auszugleichen.

Die endgültige Antwort Philipps erging Mitte Oktober in der Form dreier Depeschen an den Staatsrat und an die Regentin, und sie war niederschmetternd. Der König bestritt, daß ein Unterschied zwischen seinen mündlichen Eröffnungen und seinen Depeschen bestünde, und lehnte jede Milderung der Strafen gegen die Ketzer, jede Einschränkung der inquisitorischen Tätigkeit und die Einberufung der Generalstände ab. Auch in Personalfragen ließ er die Vorschläge Egmonts und die Wünsche der Statthalterin unberücksichtigt. Margarita ermahnte er nachdrücklich, der Religion ihre gewohnte Sorgfalt zuzuwenden, ja sogar noch größere, wenn das möglich sei, »denn die Religion ist der Hauptzweck, den ich verfolge, und es gibt keine Gefahr in diesem Leben, in die ich mich nicht um ihretwillen stürzen würde«. Er rechnete nicht damit, daß auch die opponierenden Niederländer keine Gefahr scheuen würden, um ihre Rechte zu verteidigen und ihre Forderungen durchzusetzen. Die ersten, die sich entschlossen, den Fehdehandschuh aufzunehmen, waren die Protestanten.

Die allgemeine Stimmung war schlecht in diesem Herbst, und die Regentin suchte Ablenkung in den Vorbereitungen zur Hochzeit ihres Sohnes Alessandro mit Maria von Portugal, für die eigens eine italienische Hochzeitskutsche angefertigt wurde. Eine Flottille von vier Kriegsschiffen und ein Ehrengeleit unter Führung des Grafen Peter Ernst von Mansfeld holte die Braut in Portugal ab und brachte sie nach den Niederlanden, wo sie von der Statthalterin mit großer Herzlichkeit empfangen wurde. »Wenn sie auch eine Mutter zurücklassen mußte, so wird sie hier eine andere finden«, schrieb Margarita an ihre Schwägerin, die Königin Isabella von Spanien. Die Vermählungsfeierlichkeiten fanden in Brüssel statt, und Margarita begegnete der Kritik an dem gezeigten verschwenderischen Prunk mit dem Hinweis, noch nie habe ein Statthalter oder eine Statthalterin der Niederlande einen Sohn verheiratet, daher müsse ein solches Ereignis mit besonderem Glanz gefeiert werden. Auch mit ihrem in den Niederlanden eingetroffenen Gemahl Ottavio geriet sie darüber in Streit, und Armenteros berichtete von heftigen Auseinandersetzungen, während de Marchi seinen Freunden in Parma geradezu einen neuen Liebesfrühling des Herzogspaares schilderte.

Erst nach der Abreise Ottavios und der Jungvermählten nach Parma wandte sich Margarita wieder der unerfreulichen Tagespolitik zu und legte dem Staatsrat die Depeschen des Königs vor. Sie setzte auch die Gouverneure und Provinzialhöfe von den Verordnungen des Königs in Kenntnis, bekannte aber diesem gegenüber rückhaltlos, daß sie seine Maßregeln für verderblich halte. Von neuem befürwortete sie die Versammlung der Generalstände, wies den Vorwurf, in der Erfüllung ihrer Pflichten lässig gewesen zu sein, als ungerecht zurück und bezeichnete es als ihren sehnlichsten Wunsch, ihr Amt niederzulegen.

Das Bekanntwerden von Philipps Befehlen erzeugte im ganzen Land Unruhe, und die Anhänger des Protestantismus beschlossen nun, selbst aktiv zu werden und unter dem Zauberruf des Kampfes gegen die Inquisition auch im katholischen Lager Mitkämpfer zu werben. Sie benützten die Gelegenheit der farnesischen Hochzeit, zu der viele Adelige nach Brüssel geströmt waren, zur Gründung der »Noble Compagnie«, deren Mitglieder beim Eintritt einen feierlichen Eid leisten mußten, die Einführung der spanischen Inquisition zu verhindern und einander »mit Gut und Blut als Brüder und treue Gefährten« beizustehen. Eines der Gründungsmitglieder des Adelsbundes war Ludwig von Nassau, der protestantische Bruder des immer noch offiziell als katholisch geltenden Wilhelm von Oranien.

Am 5. April 1566 überreichte eine Delegation des Adelsbundes der Regentin im Brüsseler Schloß eine Petition mit ihren Forderungen: Entsendung einer geeigneten Persönlichkeit zu König Philipp, um die Aufhebung der strengen Religionsgesetze und den Erlaß neuer mit Rat und Zustimmung der Generalstände zu erwirken, in der Zwischenzeit Aufhebung der Edikte und der Inquisition. Während der Zeremonie flüsterte Graf Berlaymont der Statthalterin zu, sie solle sich doch vor einem Haufen Bettler (»tas de geux«) nicht fürchten, was dann anläßlich eines Adelsbanketts zur stolz getragenen Selbstbezeichnung »Geusen« führte.

Am nächsten Tag versprach die Regentin, die gewünschte Gesandtschaft an den König abzuordnen, und alle ihre Kraft einzusetzen, um diesen zur Gewährung der Petition zu veranlassen. Die Herren dankten für die »gute Antwort« und erklärten ihrerseits, sie seien gewillt, die alte Religion zu bewahren und zu schützen, und das zu halten, was der König und die Generalstände für die Erhaltung der alten Religion verordnen würden.

Während sich Graf Montigny und der Marquis von Bergen auf den Weg nach Spanien machten, bestürmte Margarita König Philipp in ihren Briefen immer wieder, sich der Petition geneigt zu zeigen. Wenn er dem Drängen nach Generalständen, Abschaffung der Inquisition und Milderung der Edikte, nachdem sie ihm so oft die Notwendigkeit dieser Maßregeln ans Herz gelegt habe, auch jetzt noch nicht nachgäbe, so könne sie das nur dem Umstand zuschreiben, daß sie bei ihm in Ungnade gefallen sei und daß die verwerflichsten Einflüsse parteiischer und selbstsüchtiger Ratgeber den König beherrschten; sie hätten ihn wohl auch zu den Oktoberdepeschen verleitet, mit denen er sich die Liebe seines Volkes verscherzt habe. Margarita hatte ihren leidenschaftlichen, schon von ihrem Vater gerügten Briefstil durchaus beibehalten, er unterschied sich diametral von den gemessenen und kühlen Formulierungen, mit denen sich ihr Bruder auszudrücken pflegte.

König Philipp im fernen Madrid, wo er von seiner Residenz im Alcázar aus das Entstehen seiner Klosterburg »El Escorial« auf dem Hochplateau am Hang der Sierra de Guadarrama überwachte, war nicht imstande, für die Sorgen und Nöte seiner niederländischen Untertanen Verständnis aufzubringen. Er rühmte sich, die Welt »auf zwei Zoll Papier« zu regieren, durch Randnotizen auf den ihm vorgelegten Akten. Alles brauchte unendlich viel Zeit: das Aktenstudium, die Beratung, das Fassen eines Entschlusses, die endlosen Wegstrecken, die des Königs Boten zu Pferde und zu Schiff zurücklegen mußten. »Wenn der Tod aus Madrid käme«, sagte ein Sprichwort, »hätten wir alle das ewige Leben.«

Die Bildung und das Vorgehen des niederländischen Adelsbundes waren in den Augen Philipps ein hochverräterisches Unternehmen, ein Frevel gegen die Gebote der göttlichen und irdischen Majestät. Dem Papst gegenüber äußerte sich der König, daß er lieber alle seine Staaten und hundertmal sein Leben verlieren würde, als daß er duldete, daß der Religion und dem Dienste Gottes ein Schaden zugefügt werde, »denn ich bin nicht gesonnen und gewillt, über Ketzer zu herrschen«. Man macht es sich allerdings zu leicht, wenn man Philipp II. nur als finsteren Fanatiker und blutgierigen Tyrannen sehen will. Er begriff sein Amt als Dienst an Gott und als Dienst an der seiner Überzeugung nach einzig wahren Religion. »Er hätte es niemals verstanden«, schreibt Reinhold Schneider, »daß der oszillierende Strom sich wandelnder Lebensbedingungen und Gefühle bis in die Überzeugungen von den letzten Dingen vordringen und auch sie noch verfärben sollte. Er lebte auf der zeitlosen Hochebene unveränderten Glaubens als Vollstrecker des Dogmas.«

In seiner Geschäftsgebarung verließ sich Philipp nach wie vor auf die Taktik des »Temporisierens« und meinte, wenn man die Forderungen der Unzufriedenen beharrlich ablehne und es sonst an freundlichen Worten nicht fehlen lasse, so würde man sie so lange hinhalten können, bis Zeit und Gelegenheit zum gewaltsamen Einschreiten gekommen wäre. Die Bewegung in den Niederlanden hatte jedoch längst eine Eigendynamik entwickelt, die einem ersten, katastrophalen Höhepunkt zustrebte.

Immer mehr Protestanten traten an die Öffentlichkeit, mehr und mehr offene Feldpredigten wurden gehalten, vor allem von aus Frankreich eingedrungenen Calvinisten, und bewaffnete Banden, die den Anhang der Prädikanten bildeten, heizten den Fanatismus an, der sich in wilden Schmähungen gegen die alte Kirche und deren Diener Luft machte. Mitte August kam es schließlich zum Ausbruch des Bildersturms. »Der erste Angriff erfolgte in Niederflandern«, heißt es bei Strada, »hier versammelten sich an dem für die Schandtat festgesetzten Tag (14. August) eine kleine Zahl des niedrigsten ketzerischen Pöbels, dem sich eine Anzahl gemeiner Räuber beigesellt, um dem Himmel den Krieg zu erklären. Ihre Waffen waren Stöcke, Äxte, Hämmer, Leitern und Seile, nur wenige waren mit Armbrüsten und Degen bewaffnet. Mit dieser Ausrüstung brachen sie wie von der Hölle entsandte Furien in die Marktflecken und Dörfer in der Umgebung von Sankt Omer ein. Wenn sie die Tore der Kirchen und Klöster verschlossen fanden, brachen sie sie auf. Sie warfen die Altäre um, rissen die Statuen der Heiligen herab und zerhackten ihre Bilder. Was immer sie Gott und den Heiligen geweiht sahen, zerstörten sie, traten sie nieder, zertrümmerten sie. Dann eilten sie mit großer Geschwindigkeit nach Ypern, während sich ihre Zahl überall durch Bettler und Landstreicher vermehrte, die sich Hoffnung auf Beute machten. Wie ein von einem Berge herabrollender Schneeball nahmen sie auf dem Wege neue Beutegenossen auf, und immer größer und drohender raste ihr Haufe. Am Tage von Mariae Himmelfahrt zogen sie in die Stadt Ypern ein, deren Tore von der Bevölkerung geöffnet worden waren. Sie eilten direkt zur Kathedrale, wo sie sich die Arbeit teilten: Die einen richteten Leitern auf und zerschlugen die bemalten Mauern der Kirche und die Bilder mit Hämmern und Stöcken; andere zerschmetterten das Gitterwerk, das Gestühl und die Kanzel mit Äxten; wieder andere warfen Seile um die riesigen Statuen unseres Herrn Christus und der Heiligen und rissen sie aus ihren Nischen zu Boden; andere stahlen die heiligen Gefäße, verbrannten die heiligen Bücher und entblößten die Altäre ihres heiligen Schmuckes . . .«

Unter dem Eindruck dieser Greueltaten traten die Vliesritter unter der Führung Oraniens, Egmonts und Hoorns in Brüssel zusammen, um über die Depeschen König Philipps, die als Antwort auf die Petition des Adelsbundes eingetroffen waren, zu beraten. Obwohl die Statthalterin sie zu überzeugen versuchte, daß der König dem Adelsbund mehr entgegengekommen sei, als man hoffen durfte, erklärten sie, die Zugeständnisse des Königs seien nichts wert, da sie viel zu verklausuliert seien und ohne Generalstände die Dinge ohnehin keine Wendung zum Besseren nehmen könnten. Es kam zu heftigen Wortgefechten, besonders als die Nachricht von den Tumulten in Flandern einlangte. Egmont verlangte, daß zuerst der Staat gerettet würde, auch um den Preis des Verzichts auf die Alleinherrschaft des Katholizismus im Land, doch die Regentin bestand darauf, daß das Schicksal von Staat und Religion unauflösbar miteinander verbunden sei.

Als der Aufruhr auf Brabant übergriff und die Horden der Bilderstürmer sich Brüssel näherten, begann Margarita um ihre persönliche Sicherheit zu fürchten und erwog, sich in das besser befestigte Mons zu flüchten. Oranien und Egmont widersetzten sich jedoch dieser Absicht, und es blieb der Regentin schließlich nichts anderes übrig, als nachzugeben und »nur dem Zwange gehorchend und unter Tränen« in einen

»Accord« mit den Deputierten des Adelsbundes einzuwilligen, der den Protestanten eine provisorische Religionsfreiheit zusicherte. Was wie ein erster Triumph für die Sache des Protestantismus aussah, erwies sich bald als Pyrrhussieg.

Die Ausschreitungen des Bildersturms hatten nicht nur die unmittelbar Betroffenen bestürzt und geschockt, auch viele Mitglieder des Adelsbundes, vor allem die katholischen, waren an der Wiederherstellung von Ruhe und Ordnung weit mehr interessiert als an der Durchsetzung religiöser Toleranz. In ihren Reihen fand Margarita in dem Grafen Peter Ernst von Mansfeld, den »starken Mann«, der geeignet war, sie in dieser schwierigen Zeit zu stützen und zu beraten. Sie ernannte ihn zum Generalkapitän von Brüssel, und er traf umgehend die nötigen Vorkehrungen, um die Stadt vor Überfällen und Gewalttätigkeiten seitens der Calvinisten zu schützen. Auch im Staatsrat erhielt er Sitz und Stimme, und es war bald zu merken, daß am Hof ein anderer Wind wehte, der bis in die Provinzen drang, wo Oranien, Egmont und Hoorn dabei waren, in großzügiger Auslegung des der Regentin abgenötigten »Accords« den Potestanten weitgehende Zugeständnisse zu machen.

Im September wurden Oranien durch französische Hugenotten einige gefälschte Briefe zugespielt, in denen der spanische Gesandte in Paris die Regentin aufforderte, die Herren der Opposition in Sicherheit zu wiegen, um sie in der Stunde der Rache um so härter zu treffen. Dies führte zum Entwurf eines Planes, der eine allgemeine bewaffnete Erhebung und die Absetzung der Regentin zum Inhalt hatte. Am 3. Oktober traf Oranien in dem flandrischen Städtchen Dendermonde an der Schelde seinen Bruder Ludwig von Nassau und die Grafen Egmont, Hoorn und Hooghstraeten, um ihnen den Plan auseinanderzusetzen und sie für ein gemeinsames Vorgehen zu gewinnen. Das Unternehmen scheiterte am Widerstand Egmonts, der für die Aufrechterhaltung des »Accords« und eine möglichst baldige Einberufung der Generalstände zur Schlichtung der herrschenden Wirren eintrat. Er kehrte nach Brüssel zurück, nahm wieder seinen Sitz im Staatsrat ein und leistete der Regentin den Eid unbedingter Treue, den sie »zur Unterscheidung der Guten von den Bösen« von den Städten, Provinzialgouverneuren, Beamten und Ordensrittern verlangte. Nicht alle leisteten ihn, unter den Verweigerern befanden sich Oranien und Hoorn und einige Städte, die Zentren des protestantischen Widerstands beherbergten.

Nach ersten Erfolgen der Regierungstruppen gegen plündernd umherziehende calvinistische Söldnerbanden und aufrührerische Städte schien dem Protestantismus ein Kampf auf Leben und Tod zu drohen, um so mehr als sich Gerüchte verbreiteten, der König werde selbst in die Niederlande kommen und ein Heer unter dem Kommando des Herzogs von Alba voraussenden. Während Ludwig von Nassau versuchte, in Deutschland Söldner anzuwerben, richteten einige Mitglieder des alten Adelsbundes eine neuerliche Petition an die Regentin, zur Vermeidung von Aufruhr und Blutvergießen den »Accord« zu halten und die Regierungstruppen zu entlassen. Margarita ließ sich jedoch dieses Mal nicht einschüchtern, und selbst Egmont warnte seine früheren Verbündeten davor, gegen Gott, König und Ehre zu handeln. Trotzdem sammelten die Insurgenten weiterhin Truppen, doch sie konnten sie nur schlecht bezahlen, und es kam zu Ausschreitungen und Plünderungen, was der Sache der Protestanten sehr abträglich war, auch bei ihren Glaubensgenossen und Sympathisanten. Der Fall der Stadt Valenciennes, die lange und erbittert Widerstand geleistet hatte, besiegelte schließlich den Erfolg der Regierung. Die Regentin hätte gerne auch über Oranien triumphiert und sandte Egmont und Mansfeld nach Willebroek, um ihn zur Eidesleistung zu bewegen. Aber Oranien, bisher offiziell immer noch regierungstreu und katholisch, entschloß sich, die Maske fallen zu lassen. Er verweigerte nicht nur den Eid, er verließ mit seiner Familie die Niederlande, begab sich in seine deutsche Grafschaft Nassau und kehrte zum Protestantismus zurück, in dem er aufgewachsen war – katholisch war er im Grunde ja nur geworden, um das reiche Erbe seines Vetters antreten zu können.

Nach dem Abgang Oraniens unterwarfen sich auch die

letzten Rebellen und Widerständler, und die Regentin konnte in Antwerpen einziehen, das so lange ein fester Mittelpunkt der Empörung gewesen war. Die Autorität der Regierung und die Ruhe im Lande waren allenthalben wiederhergestellt, und Margarita schrieb an Philipp, es wäre genug des Blutes geflossen und es genüge, wenn die Rädelsführer und Bilderstürmer gehängt würden, die Menge jedoch Verzeihung erhalte. Durch Garnisonen und Zitadellen solle man sich der wichtigsten Städte für immer versichern und mit der Einberufung der Generalstände und neuen, etwas milderen Religionsgesetzen das Versöhnungswerk krönen. Alles humane und sehr vernünftige Vorschläge der Regentin, doch sie fanden bei König Philipp kein geneigtes Ohr. Sein Ziel war die völlige Beseitigung der ständischen Verfassung und die Wiederherstellung der Glaubenseinheit. Da seiner Auffassung nach Margarita und ihr Berater Mansfeld diesem Ziel nur mangelhaft gedient hatten, beschloß er die Entsendung des Herzogs von Alba an der Spitze spanischer Truppen. Weder die leidenschaftlichen brieflichen Beschwörungen der Regentin noch ihre persönlichen Abgesandten, die am Hof zu Madrid vorstellig wurden, konnten den König von diesem Entschluß abbringen.

Ende Mai 1567 setzte sich Alba von Oberitalien aus in Marsch, als Kommandant einer hervorragend ausgerüsteten und disziplinierten Armee und als Träger ausgedehnter Vollmachten, wie sie die Regentin niemals besessen hatte. Das finsterste Kapitel in der Geschichte der Niederlande konnte beginnen.

Anfang August traf Alba in Luxemburg ein und sandte den Kriegsrat Francisco d'Yvarra der Regentin zur Begrüßung entgegen. Er hatte den Auftrag, ihr in schmeichlerischen Worten zu versichern, der Herzog käme nicht, um ihre Autorität zu mindern oder sich in die niederländischen Verhältnisse einzumischen, sondern einzig, um sie zu unterstützen und Vorbereitungen für die geplante Ankunft König Philipps zu treffen. Vergeblich protestierten Margarita und der Staatsrat gegen die Stationierung der spanischen Truppen in und um Brüssel, der Herzog berief sich auf kategorische Befehle des Königs, denen er zu gehorchen habe. Am 22. August zog Alba selbst mit seiner Leibwache in Brüssel ein. Umgeben von Egmont, Mansfeld und anderen Herren, bereitete ihm die Statthalterin einen äußerst kühlen Empfang, dem der Herzog mit ausgesuchter Höflichkeit und Ehrerbietung begegnete. Als man jedoch die Tragweite von Albas Vollmachten erkannte, war die Empörung darüber allgemein, und Margarita sagte öffentlich, sie sei jetzt überflüssig und könne gehen.

Es dauerte nicht lange, bis Alba zu seinem ersten Schlag ausholte, der Verhaftung jener Männer, die der König und er selbst für die Hauprädelsführer der Unruhen hielten. Da Oranien es vorzog, auf deutschem Reichsboden, nämlich in Nassau, zu bleiben, und Hooghstraeten wegen einer Verwundung nicht anreisen konnte, mußte sich der Herzog mit Egmont und Hoorn begnügen. Er lockte sie am 9. September unter einem Vorwand in sein Quartier und ließ sie nach einer scheinbar freundschaftlichen Unterhaltung festnehmen. »Und doch habe ich mit diesem Degen die Sache des Königs erfolgreich verteidigt!« rief Egmont aus, als er Alba die Waffe überreichte.

König Philipp und der Herzog hätten es lieber gesehen, wenn Margarita weiterhin als nominelle Statthalterin fungiert, am liebsten jedoch, wenn sie sich ihren Intentionen gebeugt und mit Alba zusammengearbeitet hätte. Margarita war aber nicht bereit, eine solche demütigende und beschämende Rolle zu übernehmen und suchte immer dringender um ihre Entlassung nach, die ihr schließlich gewährt wurde. Die Angabe gesundheitlicher Gründe war nicht einmal ein Vorwand, denn die Ereignisse der letzten Monate hatten ihr körperlich und seelisch in gleicher Weise zugesetzt. »Nun, da ich gehe«, schrieb Margarita am 21. November an ihren königlichen Bruder, »flehe ich in Demut und Herzlichkeit, daß Eure Majestät Milde und Erbarmen walten lassen und eingedenk seien, daß die Könige um so größer und näher an Gott sind, je mehr sie ein Beispiel dieser großen und mächtigen göttlichen Güte und Milde geben. Könige und Fürsten mögen sich damit begnügen, diejenigen zu treffen, die den Aufruhr angeführt haben, und dem reuigen Volk Verzeihung zu gewähren. Andernfalls, Monseigneur, bei Anwendung von Gewalt, ist es unausweichlich, daß der Gute zusammen mit dem Ruchlosen leidet und daß Unheil und allgemeine Zerstörung über dieses Land kommen, mit allen nur möglichen Konsequenzen.« Noble und prophetische Worte, aber sie konnten des Königs eherne Überzeugung nicht ins Wanken bringen.

Anläßlich einer letzten Zusammenkunft mit dem Herzog von Alba im Staatsrat legte ihm die scheidende Regentin noch einmal die Proklamierung eines Generalpardons und die Einberufung der Generalstände ans Herz, worauf sie erwartungsgemäß eine ausweichende Antwort erhielt. An die Behörden und Stände der Provinzen richtete sie Abschiedsbriefe, Flandern und Brabant gewährten ihr Ehrengaben, die sie allerdings erst in Italien erhielt, so daß sie zur Bestreitung der Reisekosten ein umfangreiches Darlehen aufnehmen mußte. Am 30. Dezember verließ sie in Begleitung eines von Mansfeld geführten Militärgefolges Brüssel und begab sich auf die Reise nach dem Süden, am 1. Februar 1568 zog sie in Piacenza ein. »Resta tutto il paese sconsolato per la partita di Sua Altezza«, schrieb de Marchi nach Parma, »das ganze Land verharrte in Trostlosigkeit über die Abreise Ihrer Hoheit«.

In Parma feierte Margarita ein freudiges Wiedersehen mit ihrem Sohn und ihrer Schwiegertochter und lernte ihre Enkelin kennen, die auf den Namen der Großmutter getauft worden war. Mit ihrem Gemahl Ottavio hatte sie sich auf einen Status gegenseitiger Wertschätzung und auf Zusammenarbeit im Hinblick auf die Zukunft Alessandros geeinigt, ansonsten ging jeder seine eigenen Wege. Da die nach wie vor nicht abberufene spanische Garnison ihr den Aufenthalt in Piacenza verleidete, beschloß Margarita, sich weiter nach Süden zu begeben, auf ihre abruzzischen Besitzungen im Königreich Neapel. Dort konnte sie in kleinem Rahmen und vor allem ungestört administrative und ökonomische Verbesserungen ins Werk setzen und kluge Gesetze erlassen.

Während die Tochter Karls V. nun dabei war, von den turbulenten Jahren ihrer niederländischen Statthalterschaft Abstand zu gewinnen, vollendete sich das Schicksal seines unseligen Enkels Don Carlos und begann der Aufstieg seines Sohnes Don Juan.

Obwohl König Philipp versuchte, den ursprünglichen Intentionen des Kaisers entsprechend, seinen Halbbruder einer geistlichen Laufbahn zuzuführen – er bat Papst Pius V. sogar, ihn zum Kardinal zu ernennen –, stieß er auf keinerlei Gegenliebe. Es zog Don Juan mit Macht zum Waffenhandwerk, und als die Türken 1565 Malta angriffen, bat er um Erlaubnis, den Feldzug zur Befreiung der Insel mitzumachen. Als ihm das verweigert wurde, machte er sich heimlich auf den Weg nach Barcelona, aber in der Nähe von Zaragoza warf ihn ein Fieber aufs Krankenbett, und ein Bote des Königs holte ihn ein. Trotzdem setzte er seinen Weg fort, doch als er in Barcelona ankam, befand sich die Flotte bereits auf hoher See. Ein förmlicher Befehl des Königs rief Juan schließlich unter Androhung der Ungnade an den Hof zurück, wo man ihm seinen jugendlichen Übermut nicht weiter nachsah. Immerhin hatte er gezeigt, daß er Mut und Eigeninitiative besaß.

Zu Beginn des Jahres 1567 ernannte Philipp Don Carlos zum Präsidenten des Staatsrates, in der irrigen Hoffnung, eine verantwortungsvolle Tätigkeit würde sich auf seinen kranken und labilen Sohn günstig auswirken. Don Carlos erwies sich für diese Position als völlig ungeeignet, fand jedoch Geschmack an der Politik und begann, bizarre und gefährliche Pläne zu schmieden. Für eine tatsächliche Verbindung zwischen ihm und den aufrührerischen Niederlanden fehlen zwar die Beweise, doch sie ist nicht ganz unwahrscheinlich, denn am Weihnachtsabend vertraute er Don Juan an, er wolle sich dorthin begeben und an die Spitze des Aufstandes stellen. Juan tat das einzig Richtige und informierte den König, der seinen Sohn in Haft nehmen ließ. »Ich habe es mit meinem Gewissen und mit meinen Pflichten als König nicht mehr vereinbaren können, den Infanten in Freiheit zu belassen«, begründete Philipp vor den Höfen Europas seine Maßnahme. »Die Ursachen sind derart, daß mit einer Besserung nach menschlichem Ermessen nicht zu rechnen ist. Die Gefühle des Vaters haben vor den Erwägungen für das Wohl des Volkes in den Hintergrund zu treten.« Don Carlos starb noch im Juli desselben Jahres, aber es gibt nicht den geringsten Beweis, daß er auf Befehl seines Vaters ermordet wurde, wie Philipps Verleumder behauptet haben.

Drei Monate nach dem Thronfolger starb auch die junge Königin an den Folgen einer Fehlgeburt, und Philipps Feinde setzten das Gerücht in Umlauf, Isabella und Carlos seien ein Liebespaar gewesen und aus diesem Grund von Philipp beseitigt worden. Auf diesem Nährboden entstand später Schillers Drama des in seine Stiefmutter verliebten, zum Vorkämpfer für die politische und religiöse Freiheit in den Niederlanden idealisierten Prinzen, das mit den historischen Gegebenheiten nur sehr wenig zu tun hat. Die Ehe Philipps und Isabellas war sehr glücklich gewesen, doch Isabella hatte ihm nur zwei Töchter geboren, und er mußte wieder eine Gemahlin nehmen. Er entschied sich für seine Nichte Anna von Österreich, die ursprünglich für Don Carlos bestimmt gewesen war. Sie brachte dann den ersehnten Erben zur Welt, der seinem Vater als Philipp III. nachfolgen sollte.

Der König wußte das diskrete und loyale Verhalten Don Juans in der Affäre um Don Carlos zu schätzen und erfüllte ihm endlich seinen Wunsch nach einer militärischen Laufbahn. Er machte ihn zum Nachfolger des alten und kranken Don García de Toledo als Oberbefehlshaber der spanischen Flotte, allerdings nicht ohne ihm in Don Luis de Requesens und dem Marqués de Santa Cruz Männer zur Seite zu geben, die ihn, der ja noch über keinerlei Erfahrungen verfügte, beraten und unterstützen sollten. Gleichzeitig übermittelte Philipp Don Juan in einem eigenhändigen, sehr ausführlichen Schreiben Richtlinien für sein künftiges Verhalten.

Don Juan stürzte sich mit Feuereifer in seine neue Aufgabe und machte in den nächsten Monaten vor der spanischen Küste von Cadiz bis zu den Balearen – mit Abstechern nach

Oran und Melilla – Jagd auf muselmanische Piraten. Die Operationen führten zu keinem großen Waffengang, aber Don Juan konnte die nötigen Erfahrungen sammeln, die ihm bald zugute kommen sollten.

Als er im Herbst von seiner Mission zurückkehrte, kam er gerade rechtzeitig, um am Begräbnis von Königin Isabella teilzunehmen. In der Kirche der Barfüßigen Karmelitinnen, wo die feierlichen Exequien stattfanden, erhielt er einen so schlechten Platz, daß er dies als beabsichtigten Affront auffassen mußte. Zutiefst gekränkt, verließ er den Hof, zog sich in einen Franziskanerkonvent in Abrojo bei Valladolid zurück und schloß enge Freundschaft mit dem Mönch Juan de Calahorra. Bei Hof ging das Gerücht um, Don Juan wolle noch einmal über die religiöse Laufbahn nachdenken, die sein Vater für ihn vorgesehen hatte. Die Nachricht vom Aufstand der Morisken in Granada holte Don Juan wieder auf den Boden der Tatsachen zurück und erinnerte ihn daran, wo sein Platz war. »Ihr könnt auf mich vertrauen wie auf wenige andere«, schrieb er an König Philipp, »und keiner wird gegen diese Schurken entschlossener vorgehen als ich.«

Als die katholischen Könige Ferdinand und Isabella, Don Juans Urgroßeltern, 1492 die letzte islamische Bastion, das maurische Königreich Granada, erobert und damit die »Reconquista« gekrönt hatten, war nicht zu befürchten gewesen, daß die neue Eroberung durch die Hohe Pforte ernsthaft bedroht werden könnte. Die Siege der Osmanen in Ungarn und ihr Vordringen bis vor die Tore Wiens im Jahr 1529 riefen bei den unter Zwang katholisch gewordenen, arabischen Morisken auf der Iberischen Halbinsel jedoch große Begeisterung hervor, und die Regierung Karls V. erließ ein Edikt, das ihre Freiheiten stark einschränkte. Mit der Thronbesteigung Philipps II. und der wachsenden Bedrohung der spanischen Küsten durch die nordafrikanischen Muslime verschlechterte sich die Lage der Morisken noch mehr. Ein königliches Edikt nach dem anderen belegte sie mit Verboten, die auch in ihre Sitten und Gebräuche eingriffen und allgemein große Empörung hervorriefen. Schließlich faßten einige beherzte Anführer den Plan zu einem Aufstand und schickten Hilferufe an den Pascha von Algier und den Sultan in Konstantinopel. In ihrer Ungeduld warteten die Rebellen jedoch nicht, bis sie zahlreich genug waren, schlugen viel zu früh los, holten sich im Dezember 1568 vor den Mauern Granadas blutige Köpfe und mußten sich in die bergige Wildnis der Alpujarras zurückziehen, seit jeher Schlupfwinkel von Banditen, Schmugglern und Unzufriedenen.

Am 6. April 1569 nahm Don Juan in Aranjuez vom König Abschied, um sich auf den Kriegsschauplatz zu begeben, nicht ohne Berater an der Seite und viele gute Ratschläge im Gepäck. Schon am Tag nach seiner Ankunft trat der Kriegsrat zusammen, konnte sich aber auf kein gemeinsames Vorgehen einigen. Während man auf eine Entscheidung des Königs wartete, nutzten Regierungstruppen und Aufständische die Zeit, um ihre Positionen zu festigen, und die Kämpfe, auf beiden Seiten mit höchster Grausamkeit geführt, nahmen ihren Lauf, ohne eine Entscheidung zu bringen. Don Juan richtete wiederholt Appelle an seinen Bruder, ihm mehr Befehlsgewalt zuzubilligen, was schließlich auch geschah, und es gelang ihm, zwei wichtige Stützpunkte der Aufständischen, Guejar und Galera, zu erobern. Vor Ceron stand die Sache der Spanier schlecht, und er scheute sich nicht, persönlich in das Gefecht einzugreifen, um die Flüchtenden aufzuhalten. Eine Musketenkugel traf ihn am Kopf, und nur sein Helm rettete ihm das Leben, während sein alter Lehrer und Freund Don Luis de Quijada eine tödliche Verwundung erlitt. Die Schlappe der Regierungstruppen bei Ceron gab den Aufständischen neuen Auftrieb, und Don Juan ersuchte um Verstärkung seiner Truppen, die ihm auch gewährt wurde. Gleichzeitig ermahnte ihn Philipp, nicht zu waghalsig zu sein und sich persönlich der Gefahr auszusetzen, denn »jeder sollte seine Pflicht tun, weder ein General die des Soldaten noch ein Soldat die des Generals«.

Die Friedensbedingungen, die den schließlich geschlagenen Morisken auferlegt wurden, waren von der Regierung wohl darauf berechnet, die Möglichkeit einer muslimischen

Unterstützung auszuschließen, sollte es einmal zur Landung türkischer Streitkräfte an der spanischen Küste kommen. Sie wurden aus den Gebieten, in denen Unruhen stattgefunden hatten, ins Landesinnere umgesiedelt und durften nur ihre bewegliche Habe mitnehmen, während ihre Ländereien an die Krone fielen. Trotz aller Härten und der mangelhaften Organisation dieser Zwangsumsiedlung – die lokalen Behörden waren vielerorts unwillig oder einfach nicht darauf vorbereitet, Plätze für die Fremden zu schaffen –, gelang es den Morisken durch Fleiß und Tüchtigkeit, mit der Zeit ihre Lage zu verbessern, sie blieben aber in Spanien immer eine fremde Rasse, bis sie 1609 unter Philipp III. endgültig von der Iberischen Halbinsel vertrieben wurden.

Als Don Juans Anwesenheit bei den Truppen nicht länger nötig war, kehrte er nach Granada zurück. Der König, in Begleitung seiner österreichischen Neffen, der Erzherzöge Rudolf und Ernst, die seit einigen Jahren an seinem Hof erzogen wurden, war persönlich gekommen, um ihn zu begrüßen. Don Juan hatte nun seine Lehrzeit abgeschlossen und sich zur See und zu Lande den Ruf eines tapferen, in den Augen Philipps etwas zu waghalsigen, bei seinen Soldaten beliebten Truppenführers erworben. Er konnte für noch größere Aufgaben in Aussicht genommen werden.

Anfang Juli 1570 erschien eine starke türkische Flotte unter Lala Mustapha Pascha in den Gewässern Zyperns, das den Venezianern gehörte, und machte Anstalten, die Insel zu erobern. Trotz tapferster Gegenwehr fiel Nikosia, und die übrigen befestigten Plätze ergaben sich, mit Ausnahme von Famagusta. Während die Flotte Lala Mustaphas ins Winterquartier ging, bemühte sich die Republik von San Marco verzweifelt um Bundesgenossen. Ihr Leumund war schlecht, sie stand im Ruf, häufig vertragsbrüchig zu werden, und ihre Neutralität zu kritischen Zeitpunkten hatte der Hohen Pforte schon des öfteren zu Erfolgen verholfen. Nachdem sie sich bei Kaiser Maximilian II. und bei Karl IX. von Frankreich Abfuhren geholt hatten, gelang es den Venezianern, Papst

Pius V. Ghislieri für eine »Heilige Liga« zu gewinnen, der schließlich auch Philipp II. beitrat, trotz tiefsitzenden Mißtrauens gegen die als doppelzüngig verschrienen Venezianer.

Ein spanisches Geschwader unter dem Kommando des Gianandrea Doria, einem Neffen des großen Andrea, und einige päpstliche Galeeren sollten den Verteidigern Zyperns erste Hilfe leisten, doch als sie vor Kreta zusammentrafen, gerieten die Kommandanten in Streit, und die Expedition wurde abgebrochen, was im ganzen Mittelmeerraum Spott und Hohn erregte.

In Rom tagten inzwischen die Gesandten der Mächte – unter ihnen der von König Philipp längst wieder in Gnaden aufgenommene Kardinal Granvelle –, und sie zeigten sich über die Vertragsbestimmungen der Liga ebenso uneinig wie die Admiräle vor Kreta, so daß sich die Verhandlungen in einer Atmosphäre gegenseitigen Mißtrauens fast ein Jahr lang hinschleppten. Es grenzt an ein Wunder, daß die »Heilige Liga« am 25. Mai 1571 endlich öffentlich in Rom verkündet werden konnte. Den Oberbefehl zu Wasser und zu Lande erhielt Don Juan de Austria.

Schon am Morgen des 6. Juni erreichte die Nachricht von der Ratifizierung des Vertrages Madrid, und am Nachmittag desselben Tages brach Don Juan in Begleitung der österreichischen Erzherzöge, die die Reise bis Genua mitmachen sollten, zum größten Abenteuer seines Lebens auf. Sein Ritt nach Barcelona glich einem Triumphzug, von überall her schlossen sich ihm junge Adelige und Abenteurer an, die unter einem so kühnen und beliebten Prinzen gegen die Ungläubigen dienen wollten. Im Gefolge Don Juans befand sich auch eine junge Adelige, Maria de Mendoza, mit der er bereits seit längerer Zeit ein Liebesverhältnis unterhielt. Unterwegs scheint es zu Unstimmigkeiten gekommen zu sein, und Don Juan trennte sich von Maria. Sie gebar ihm eine Tochter, die den Namen Ana erhielt und in die Obhut von Magdalena de Ulloa nach Villagarcia gegeben wurde. Sie trat später in das Augustinerinnenkloster von Madrigal de las Altas Torres unweit von Avila ein.

Kaum in Barcelona angekommen, erhielt Don Juan ein ausführliches Schreiben von König Philipp mit den bekannten Warnungen vor allzu großer Waghalsigkeit und strikten Richtlinien, die seiner Handlungsfreiheit feste Grenzen setzten. Bei allem, was er unternehme, müsse er sich mit den erfahrenen spanischen und italienischen Admirälen beraten und dürfe sich nicht ohne einmütige Zustimmung in eine Schlacht einlassen. Don Juan war sehr aufgebracht über das anscheinend mangelnde Vertrauen seines königlichen Bruders und dachte in der ersten Aufwallung sogar daran, sein Amt niederzulegen. Aber selbst wenn man das notorische Mißtrauen, das Philipp fast allen Menschen entgegenbrachte, außer acht läßt, kann man verstehen, daß er eine äußerst kostspielige Flotte und Tausende von Soldaten nicht der alleinigen Befehlgewalt eines impulsiven Vierundzwanzigjährigen anvertrauen wollte, der sich gerade die ersten Sporen verdient hatte.

Am 26. Juli erreichte Don Juan mit einer Flotte von 42 Schiffen Genua, das ihn fünf Tage lang feierte. Über einen Ball im Palazzo Doria, den schon sein Vater 1533 bewohnt hatte, notierte der Venezianer Savorgnano in seinem Tagebuch, daß die Erzherzöge Rudolf und Ernst zwar sehr gut tanzten, doch alle wären entzückt gewesen von der Grazie Don Juans, den er als »einen lebhaften und wohlgestalteten jungen Mann mit hellem Haar und einem sehr sympathischen und hübschen Gesicht« beschrieb. Rudolf und Ernst reisten auf Wunsch Kaiser Maximilians über Mailand an den Wiener Hof zurück, doch viele italienische Adelige schlossen sich Don Juan an, unter ihnen der Prinz von Parma, Alessandro Farnese, sein Jugendfreund und Studienkollege aus der Zeit in Alcalá.

Auf dem Weg nach Messina machte Don Juan zuerst in Rom Station, wo ihn Papst Pius V. liebevoll aufnahm: »Karl V. gab Euch das Leben. Ich werde Euch Ehre und Größe geben. Ich bin ganz sicher, daß Gott uns den Sieg schenken wird.« In Neapel schlug Don Juan eine Begeisterung entgegen, die an die Zeit der Kreuzzüge erinnerte. Kardinal Granvelle, seit April Vizekönig, überreichte ihm mit feierlichen Worten die aus blauem Damast gearbeitete Standarte der Liga mit dem gekreuzigten Christus im Zentrum und den Wappen des Papstes, König Philipps, der Serenissima und Don Juans: »Möge sie Euch einen ruhmreichen Sieg über unseren gottlosen Feind schenken, und möge sein Hochmut durch Eure Hand zu Fall gebracht werden.«

Am 23. August traf Don Juan in Messina ein, das zum Ausgangspunkt für den Feldzug bestimmt worden war, und verlor keine Zeit, seine Flotte zu mustern: die schwerfälligen Galeassen, die vierzig oder mehr Geschütze trugen, die dickbäuchigen Kauffahrteischiffe, die zum Proviant- und Munitionstransport requiriert worden waren, und die eigentlichen Kriegsschiffe, die Galeeren, mit denen seit der Belagerung Trojas die Rivalitäten im Mittelmeer ausgetragen wurden. »Die vollkommene Galeere«, schrieb ein Zeitgenosse poetisch, »sollte einem anmutigen Mädchen gleichen, das in jeder Bewegung Wachsein, Leben und Beweglichkeit verrät, während es gleichzeitig geziemenden Anstand bewahrt.« Die Wirklichkeit war weniger poetisch, denn im Bauch der Galeeren saßen ihre lebendigen Antriebskräfte, eine Masse nackter, kahlgeschorener, an die Ruderbänke geketteter, bestialisch stinkender Sklaven, bestehend aus Kriegsgefangenen, Kriminellen, Ketzern und jeder Menge sozialen Abschaums, eine schwimmende »Hölle auf Erden«.

Im Kriegsrat prallten die Meinungen, ob man die offene Seeschlacht suchen sollte oder nicht, hart aufeinander, doch schließlich behielten die »Falken« um Don Juan, der päpstliche Admiral Marcantonio Colonna, die Venezianer Sebastiano Venier und Agostino Barbarigo und der Spanier Alvaro de Santa Cruz die Oberhand. Als die Flotte der Liga Korfu erreicht hatte und die Nachrichten sich verdichteten, daß die Türken sich in den Golf von Lepanto – heute: Naupaktos – zwischen Festland und Peloponnes zurückgezogen hatten, hieß die Parole: »Hinausfahren und sie aufspüren!«

Don Juan befahl, drei getrennte Geschwader zu bilden: am linken Flügel die Venezianer unter Barbarigo, am rechten ein gemischtes Geschwader unter Gianandrea Doria. Das mittle-

144

Wilhelm der Eroberer in der Schlacht von Hastings.
Ausschnitt aus dem Teppich von Bayeux

Alexander VI. Borgia. Ausschnitt aus dem Fresko
»Die Auferstehung Christi« von Pinturicchio
(Appartamento Borgia, Vatikan)

Ego sum Papa.

Französischer Holzschnitt gegen den lasterhaften
Papst Alexander VI.

Cesare Borgia. Gemälde von Raffael (Villa Borghese, Rom)

Lucrezia Borgia. Ausschnitt aus dem Fresko
»Diskussion der heiligen Katharina« von Pinturicchio
(Appartamento Borgia, Vatikan)

Kaiser Karl V. in der Schlacht bei Mühlberg, 1547.
Gemälde von Tizian (Escorial, Madrid)

Margarete von Parma. Gemälde von Anthonis Mor
(Staatliche Museen Preußischer Kulturbesitz, Berlin)

*Oben: Alessandro de' Medici, erster Gemahl Margarita d'Austrias.
Gemälde von Agnolo Bronzino
Unten: Papst Paul III. mit seinen Enkeln Alessandro und Ottavio
Farnese. Gemälde von Tizian*

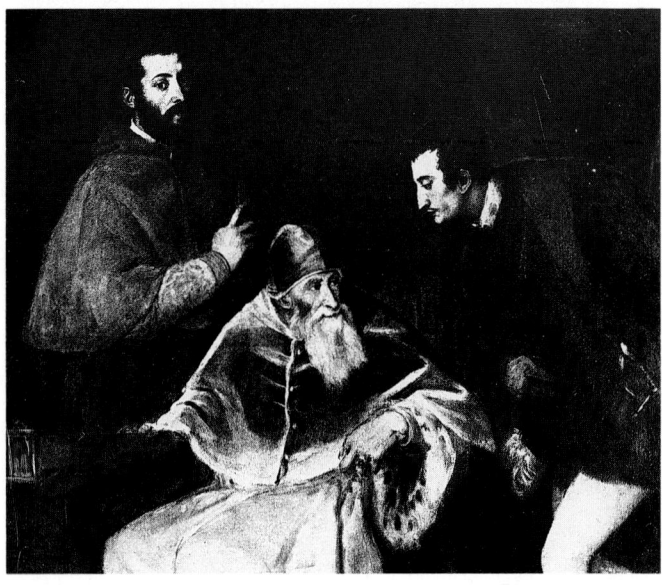

Don Juan d'Austria. Gemälde von Sánchez Coello
(Escorial, Madrid)

Lucy Walter, Mutter von James Scott, Herzog von Monmouth. Stich von Van den Berghe nach einem zeitgenössischen Gemälde

König Karl II. von England. Stich von Birrell nach einem Gemälde von Sir Peter Lely

James Scott, Herzog von Monmouth.
Stich von Nicolai Vischer

*Aurora von Königs-
marck als Diana.
Zeitgenössischer
Stich*

*August der Starke
als König von Polen.
Stich von Christian
Albrecht Wortmann
nach einem
Gemälde von Louis
Silvestre d. J.*

Moritz Graf von Sachsen.
Stich nach einem Gemälde von Hyacinthe Rigaud

*Napoleon I.
Zeitgenössische
Lithographie.*

*Maria Walewska.
Heliogravure nach
einem Gemälde von
Robert Lefèvre*

Alexandre Walewski in polnischer Uniform.
Zeitgenössisches Ölgemälde (Sammlung Walewski)

*Alexandre Walewski mit seiner zweiten Frau Maria,
geborene Gräfin Ricci. Photographie*

re Geschwader befehligte er selbst von seinem Flaggschiff, der mit vergoldetem Schnitzwerk geschmückten »Real« aus, flankiert von den Flaggschiffen des weißbärtigen venezianischen Haudegens Sebastiano Venier und des päpstlichen Admirals Marcantonio Colonna. Eine geschickte taktische Maßnahme war die Entfernung der Rammsporne vom Bug der Schiffe, was den Kanonieren freiere Sicht und ein besseres Schußfeld eröffnete.

Der 7. Oktober 1571 war ein Sonntag, und auf den christlichen Schiffen wurde die heilige Messe mit besonderer Feierlichkeit begangen. Dann umfuhren die Galeeren der Liga die nördliche Küste des Golfes von Patras, an den Felseninseln der Echinaden vorbei, wo der Golf sich zu verengen beginnt, und sichteten in einer Entfernung von etwa zehn Seemeilen die Flotte der Türken, die sich in einem großen Halbmond von Küste zu Küste erstreckte. Der türkische Oberbefehlshaber Ali Pascha hatte auf Befehl von Sultan Selim II. seinen sicheren Zufluchtsort bei Lepanto verlassen und segelte auf das offene Meer zu. Von seinem Flaggschiff »Sultana« wehte die grüne Fahne des Propheten, die in goldenen Buchstaben 28.900mal den Namen Allahs trug. Von den Decks der Türken klang aufpeitschende Schlachtenmusik, während über der Flotte der Christen eine unheilkündende Stille lag.

Es war eine allgemein akzeptierte Regel, daß Flaggschiffe nicht am Kampf teilnahmen, aber Don Juan und Ali fuhren so entschlossen aufeinander los, als ob sie ein Duell ausfechten wollten. In dem Augenblick, da die Schiffe aufeinanderprallten, wurden sie miteinander zum »Schlachtfeld« vertäut, und ein Hagel von Arkebusenkugeln und Pfeilen prasselte über die Decks. Der Kampf, an dem beide Oberbefehlshaber persönlich teilnahmen, wogte hin und her, bis Ali von einer Arkebusenkugel in die Stirn getroffen wurde. Ein Galeerensträfling schlug ihm den Kopf ab, steckte ihn auf eine Pike und brachte ihn im Triumph auf die »Real«. Kurz darauf wurde auf der »Sultana« die Fahne des Propheten eingeholt und die Fahne der Liga gehißt, was auf die Moral der Türken eine verheerende Wirkung hatte. Trotzdem dauerte der Kampf noch viele Stunden.

Am linken Flügel hatten sich die Venezianer gegen eine türkische Übermacht unter Mehmet Scirocco zu wehren, Barbarigo fiel, doch schließlich brachten die christlichen Rudersklaven, die ihre Fesseln durchgesägt hatten und ihre Unterdrücker von hinten angriffen, die Wende. Mehmet erlitt das gleiche Schicksal wie Ali.

Am rechten Flügel suchten Gianandrea Doria und sein Gegner, der italienische Renegat Ochiali, einander auszumanövrieren, doch Ochiali erwies sich als der Listigere und brachte Doria dazu, seine Linie so weit auseinanderzuziehen, daß er mit sieben Schiffen durch die Lücke schlüpfen und in den Rücken von Don Juans Kampflinie gelangen konnte. Er stürzte sich auf die »Capitana«, das Flaggschiff der Malteserritter, und hatte sie, nach der Niedermetzelung fast der gesamten Besatzung, bereits im Schlepptau, als ihm die ersehnte Prise von der spanischen »Guzmana« wieder abgenommen wurde. Mehr Korsar als Admiral, fehlte Ochiali das Verlangen Ali Paschas nach Ruhm und Tod, und er machte sich aus dem Staub, hatte aber noch die Geistesgegenwart, dreizehn türkische Galeeren und Galeoten aus dem Desaster herauszuführen.

Gegen halb elf war der erste Schuß gefallen, gegen vier war die Schlacht von Lepanto geschlagen, »das größte Tagewerk, das die Jahrhunderte gesehen«, wie ein im Kampf schwer verwundeter spanischer Freiwilliger später niederschrieb. Er hieß Miguel de Cervantes.

Als die Admiräle am Abend auf Dorias Galeere zusammenkamen, die als einziges Flaggschiff unversehrt geblieben war – er mußte sich später den Vorwurf der Feigheit vor dem Feind gefallen lassen –, staunten sie über die Vollständigkeit des Sieges. Späteren Schätzungen zufolge fanden etwa 15.000 christliche Offiziere und Mannschaften und 30.000 Türken den Tod, 8.000 gerieten in Gefangenschaft und ersetzten die freigelassenen christlichen Galeerensklaven. Zwölf Galeeren der Liga wurden versenkt, eine erobert, während sich die türkischen Verluste auf 113 zerstörte oder versenkte und 117 eroberte Galeeren beliefen.

Die Schlacht von Lepanto, die letzte der großen Galeerenschlachten, beendete eine Epoche in der Geschichte des Seekrieges, und es ist viel über sie geschrieben und diskutiert worden, auch über den Anteil Don Juans an ihrem siegreichen Ausgang. Fest steht, daß es ihm durch seine unbestreitbaren Führungsqualitäten gelang, die rivalisierenden Bündnispartner zusammenzuhalten und die Kampfmoral der gesamten Flotte zu stärken, so daß er den Ehrentitel eines »Siegers von Lepanto« zu Recht trägt. Auch wenn es mit diesem Seesieg, der aus den verschiedensten Gründen nicht ausgenutzt werden konnte, noch nicht gelang, die Türken endgültig aus Europa zu vertreiben, so ist sein moralischer Wert unbestritten, denn er vernichtete nicht nur eine Flotte, sondern auch den Nimbus der türkischen Unbesiegbarkeit. Papst Pius V. verherrlichte den Tag von Lepanto durch die Stiftung des »Rosenkranzfestes«.

Don Juan führte die Flotte in die Winterquartiere nach Sizilien und harrte weiterer Befehle, um den Feldzug gegen die Türken fortsetzen zu können. Während er zu militärischer Untätigkeit verurteilt war, ließ er sich von den sizilianischen Schönheiten verwöhnen und wurde Vater eines Sohnes, der kurz nach seiner Geburt starb, und einer Tochter, die später einen italienischen Prinzen heiratete.

Zerfallserscheinungen innerhalb der Liga und die Ungewißheit über die Haltung Frankreichs, das auf die Katastrophe der Bartholomäusnacht zusteuerte, gab den Türken die erwünschte Atempause, die sie zum Bau einer neuen Flotte nützten. Sie war zwar hastig zusammengezimmert und schlecht bestückt, aber sie sah eindrucksvoll aus, als sie im Sommer 1572 unter dem Kommando des Lepanto-Veteranen Ochiali in den griechischen Gewässern erschien. Don Juan machte Jagd auf ihn, aber Ochiali hütete sich, eine Schlacht anzunehmen, und die christliche Flotte konnte keine wesentlichen Erfolge verbuchen, bevor sie wieder ihre sizilianischen Winterquartiere aufsuchte.

147

Don Juan verbrachte den Winter in Neapel und begab sich im Frühjahr 1573 auf eine Reise nach der alten Stauferstadt Aquila in den Abruzzen, wo Margarita von Parma hofhielt, die Mutter seines Jugendfreundes und Waffengefährten Alessandro und seine Halbschwester. Es war die erste persönliche Begegnung der Kinder Karls V., und trotz des großen Altersunterschieds faßten der junge Kriegsheld und die würdige Matrone eine große Zuneigung füreinander. Sie hatten vieles gemeinsam: die Verehrung für ihren großen Vater, ihre tiefe Religiosität, ihre ritterliche Lebensauffassung, der Falschheit und Hinterhältigkeit fremd war, und ihre Loyalität für das Haus, dem sie entstammten, die »Casa de Austria«. Don Juan brachte seiner Schwester uneingeschränktes Vertrauen entgegen, diskutierte mit ihr seine Zukunftspläne, weihte sie in seine Liebesaffären ein und gab sein Töchterchen Juana in ihre Obhut. Bis zu seinem nächsten Besuch zwei Jahre später und darüber hinaus blieben sie in reger brieflicher Verbindung.

Inzwischen bestätigte die Serenissima von Venedig ihren schlechten Ruf und schloß im Mai einen Separatfrieden mit den Türken, was das Ende der »Heiligen Liga« bedeutete. Da ein großangelegter Feldzug nun nicht mehr möglich war, beschloß Don Juan mit Zustimmung König Philipps, Tunis zu erobern, dessen Hafen Goletta seit der Expedition Karls V. in spanischer Hand war. Es mag für Don Juan eine Genugtuung gewesen sein, als er auf den Spuren seines Vaters im Oktober nach Afrika segelte, und er löste seine Aufgabe mit Bravour.

Im November war Don Juan wieder in Sizilien und begann große und abenteuerliche Pläne zu wälzen, nicht nur militärischer Art.

Er war nun sechsundzwanzig Jahre alt, und wenn er auf sein Leben zurückblickte, konnte er zwar eine Reihe außerordentlicher Erfolge für sich buchen, aber an seiner Stellung als illegitimer Kaisersohn und nicht ganz vollwertiger Infant hatten sie nichts geändert. Seine weitere Karriere hing nach wie vor vom Wohlwollen seines königlichen Bruders ab. Es

148

ist verständlich, daß Don Juan nach einer selbständigeren Stellung strebte, womöglich nach einem Thron, der einmal auf dem Peloponnes, dann in Tunis oder sogar in Irland stehen sollte, alles utopische Phantasien, ohne Chance auf Realisierung. Das faszinierendste Projekt war das einer Befreiung der in England gefangenen Schottenkönigin Maria Stuart. Don Juan sollte von den Niederlanden aus eine Invasion Englands in die Wege leiten, die ketzerische Elisabeth absetzen, Maria Stuart heiraten, mit ihr gemeinsam die Throne Englands und Schottlands besteigen und die Inselkönigreiche wieder in den Schoß der römischen Kirche zurückführen. So phantastisch dieser Plan klingt, er wurde zwischen dem spanischen und dem päpstlichen Hof, wo Gregor XIII. auf Pius V. gefolgt war, durchaus ernsthaft diskutiert, und man kam sogar so weit, die Kosten einer solchen Expedition zu berechnen, und darüber zu feilschen, wer sie tragen sollte. Letztlich verließ aber das Projekt einer Ehe zwischen der skandalumwitterten Schottenkönigin und dem Helden von Lepanto doch nicht das Reich romantischer Träume, dem es angehörte.

Im Sommer 1574 erschien wieder eine türkische Flotte im westlichen Mittelmeer, diesmal mit Zielrichtung Tunis und Goletta, deren Befestigung und Besatzung viel zu schwach waren, um gegen einen ernsthaften Gegner gewappnet zu sein. Die Langsamkeit und die schwankende Haltung der Regierung in Madrid, die mangelnde Kooperation der Vizekönige von Neapel und Sizilien und eine sehr ungünstige Wetterlage verhinderten ein rechtzeitiges Eingreifen Don Juans und seiner Flotte. Im September waren Tunis und Goletta wieder türkisch, und der Admiral Ochiali konnte sich rühmen, die Scharte von Lepanto ausgewetzt zu haben.

Don Juan war nun der Meinung, daß er mit seinem Bruder endlich wieder persönlich zusammentreffen müsse, obwohl dieser ihn angewiesen hatte, bei der Flotte zu bleiben. Trotz dieses Ungehorsams empfing ihn der König freundlich und dachte gar nicht daran, ihm die Schuld an dem nordafrikanischen Debakel zu geben. Es war einer seiner charakteristischen Wesenszüge, daß er Siege wie Niederlagen mit der gleichen Gelassenheit aufnahm.

Seit der Hochzeit Philipps mit der sanften und liebenswürdigen Anna von Österreich gab es wieder ein Familienleben am spanischen Hof. Anna war den Töchtern des Königs mit Isabella von Valois eine zärtliche Mutter und hatte selbst bereits zwei Söhne geboren: Fernando und Carlos. Der Bau der gewaltigen Klosterburg, des »Real Monasterio«, war weit vorgeschritten, und Don Juan wird in der Krypta unter dem Hochaltar der Klosterkirche vor dem Sarkophag seines Vaters gestanden sein, den Philipp aus San Jéronimo de Yuste hatte überführen lassen.

Don Juan verbrachte etwa sechs Monate in Spanien, Mitte Juni 1575 war er wieder in Neapel. Ein von der Serenissima entsandter Beobachter namens Girolamo Lippomano beschrieb ihn damals als mittelgroß und kräftig, mit sehr eleganten Bewegungen und blondem Haar und Bart. »Er kleidet sich kostbar und so geschmackvoll, daß es eine Freude ist, ihn anzuschauen. Einige sagen, daß er den Frauen sehr ergeben ist, was sehr gut sein kann, aber er hat nie Anlaß zu einem Skandal gegeben. Er spricht neben Spanisch ausgezeichnet Französisch, weniger gut Italienisch und versteht Flämisch und Deutsch. Mit den Häuptern Italiens steht er sich nicht sehr gut, auch nicht mit dem Kaiser, vielleicht, weil er der Meinung ist, der Kaiser beachte ihn nicht gebührend. Am schlechtesten steht er sich mit (Heinrich III.) dem König von Frankreich.«

Don Juan widmete sich in Neapel seinen Aufgaben als Flottenkommandant, besuchte noch einmal seine Schwester in den Abruzzen und schlichtete einen Streit zwischen den älteren und jüngeren Familien Genuas. Von Thronen und Königskronen war nicht mehr die Rede, wohl aber von einer neuen schwierigen Aufgabe. Mit einem Schreiben, das Don Juan am 3. Mai 1576 in Neapel erreichte, übertrug ihm König Philipp die Statthalterschaft in den Niederlanden.

Das harte und grausame Regiment des Herzogs von Alba hatte nicht den erwünschten Erfolg gebracht, die Hinrichtung der Grafen Egmont und Hoorn auf der Grand'Place zu Brüssel und zahlreiche weitere Bluturteile hatten den Widerstand nur noch mehr angefacht. Unter Albas humanerem Nachfolger Don Luis de Requesens besserte sich die Lage, doch am 5. März 1576 starb Requesens, was ein allgemeines Chaos zur Folge hatte. Aus diesem Grund wies König Philipp seinen Bruder an, sich von Italien aus direkt in die Niederlande zu begeben, doch Don Juan wollte die Lage unbedingt persönlich besprechen und erschien Anfang September im Escorial. Als ob Zeit keine Rolle spiele, erörterten die Brüder Situation und Vorgangsweise in den Niederlanden, sogar das englisch-schottische Projekt kam wieder aufs Tapet, es sollte allerdings erst in Angriff genommen werden, wenn die Ruhe in den Niederlanden wiederhergestellt wäre.

Mitte Oktober verließ Don Juan Madrid, manche Quellen behaupten, als maurischer Diener seines Begleiters Ottavio Gonzaga verkleidet, um auf der direkten Route über Frankreich nicht erkannt zu werden. In Paris soll er dann auf einem Ball im Louvre ein leidenschaftliches Abenteuer erlebt haben: mit der schönen und durchtriebenen Königin Margarete von Navarra, der sittenlosen Schwester seiner unvergessenen Schwägerin Isabella von Valois.

Am 3. November traf Don Juan in Luxemburg ein. Dort stand ihm die schlimmste Begegnung seines Lebens bevor, die mit seiner Mutter Barbara Blomberg.

Madame Kegel hatte 1569 durch einen Unglücksfall ihren Gemahl verloren und war mit ihren beiden Kindern ziemlich mittellos zurückgeblieben. Sie beschloß nun, sich bei der »Verwandtschaft« in Erinnerung zu bringen, und wandte sich an den Herzog von Alba, der seinerseits wieder König Philipp informierte. Gemeinsam mit Don Juan, der in den letzten Jahren mit seiner Mutter in brieflichem Kontakt gestanden war, wurde der Beschluß gefaßt, daß für einen standesgemäßen Unterhalt zu sorgen sei. Alba wollte Barbara in das wallonische Städtchen Mons abschieben, doch die Witwe Kegel, die ihren Mädchennamen wieder angenommen hatte, setzte ihre Übersiedlung nach dem heiteren und lebenslustigen Gent durch und erwies sich in der Folge zunehmend als eigensinnig und verschwenderisch. »Ihr Geld geben heißt, es ins Wasser zu werfen«, berichete Alba dem König, »denn in zwei Tagen hat sie es für Festgelage verschleudert.« Barbara kam ins Gerede, und man versuchte, sie zu einer Übersiedlung nach Spanien zu überreden, um sie dort besser unter Kontrolle zu haben, was sie aber konsequent ablehnte. Als ihre »Residenz« nach Brüssel verlegt wurde, trieb sie es nur noch toller. Einerseits wollte sie als »Prinzessin« behandelt werden, andererseits zeigte sie sich aber in der Wahl ihres Umgangs keineswegs wählerisch und wechselte munter ihre Liebhaber, obwohl sie die Vierzig bereits überschritten hatte. Jetzt erst wäre Don Carlos, der sie als »Dirne« beschimpft hatte, ohne sie zu kennen, mit einigem Recht beizustimmen gewesen. In höchster Gunst stand bei Barbara schließlich ein englischer Abenteurer namens Anthony Standen, zehn Jahre jünger als sie, der schon bei Maria Stuart Pagendienste versehen hatte, später nach Paris gegangen war und ein zweifelhaftes Leben als Doppelagent geführt hatte. Der Lebenswandel Barbaras wurde immer mehr zum Skandal, auch Albas Nachfolger Requesens gelang es nicht, sie zu Mäßigung und mehr Zurückhaltung zu bewegen, sie lag ihm nur ständig mit Klagen über schlechte Behandlung und unzureichende Unterstützung in den Ohren. Als Barbara von der Berufung ihres Sohnes auf den Statthalterposten und seinem Eintreffen in Luxemburg hörte, machte sie sich umgehend dorthin auf den Weg.

Welche Hoffnungen Barbara auch gehegt haben mochte, sie wurden nicht erfüllt. Don Juan machte ihr unmißverständlich klar, daß ihres Bleibens in den Niederlanden nicht länger sei und daß es der Wille des Königs und auch sein eigener wäre, daß sie sich nach Spanien zurückziehe, wo man für einen angemessenen Unterhalt sorgen werde. In ihrer Enttäuschung ließ sich Barbara zu einem Wutausbruch hinreißen und schleuderte ihrem Sohn die Worte entgegen, er irre sich, wenn er sich für den Sohn des großen Kaisers halte, denn zur gleichen Zeit hätte sie auch andere erhört. Tödlicher hätte sie Don Juan nicht kränken können, und sie sorgte auch noch dafür, daß ihr Ausspruch die Runde machte und Stoff für höhnische Spottgedichte lieferte.

Mutter und Sohn sahen einander nicht wieder. Wenige Monate später verließ Barbara mit ihrer Tochter auf einem spanischen Schiff die Niederlande und landete im selben Laredo am Golf von Biscaya, wo zwanzig Jahre früher Karl V. auf seiner letzten Reise an Land gegangen war. Don Juans Ziemutter Magdalena de Ulloa empfing sie in Valladolid und brachte sie fürs erste in einem nahen Kloster unter. Die klösterliche Abgeschiedenheit behagte Barbara aber wenig, und sie setzte es durch, wieder an die Küste zu übersiedeln, wo sie als »die erlauchte Mutter des erlauchtesten Don Juan de Austria« ein einigermaßen ruhiges Leben führte und am 18. Dezember 1597 etwa siebzigjährig starb. Sie wurde im Franziskanerkloster San Sebastian de Hano bei Escalante bestattet, ein Grabdenkmal, wie sie es in ihrem Testament gewünscht hatte, wurde ihr nicht errichtet.

Während Don Juan sich noch in Luxemburg aufhielt, traf die Nachricht ein, daß am 4. November eine Horde unbezahlter Söldner – Spanier, Deutsche und Wallonen – die reiche Stadt Antwerpen überfallen und einen »Sacco« veranstaltet hatte, wie dereinst die spanisch-deutsche Soldateska in Rom. Tausende von Einwohnern verloren ihr Leben, unzählige Häuser gingen in Flammen auf und »nach drei Tagen«, schrieb der Engländer George Gascoigne, »fand sich in einer der reichsten Städte Europas weder Geld noch anderes Gut, außer in den Händen von Mördern und Huren«. Vier Tage nach dem »spanischen Terror« schlossen sich die siebzehn Provinzen in der »Pazifikation von Gent« zusammen, und kamen überein, den protestantischen Kult in den Nordprovinzen Holland, Seeland und Utrecht zuzulassen, die Spanier aus den Niederlanden zu vertreiben und die Generalstaaten einzuberufen.

Die Vorzeichen für Don Juans Einstand in den Niederlanden zeigten sich nicht günstig, außerdem litt er unter dem ungewohnten, nebligen und frostigen Klima, den groben Tisch- und Trinksitten und darunter, daß es nicht einen einzigen Menschen gab, dem er sich anvertrauen konnte. Nur seiner Schwester Margarita konnte er wenigstens brieflich sein Herz ausschütten. Wenn er seine Instruktionen zu Rate zog, in denen ihn der König anwies, mit »Liebe, Milde und Güte zu regieren, in Übereinstimmung mit den althergebrachten Gesetzen, Rechten und Sitten, wie sie zur Zeit Kaiser Karls bestanden hatten, damit alle Ursachen des Anstoßes beseitigt und alle in gerechter und angemessener Weise zufriedengestellt werden«, mußte ihm dies wie Hohn klingen. Genau nach diesen Prinzipien hatte Margarita zu regieren versucht, und doch war sie von Alba abgelöst worden, dessen Regierungsstil die gegenwärtige Situation erst heraufbeschworen hatte.

Don Juan begann nun lange und ermüdende Verhandlungen mit den Generalstaaten über die Bedingungen seiner Tätigkeit und die Frage, auf welchem Wege die spanischen Truppen das Land verlassen sollten. Er bewies, daß er auch diplomatisches Talent hatte, und am 17. Februar 1577 wurde das »Ewige Edikt« unterzeichnet, das unter anderem eine vollkommene Amnestie, die Bestätigung der Genter Pazifikation mit der Zulassung des protestantischen Kults in den Nordprovinzen und den Abzug der ausländischen Truppen auf dem Landweg vorsah. Die Aufständischen versprachen im Gegenzug, ebenfalls ihre Truppen zu entlassen, Geld für die Auszahlung des rückständigen Soldes zur Verfügung zu stellen und Don Juan als Statthalter und Generalkapitän der Niederlande zu bestätigen.

Am 1. Mai zog Don Juan in Brüssel ein, und man bereitete ihm einen begeisterten Empfang mit Triumphbögen, wehenden Fahnen und prunkvoll geschmückten Wagen, die ihn als Sieger von Lepanto feierten, und es schien, als habe er seinen früheren Lorbeeren nun auch den Frieden in den Niederlanden hinzugefügt. Die Situation war ähnlich wie am Ende der Regentschaft Margaritas, bevor Alba erschienen war. Jetzt trat der Oranier auf den Plan.

Wilhelm von Oranien, aus seinem Nassauer Exil nach Brüssel zurückgekehrt, war nicht daran interessiert, daß die Niederländer wieder treue Untertanen König Philipps wurden, er wollte die Spanier ganz aus dem Land haben und selbst die Macht übernehmen, ein Ziel, das er bisher immer geschickt verborgen hatte. Er ließ sich zwar zum Schein auf Verhandlungen mit Don Juan ein, arbeitete jedoch mit allen Mitteln der Propaganda gegen ihn. Auch am spanischen Hof war Don Juan in Antonio Pérez, dem engsten Berater des Königs, ein gefährlicher Feind entstanden, der es verstand, aus Mißgunst und Eigensucht einen Keil zwischen die beiden Brüder zu treiben, indem er Philipp einflüsterte, der Statthalter handle zu selbständig und verfolge eigene Ziele.

Dabei gelang es Don Juan dank seiner ruhigen, aber wirkungsvollen Arbeit, langsam an Boden zu gewinnen. Da er aus Spanien kein Geld erhielt, zahlte er aus eigener Tasche für den Truppenbedarf und suchte dem Plündern ein Ende zu machen. Auf einem Schützenfest in der Universitätsstadt Löwen lieh er sich eine Armbrust und tat den besten Schuß, was ihm das goldene Schützenabzeichen und den Titel eines Schützenkönigs eintrug. »Dank seiner Menschlichkeit«, schrieb ein englischer Spion, »macht er auf die Leute einen tiefen Eindruck, und er verändert den Lauf des Krieges, indem er sich beliebt macht und den Haß, den man den Spaniern allgemein entgegenbrachte, versiegen ließ.« Trotzdem wurden unter den fanatischen Protestanten Komplotte geschmiedet, ihn zu entführen oder zu ermorden. Ein aus dem Tower entlassener Häftling namens Radcliffe kam sogar über den Kanal, um ihn mit einem vergifteten Dolch ums Leben zu bringen, er konnte in Don Juans Audienzgemach gerade noch festgenommen werden.

Seiner Schwester Margarita schilderte Don Juan sein Unbehagen an der Situation, in der er sich befand, und meinte, er sei überzeugt, nur sie wäre imstande, etwas zur Besserung der Verhältnisse beizutragen. Sie antwortete ihm am 19. März 1577 aus Aquila, er solle sich nicht entmutigen lassen und mit Beharrlichkeit und Ausdauer weiterarbeiten. »Was mich betrifft«, fügte sie hinzu, »so wünschte ich in einem günstigeren Alter zu sein, um Seiner Majestät so dienen zu können, wie es meiner Pflicht und meinen Wünschen entspräche.«

Da Don Juan zweifellos um sein Leben fürchten mußte, entschloß er sich, die Zitadelle von Namur in seinen Besitz zu bringen, was ihm am 24. Juli auch gelang. Durch einen unblutigen Handstreich vertrieb er die Truppen der Stände aus der Festung und ersetzte sie durch zuverlässige deutsche Söldner. Er rechtfertigte sein Vorgehen vor den Ständen mit dem Argument, daß er nur in einer Festung sicher sei, und wies Briefe vor, in denen er vor einer Verschwörung gewarnt wurde. Namur war auch Schauplatz für ein großes Fest zu Ehren der Königin Margarete, die unter dem Vorwand einer Badereise nach Spa die Lage in den Niederlanden erkunden sollte, zumal ihr Bruder Franz von Anjou Beziehungen zu gewissen katholischen Kreisen unterhielt, die ihn auf den Schild heben wollten. Don Juan erwartete die Königin, die in einer scharlachroten, mit goldenen Säulchen verzierten Sänfte reiste, vor der Stadt und geleitete sie in die für sie vorbereiteten Gemächer. Der nächste Tag begann mit Trompetengeschmetter und einem Hochamt, auf einer Insel am Zusammenfluß von Sambre und Maas wurde gespeist und nach Einbruch der Dunkelheit bei Fackellicht auf dem Gras getanzt.

Der Handstreich in Namur hatte die Situation nicht verbessert, die Stände verlangten die Rückgabe der Zitadelle und zeigten sich zunehmend feindselig. Um die Situation noch mehr zu komplizieren, erschien im Oktober der zwanzigjährige Erzherzog Matthias auf der Bildfläche, den ein Teil der katholischen Stände herbeigerufen hatte, die weder unter Philipps Herrschaft zurückkehren noch unter die der Protestanten unter Oranien geraten wollten. Der ehrgeizige und törichte junge Mann, der seine Reise ohne Wissen seines kaiserlichen Bruders Rudolf angetreten hatte, schien nicht bedacht zu haben, wie unehrenhaft es war, die schwierige Lage seines spanischen Verwandten auszunützen. Ahnungslos ging er Oranien ins Netz, der ihn freundlich aufnahm, geschickt als Aushängeschild benützte und zum Statthalter erklärte, während er in seinem Namen die Fäden zog. Als nun auch Elisabeth von England ihre Unterstützung für Oranien und die protestantische Partei aus einer bisher heimlichen in eine offene verwandelte, berichtete Don Juan seinem Bruder, daß der Krieg nicht mehr zu vermeiden sei. Philipp reagierte unerwartet schnell und befahl, daß alle spanischen Truppen, die in Italien entbehrt werden konnten, in die Niederlande abzurücken hätten. Den Ständen teilte er gleichzeitig mit, sie müßten ihre Truppen entlassen, Oranien verabschieden und sich an das »Ewige Edikt« halten. Sie antworteten mit einer Proklamation, die Don Juan aller Ämter enthob und zum Friedensbrecher und Staatsfeind erklärte. Inzwischen marschierten die spanischen »Tercios« heran, aber kein neuer Alba kommandierte sie, sondern der Prinz von Parma.

Alessandro Farnese war erschüttert, als er am 18. Dezember eintraf und seinen Freund und Kampfgefährten wiedersah. Nach drei bösen Fieberanfällen war Don Juan mager und bleich geworden und hatte seine gewinnende Strahlkraft verloren. Man munkelte sogar, daß ein langsam wirkendes Gift im Spiele sei. Die militärischen Vorbereitungen weckten jedoch seine alten Lebensgeister, und als es Ende Jänner bei Gembloux, unweit von Namur, zur Schlacht kam, erlitten die Aufständischen mitsamt ihren englischen Hilfstruppen eine vernichtende Niederlage. Oranien und Erzherzog Matthias mußten Brüssel verlassen, doch der Sieg konnte, wie so oft, aus Geldmangel nicht ausgenützt werden.

Die nächsten Monate brachten planlose Kämpfe und Scheinverhandlungen, und Don Juan verfiel immer mehr in Depressionen, an denen sein schlechter Gesundheitszustand ebenso schuld war wie das gestörte Verhältnis zu seinem Bruder und das immer deutlichere Bewußtsein, mit seiner Mission gescheitert zu sein.

Auf Drängen von Königin Elisabeth von England, deren Schaukelpolitik darauf ausgerichtet war, Philipp, Oranien und die Franzosen ständig gegeneinander auszuspielen, fanden im August 1578 in Löwen erfolglose Verhandlungen statt, an denen auch Vertreter Kaiser Rudolfs und Elisabeths teilnahmen. Von der Persönlichkeit Don Juans beeindruckt, schrieb Sir Francis Walsingham an Lord Burghley, nie habe er einen Edelmann kennengelernt, der ihm an Charakter, Ausdrucksweise, Intelligenz und Aufgeschlossenheit gleichgekommen wäre. »In Gesprächen mit ihm konnte ich erkennen, wie Ehre und Notwendigkeit heftig in ihm kämpften. Wenn ihn der Stolz nicht stürzen läßt, wird wohl etwas Großes aus ihm werden.« Sir Francis konnte nicht ahnen, daß Don Juans Uhr bereits abgelaufen war.

Über Don Juans letzte Krankheit ist viel gerätselt worden. Oraniens Propagandisten verbreiteten, daß er auf Betreiben seines Bruders ermordet wurde, wofür es nicht den geringsten Beweis gibt, andere »Diagnosen« sprechen von den Folgen einer ebenfalls unbewiesenen Syphilis. Fest steht, daß er Mitte September in Namur von einem heftigen, wahrscheinlich typhoiden Fieber befallen wurde. Wegen der besseren Luft ließ er sich vor die Stadt bringen, wo das Regiment Lope de Figueroas lagerte, verbot aber, daß seinetwegen ein Offiziersquartier geräumt würde. So wurde hastig ein altes Taubenhaus gesäubert und hergerichtet, um ihn wenigstens vor der Witterung zu schützen. Dort kämpfte er noch drei Wochen gegen das Unausweichliche und ernannte für den Fall seines Todes Alessandro Farnese zum Generalstatthalter und Generalkapitän in den Niederlanden, bis König Philipp anderweitig entschieden hätte. Im Fieber phantasierte er von Schlachtfeldern und Trompetensignalen und erteilte imaginären Schlachtreihen Einsatzbefehle. Als er noch einmal aus dem Delirium erwachte, empfing er bei vollem Bewußtsein die Sterbesakremente. Am 1. Oktober um die Mittagszeit erlöste ihn der Tod.

Don Juans Beisetzung fand mit dem unter Kriegsverhältnissen möglichen Gepränge statt. Die Ehre, den Toten zu tragen, wurde von Alessandro Farnese auf die verschiedenen Regimenter verteilt. Die Spanier hatten sie beansprucht, weil er der Bruder ihres Königs, die Deutschen, weil er von Geburt ihr Landsmann, die Niederländer, weil er ihr Statthalter gewesen war. So wurde er von Mitgliedern des Staatsrates und seines Hauses bis zum Lagertor und von sechs hohen Offizieren verschiedener Regimenter von dort nach Namur getragen. An der Spitze des Zuges marschierte, mit gesenkten Fahnen und präsentierten Arkebusen, das Regiment Figueroa, die Elitetruppe der spanischen Armee.

Don Juans Herz wurde in der Kathedrale von Namur bestattet, sein Leichnam einbalsamiert, in einzelne Teile zerlegt und auf Befehl König Philipps nach Spanien gebracht. Heute ruht er im »Pantheon der Infanten« des Escorial, zusammen mit den früh verstorbenen Prinzen und Prinzessinnen der »Casa de Austria«, nun endlich, im Tode, wahrhaft ein Infant von Spanien. Königin Isabella II. aus dem Haus Bourbon ließ ihm Mitte des 19. Jahrhunderts ein prachtvolles Grabdenkmal aus Carraramarmor errichten, mit einer lebensgroßen, liegenden Bildnisfigur in voller Kriegsrüstung, deren romantisches Flair manche Besucherinnen bis heute zu Tränen rühren soll.

Auch König Philipp beweinte den Tod seines Halbbruders, der ihm so loyal und so bravourös gedient hatte, und sämtliche Spekulationen darüber, ob er Don Juans Tod gewünscht oder sogar seine Hand dabei im Spiel gehabt habe, sind längst ad absurdum geführt.

Wie sollte es aber nun in den Niederlanden weitergehen? Noch zu Don Juans Lebzeiten, im Herbst 1577, hatte Philipp durch seinen Gesandten in Rom, Don Juan de Zuñiga, bei seiner Schwester Margarita in Aquila vorfühlen lassen, ob sie zu gegebener Zeit bereit sei, eine Art von Friedensmission zu übernehmen, eventuell sogar zusammen mit Kardinal Granvelle. Der Kardinal winkte ab, er verspürte keine Lust, sich noch einmal in diesen Hexenkessel zu begeben, auch wenn die alten Animositäten zwischen ihm und der Statthalterin längst vergessen waren. Margarita hingegen zeigte sich prinzipiell bereit, ihre Altersbeschwerden zu vergessen und dem Ruf des Königs zu folgen. Sie beschäftigte sich bereits mit Reisevorbereitungen, als sie von Philipp die Nachricht erhielt, ihre Reise bis auf weiteres zu verschieben.

Don Juans Tod bewog den König dazu, einen neuerlichen Ruf an Margarita ergehen zu lassen, obwohl Alessandro Farnese, der provisorische Statthalter und Generalkapitän, sein Amt dank seiner militärischen und diplomatischen Fähigkeiten erfolgreich ausübte.

Außerdem kam es in den Reihen der Niederländer zu ernsten Spaltungen, denn der wallonische Hochadel entwickelte eine Aversion gegen die Calvinisten und war zunehmend beunruhigt durch das soziale Chaos, das unter dem Einfluß calvinistischer Revolutionäre in den südlichen Provinzen ausbrach. Im Laufe des Jahres 1579 unterstellten der Sohn des von Alba hingerichteten Grafen Egmont und der Herzog von Aarschot zusammen mit anderen mächtigen Adeligen ihre Milizen der spanischen Krone, ein Jahr später folgte Graf Rennenberg mit ganz Friesland. Im Mai 1579 unterzeichnete Alessandro Farnese, der eine Politik des »divide et impera« verfolgte, einen Vertrag mit der »Union von Arras«. In dieser verpflichteten sich die Provinzen von Hainault, Arras und Wallonisch Flandern, die katholische Religion zu schützen. Alessandro versprach im Gegenzug, alle ausländischen Truppen aus diesen Regionen abzuziehen und dafür zu sorgen, daß ein Niederländer oder ein Mitglied des Hauses Habsburg zum Generalgouverneur ernannt würde. In der Zwischenzeit gründeten die Aufständischen die »Union von Utrecht« und wählten den Herzog von Anjou, Bruder des Königs von Frankreich, zu ihrem Statthalter. Die Provinzen Holland und Seeland befanden sich fest in der Hand Wilhelms von Oranien.

Auch Margarita von Parma muß über die keineswegs beruhigte Lage in den Niederlanden informiert gewesen sein, und es ist schwer zu verstehen, daß sie ihre italienischen Besitzungen, wo sie ein reiches Feld administrativer und sozialer Aufgaben gefunden hatte, verließ, um noch einmal die beschwerliche Reise in den unruhigen Norden anzutreten. Vielleicht träumte sie davon, zusammen mit ihrem Sohn die endgültige Befriedung der niederländischen Provinzen zu erreichen, was ihr während ihrer ersten Mission nicht gelungen war. Die Unterstützung von Papst Gregor XIII., der sie mit der »Goldenen Rose« auszeichnete, tat ein übriges. Am 26. Februar 1580 trat die Herzogin von Parma von Aquila aus ihre Reise an.

Als Margarita vier Monate später in den Niederlanden eintraf, waren ihre Illusionen schnell verflogen, sofern sie sich tatsächlich welche gemacht hatte. Ihr Sohn Alessandro, mit dem sie über alle Zeiten und Entfernungen hinweg stets ein inniger Kontakt verbunden hatte, war mit der Neuordnung der Verhältnisse, die eine Teilung von militärischer und ziviler Gewalt zwischen ihm und seiner Mutter vorsah, keineswegs einverstanden. Er erschien nicht zum Empfang Margaritas in Luxemburg, und anläßlich ihres ersten persönlichen Zusammentreffens in Namur mußte sie sich vorwerfen lassen, sie mache die ohnehin komplizierte Lage durch ihre Ankunft noch schwieriger und behindere ihn in seiner Handlungsfreiheit.

Margarita sah sich nun mit einer völlig unerwarteten Situation konfrontiert. Ihr eigener Sohn rebellierte nicht nur gegen sie, sondern auch gegen König Philipp, dessen ausdrücklichen Befehl er offensichtlich nicht zu befolgen gewillt war. Er wagte sogar, Philipp ein Ultimatum zu stellen: die militärische *und* die zivile Gewalt oder Resignation. Obwohl es ihm sicherlich nicht leichtfiel, tat Philipp das einzig Richtige: Er bestätigte Alessandro Farnese als Generalkapitän und Generalstatthalter der Niederlande, eine Entscheidung, die er nicht bereuen sollte. Nachdem Alessandro auch eine regelmäßige Besoldung seiner Armee durchgesetzt hatte, rückte er von den wallonischen Provinzen aus nach Norden vor. Ende 1584 war ganz Flandern zurückerobert, im März 1585 ergab sich Brüssel, ein halbes Jahr später Antwerpen, zehn weitere Städte unterstellten sich freiwillig. Wenn es auch später zu einem endgültigen Abfall der Nordprovinzen kam, das Verdienst, die südlichen Niederlande der spanischen Krone und somit dem Haus Habsburg gerettet zu haben, gebührt dem Enkel Karls V.

Das Opfer, das auf der Strecke blieb, war Margarita. Um sein eigenes Gesicht zu wahren und seiner Schwester einen ehrenvollen Abschied zu ermöglichen, bat Philipp sie, noch eine Zeit in den Niederlanden zu bleiben und als Vermittlerin jenen einen Weg zu ebnen, die sich zur Rückkehr unter seine Herrschaft entschließen würden. Der Vorschlag war nicht dazu angetan, die bittere Pille wesentlich zu versüßen, und Margarita bestürmte den König wiederholt, ihr zu erlauben, nach Italien zurückzukehren. Als die Erlaubnis endlich eintraf, empörte sich Margarita über den »trockenen und rüden« Ton, den Philipp anschlug und über das Fehlen jeglicher Anerkennung der von ihr gebrachten moralischen und materiellen Opfer. »Man schickt mich nach Hause mit nichts als einem Stock in der Hand«, schrieb sie an Kardinal Granvelle, wobei sie offensichtlich auf ihr Gichtleiden anspielte, »und das nach so viel Leid und Mühsal auf diesem Posten, der mich meine Reputation und meine Gesundheit gekostet hat.«

Es war eine enttäuschte und gealterte Margarita, die am 15. September 1583 von Namur aus die Heimreise nach Italien antrat, nachdem sie von ihrem Sohn mit allen Ehren verabschiedet worden war. Ende Oktober traf sie in Parma ein, wo sie kurz Station machte, um ihren Gemahl Ottavio und ihre Enkel zu begrüßen. Auch in der Familie gab es Unerfreuliches. Ottavio war seit längerer Zeit leidend, von seinen militärischen und amourösen Eskapaden erschöpft, und die Vermählung der Enkelin Margarita mit Vinzenzo Gonzaga von Mantua hatte zu einem von den höfischen Klatschbasen genüßlich ausgekosteten Skandal geführt, da ein anatomisches Hindernis bei der Braut den Vollzug der Ehe unmöglich machte. Einer von den Ärzten vorgeschlagenen chirurgischen Operation setzte die ältere Margarita ein kategorisches Veto entgegen, was ihrer Enkelin, beim damaligen Stand der Medizin, wahrscheinlich das Leben rettete. Ein Leben allerdings, das sie in Hinkunft als Schwester Maura Lucenia hinter Klostermauern führen mußte.

Am 4. November ging die Herzogin von Parma an Bord einer venezianischen Galeere, um nach Ortona a Mare zu segeln, einer südlich von Pescara gelegenen abruzzischen Herrschaft, die sie von den Nachkommen des einstigen Vizekönigs von Neapel, Charles de Lannoy, erworben hatte. In Ortona wollte sie künftig ihre Winter, in Aquila ihre Sommer verbringen.

Das bescheidene Adriastädtchen, das sich von der neuen Herrin Aufschwung und größere Bedeutung erhoffte, sparte weder Mühen noch Kosten und bereitete »Madama Margarita« einen solennen Empfang, die abruzzischen Untertanen schickten Grußadressen an ihre »Serenissima Madama, Signora e Padrona«, und vor allem Aquila gab der Hoffnung Ausdruck, die heimgekehrte Fürstin bald begrüßen zu können.

In Ortona stellte sich als erstes Problem das der Unterbringung Madamas und ihres zahlreichen Gefolges, denn das ehemals imposante aragonesische Kastell war zu einer traurigen Ruine herabgesunken und nicht bewohnbar. Als Übergangslösung wurde schließlich die »domus palatiata di messer Camillo de Sanctis« gewählt, ein einigermaßen repräsentatives Gebäude im Zentrum der Stadt, nicht weit von der Kathedrale San Tommaso. So bald wie möglich sollte jedoch ein neuer Palast errichtet werden. Als Sommerresidenz erwarb Margarita einen Palazzino vor den Mauern von Aquila, mit Hof, Ställen und Taubenhaus, und einem Garten, der sich weit in die umgebende Landschaft erstreckte, mit Wiesen und Bäumen, Quellen und Fischwässern. Mit der Zeit sollte der Besitz zu einer großen »vigna di Madama«, einem ländlichen Mustergut ausgestaltet werden.

Am 12. März 1584 fand in Ortona die feierliche Grundsteinlegung für den neuen Palast statt. Margarita interessierte sich jedoch nicht nur für dieses Projekt, sie kümmerte sich auch um Belange der Stadt, wo sie vieles in großer Unordnung angetroffen hatte, vor allem die Verschuldung hatte einen kritischen Punkt erreicht. So gab die Herzogin nicht nur gute Ratschläge, sie ließ auch ihre Beziehungen spielen und erwirkte bei der königlichen Finanzverwaltung in Neapel die Erlaubnis, einige Extrasteuern zur Schuldentilgung einzuheben.

Sofern sie sie nicht persönlich besuchte, unterhielt Margarita mit den anderen »Stati d'Abruzzo«, die zu ihrem Herrschaftsbereich gehörten, eine rege Korrespondenz, empfing ihre Vertreter und suchte ihnen bei ihren Problemen zu helfen, so gut sie konnte. »Manche Forscher haben versucht«, schreibt Margaritas Biograph Lefevre, »die positive Beurteilung der Persönlichkeit Margaritas als humane und wohltätige Verwalterin ihrer Domänen anzuzweifeln, doch zahlreiche Dokumente sprechen gegen eine solche These.« Vielleicht träumte Margarita von einem souveränen Abruzzenstaat, unabhängig von der spanisch-neapolitanischen Krone, einem Musterstaat, in dem der Herrscher nicht als Ausbeuter, sondern als Wohltäter seiner Untertanen wirkte. In diesem Sinne könnte man sie geradezu als eine Vorläuferin des aufgeklärten Absolutismus ansehen. Es war ihr jedoch nicht vergönnt, solche Visionen zu verwirklichen. Ihre Kräfte und ihre Gesundheit waren verbraucht, und ihr Leben neigte sich unaufhaltsam dem Ende zu.

Im Herbst sandte Margaritas Leibarzt Carlo Pietrabianca eine »informazione« nach Parma, mit einer ausführlichen Schilderung des Gesundheitszustandes von Madama, der das Schlimmste befürchten ließ. Die geschilderten Symptome – geschwollener, schmerzender Unterleib, eine wachsende, harte Neubildung unterhalb des Nabelbereichs, häufiges Erbrechen und Fieberzustände – lassen auf ein Krebsleiden in fortgeschrittenem Stadium schließen. Die Mediziner konnten wenig helfen, auch nicht der von Ottavio Farnese aus Parma gesandte Arzt Giovanni Battista Balestra. Margarita selbst machte sich über ihren Zustand keine Illusionen und ließ Anfang Januar 1586 einen Richter, einen Notar, den Bischof von Ortona und weitere Zeugen an ihr Krankenlager kommen, um ihr Testament aufzusetzen. Es wurde ein langes, minutiös ausgeführtes Dokument, das viele Seiten umfaßte. Sie setzte zwar ihren »geliebten, einzigen Sohn Alessandro« als Haupterben ein, doch dann reihte sich Legat an Legat, und sie bedachte alle, die Mitglieder ihrer Familie bis hin zu Don Juans Töchterchen Juana d'Austria, die Mitglieder ihres Hofstaates, die Ehrendamen und Ehrenkavaliere, die Pagen und Dienstleute, unter denen sich Italiener, Spanier und Niederländer befanden, die Sekretäre, Ärzte und Musiker und ihre abruzzischen Untertanen.

Lefevre schätzte 1986 den Wert der Legate auf eine Milliarde Lire, Margarita hatte demnach ein beachtliches Vermögen zur Disposition, nicht gerechnet die zahlreichen wertvollen Möbel und Kunstgegenstände und die geradezu überwältigende Fülle kostbaren Schmucks.

Margaritas Todeskampf gestaltete sich dramatisch und qualvoll. »Sie kämpfte mit Bravour, und was noch mehr wiegt, mit frommer Ergebung«, schrieb Doktor Balestra nach Parma, »aber heutigentags den 18. Januar um fünf Uhr des Nachmittags ist Ihre Hoheit in ein besseres Leben eingegangen.« Ihr Enkel Ranuccio kam zu spät, um noch Abschied zu nehmen, und mußte sich damit begnügen, bei den Trauerfeierlichkeiten in Ortona und Aquila die Familie Farnese zu vertreten.

»Der erhabene Leichnam« wurde einbalsamiert und auf Wunsch der Verstorbenen nach Piacenza gebracht, wo er in San Sisto, der Kirche der Benediktiner, beigesetzt wurde. Es dauerte noch lange, bis das Grabdenkmal vollendet war, eine nicht sehr geglückte, geometrisch-kalte Schöpfung aus schwarzem und weißem Marmor, ein steinernes Trauergerüst, an dem mehrere Bildhauer ihre Kunst versucht hatten. Die bronzene Bildnisstatue, ein im Testament niedergelegter Wunsch Margaritas, wurde nicht ausgeführt, dafür zieren heute die prachtvollen Reiterstatuen ihres Sohnes Alessandro und ihres Enkels Ranuccio Farnese die Piazza Cavalli vor dem Palazzo Comunale.

Viele Jahre später errichteten Abt und Möche des Benediktinerkonvents »Margarita d'Austria, der seltenen Zierde des weiblichen Geschlechts« ein einfacheres Monument mit Marmorbüste und Gedenktafel an einem Pfeiler im Innenraum von San Sisto, zum Dank dafür, daß sie das Kloster zu ihrem Begräbnisort erwählt und ihm eine großzügige Dotation gewidmet hatte.

Margaritas Hinterlassenschaft blieb Stückwerk. Weder der

Palazzo Farnese, das heutige Museo Civico, in Piacenza wurde vollendet, noch jener in Ortona, der ein wechselvolles Schicksal erlitt. Erst in neuester Zeit wurde der Versuch gemacht, das ursprüngliche Projekt della Portas zu rekonstruieren. Heute beherbergt der nach wie vor mit dem Namen Margaritas verbundene Komplex die Stadtbibliothek und ein Kulturzentrum.

Das bescheidenste, aber vielleicht schönste Denkmal setzte der unvergessenen »Padrona« die Stadtverwaltung mit einer Tafel an ihrem Sterbehaus:

»Im Haus des Messer de Sanctis, das sich vor den Zerstörungen des Krieges hier befand, beschloß ihr nobles und an Leiden reiches Leben im Januar 1586 Margarita d'Austria, Tochter Karls V., Herzogin von Florenz und von Parma und Piacenza, Statthalterin der Niederlande, fürsorgliche und humane Herrin von Ortona, von ihr zum letzten Aufenthalt gewählt im Jahr 1582.«

IV
BASTARD UND REBELL

James Scott, Herzog von Monmouth

Selten gab es einen vergnügteren Monarchen als Karl II. Stuart, der sich am 23. Mai 1660 in Scheveningen einschiffte, um nach Dover zu segeln, zurückgerufen in ein Reich, das er neun Jahre zuvor als steckbrieflich gesuchter Flüchtling verlassen hatte.

Nach dem Tod des Lordprotektors Oliver Cromwell, dessen Erbe in die schwachen Hände seines Sohnes Richard gelegt war, hatte der Verfall der Staatsautorität immer mehr zugenommen und einer Anarchie Platz gemacht, an der niemand Geschmack fand. So wurden die Stimmen, die für eine Restauration der Stuarts plädierten, immer zahlreicher, und General George Monk, der spätere Herzog von Albemarle, der zu Beginn des Jahres an der Spitze einer schottischen Armee nach Süden marschiert war, nahm Kontakt mit Karl auf. Ein neues Parlament trat zusammen und proklamierte am 8. Mai den Sohn des 1649 hingerichteten ersten Karl zum König – die Zeit des republikanischen Interregnums, die Herrschaft der puritanischen Generale mit ihrer groben Sprache, ihren sauren Gesichtern und erhobenen Zeigefingern, ihren Schwertern und Bibeln war zu Ende.

Nach einer bejubelten Landung in Dover und einem Triumphzug durch Kent erreichte Karl am 29. Mai, seinem 30. Geburtstag, das festlich geschmückte London. »Die Straßen waren mit Blumen bestreut, die Kirchenglocken läuteten, und aus den Brunnen strömte Wein«, hielt John Evelyn in seinem Tagebuch fest. »Der Bürgermeister und alle Würdenträger erschienen mit Goldketten über ihren Amtsroben, der Adel in Silber, Samt und Gold, Fenster und Balkone waren von aufgeregten Damen besetzt, in den Straßen drängten sich Tausende und die Musik spielte dazu – und ich stand am Strand, sah alles und lobte Gott.« Als die Frau eines Gastwirts vor Aufregung in Geburtswehen fiel und ein Kind zur Welt brachte, ließ der König anhalten und begrüßte huldvoll seinen jüngsten Untertanen.

Außer den eingefleischten, puritanischen »Oliverians«, die aber mehr auf dem Land als in der Hauptstadt zu finden waren, strömte alles dem Monarchen zu, der sich sogleich anschickte, die Uhr, so gut es ging, zurückzudrehen: Kunst und Poesie bekamen ihren alten Stellenwert, die Theater öffneten wieder ihre Pforten, in Newmarket begannen die großen Pferderennen, wer es sich leisten konnte, huldigte der französischen Mode mit ihren üppigen Seidenroben und Allongeperücken und stürzte sich in den Strudel der Vergnügungen.

Von einer allgemeinen Amnestie waren nur 13 »Königsmörder« ausgenommen, die zum Tod durch den Strang verurteilt wurden. Selbst dem toten Cromwell erging es nicht besser, er wurde aus dem Grab gezerrt und in seinem Leichenhemd öffentlich gehenkt. Für diejenigen, die trotz Wiedereinführung der anglikanischen High Church Puritaner bleiben wollten, brachen wenig rosige Zeiten an: Sie wurden von öffentlichen Ämtern ausgeschlossen und ihre Gottesdienste verboten.

Karl II., »the Merry Monarch«, wie er bald hieß, war eine stattliche Erscheinung, hochgewachsen und schlank, mit dem südländischen Teint seiner mediceischen Vorfahren und ausgeprägten, nicht unbedingt schönen Gesichtszügen. Trotzdem galt sein Charme als unwiderstehlich, und sein Ruf als Schürzenjäger, den er sich in den müßigen Jahren des Exils erworben hatte, hallte durch ganz Europa. In der schillernden Reihe seiner Mätressen war Lucy Walter, Tochter eines königlichen Obersten aus Pembrokeshire, ein »dreistes Geschöpf von keineswegs makellosem Ruf, schön, aber geistlos«, die erste, die ihm ein Kind schenkte: James, geboren am 9. April 1649 in Rotterdam.

James wuchs zunächst bei seiner Mutter auf. Als er sieben war, kehrte Lucy mit ihm nach England zurück und machte

Bekanntschaft mit den Räumlichkeiten des Tower of London, wo sie der Lordprotektor Cromwell eine Zeitlang festhielt. Nachdem er die verkommenen Sitten des Prätendenten propagandistisch weidlich ausgeschlachtet hatte, schickte er Mutter und Sohn wieder auf den Kontinent zurück. Dort drangen bald Gerüchte über Lucys lockeren Lebenswandel an Karls Ohr, und er fand es an der Zeit, sich um seinen Erstgeborenen zu kümmern. James kam in die Obhut eines zuverlässigen Militärs, erhielt dessen Namen Crofts und eine protestantische Erziehung.

Lucy Walter ließ sich in ihrem Kummer über die Trennung von James von wechselnden Liebhabern trösten und starb schon 1558 an einer venerischen Krankheit, nicht ohne für die Verbreitung des Gerüchts gesorgt zu haben, sie sei mit Karl Stuart rechtmäßig verheiratet gewesen.

Ende der fünfziger Jahre schickte Karl seinen Sohn an den Hof des jungen Ludwig XIV., an dem auch seine verwitwete Mutter Henriette-Marie, Tante des Königs, und seine Schwester Henriette-Anne lebten. Hier wurde »James Crofts« mit höfischen Manieren und höfischer Lebensweise vertraut, tanzte auf den königlichen Festen im Louvre und entwickelte sich zu einem kühnen Jäger und begeisterten Sportsmann. Für »Madame«, seine liebenswürdige und geistvolle Tante, nur wenige Jahre älter als er selbst, faßte er eine schwärmerische Zuneigung, was von »Monsieur«, ihrem Gemahl Philipp von Orléans, nicht gerade mit Beifall quittiert wurde. Der kleingewachsene, schwächliche und zierliche Philipp, der es liebte, in Frauenkleidern aufzutreten und mit Schminke, Puder und Parfum zu hantieren, war das absolute Gegenteil seines stattlichen und robusten Bruders. Henriette-Annes Charme hingegen galt als ebenso unwiderstehlich wie der des Königs von England. Trotz eines runden Rückens und einer etwas schiefen Taille verfügte sie über Grazie und Anmut und ein zwingendes Fluidum, dem jedermann erlag. Nur Philipp konnte seiner Gemahlin wenig abgewinnen, obwohl er ihr in regelmäßigen Abständen zu Schwangerschaften verhalf, die zumeist unglücklich verliefen. Auch als Ludwig XIV. auf seine erste große Liebe Maria Mancini verzichten und die unattraktive Maria Theresia von Spanien heiraten mußte, blieb Henriette-Anne von Orléans die Königin der Pariser Feste, und alle, die am Hof Rang und Namen hatten, besuchten ihre Soupers, Bälle und Konzerte in den Tuilerien oder in Saint-Cloud. Der König hielt in Fontainebleau hof, und gelegentlich mischte sich das Personal dieser Zentren jugendlichen Lebensgenusses. Auch Ludwig verehrte seine bezaubernde Schwägerin und besuchte sie häufig, und eine ihrer Hofdamen wurde seine erste »maîtresse en titre«: Louise de La Vallière.

Auch König Karl befand sich auf seiner triumphalen Rückkehr nach England in Begleitung seiner aktuellen Mätresse Barbara Palmer, einer »lebhaften und sehr anspruchsvollen Dame«. Nach einer Affäre mit dem Earl of Chesterfield, der sie einer reichen Erbin wegen sitzenließ, heiratete Barbara Roger Palmer, einen königstreuen Rechtsgelehrten. Das Paar kam an Karls Exilhof in den Niederlanden, »um ihrem rechtmäßigen Souverän zu dienen«, wobei Karl mehr Barbaras amouröse als Rogers juristische Dienste in Anspruch nahm. Die Palmers kehrten mit Karl nach England zurück, der nachsichtige Ehemann wurde geadelt und durfte sich von nun ab Lord Castlemaine nennen.

Das Vergnügen, das der König mit Lady Castlemaine und anderen Damen seiner Wahl genoß, wurde von der zwingenden Notwendigkeit getrübt, daß er eine standesgemäße Gemahlin nehmen und legitime Erben produzieren mußte. Schon in der Zeit des Exils waren verschiedene Heiratspläne geschmiedet worden, vor allem von seiner Mutter, doch Karl hatte sich einen Korb nach dem anderen geholt, von einer der »Mazarinetten«, der Nichten des Kardinals Mazarin, ebenso wie von seiner pfälzischen Cousine Sophie und seiner französischen Anne Marie de Montpensier. Der Grund war wohl weniger in seinem Ruf als Libertin zu suchen gewesen als in seiner wenig versprechenden Position als verschuldeter Thronprätendent. Nun aber war er König und konnte sich seine Braut aussuchen. Er wählte die mit der üppigsten Mitgift, Catharina von Braganza, die Schwester des Königs von Portugal. Sie brachte ihm eine stattliche Summe in bar und die Häfen von Tanger und Bombay ein. Catharina war weder hübsch noch klug, aber sehr katholisch, und sie versprach ihrer Mutter, die Liebschaften ihres Gemahls nicht zu tolerieren. Unvorsichtigerweise hatte der König aber Lady Castlemaine ebenso feierlich versprochen, sie zur Hofdame der Königin zu ernennen. Eine Konfrontation der Damen konnte nicht ausbleiben.

Sie fand anläßlich der Vorstellung Lady Castlemaines bei Hof statt, und Königin Catharina bekam vor empörter Aufregung Nasenbluten und einen Schwächeanfall. Nun zeigte sich der König von seiner unliebenswürdigen Seite und machte seiner Gemahlin unmißverständlich klar, daß er dergleichen nicht zu dulden gewillt war. Er schickte ihre »häßliche und schmutzige« portugiesische Dienerschaft nach Hause, nahm ihre Drohungen, zu ihrer Mutter zurückzukehren, nicht zur Kenntnis, und drohte seinerseits jedermann, der Lady Castlemaine schlecht behandelte, mit ewiger Feindschaft. Catharina blieb schließlich nichts anderes übrig, als klein beizugeben, um so mehr als sich bald eine traurige Wahrheit herausstellte: Sie konnte keine Kinder bekommen. Während sich die Zahl der königlichen Bastarde ständig vermehrte, war Catharina dem ätzenden Hohn der Höflinge ausgesetzt, als »Old Rowley's brood-mare who failed to breed« – als unfruchtbare Zuchtstute. Sie sollte bald eine weitere bittere Pille zu schlucken bekommen: Der König beschloß, seinen Erstgeborenen an den Hof zu holen.

James war zu einem bildschönen Jüngling herangewachsen und glänzte als Charmeur und Sportsmann wie sein Vater, ohne jedoch über dessen intellektuelle Fähigkeiten zu verfügen. Der König war jedenfalls begeistert von seinem Ältesten, machte ihn zum Herzog von Monmouth und nahm ihn in den Hosenbandorden auf. Die Universitäten von Oxford und Cambridge taten ein übriges und verliehen dem jungen Herzog jeweils einen »Ehrengrad«, eine seltsame Auszeichnung für einen jungen Mann ohne Bildung und geistige Interessen.

171

Der berühmte Tagebuchschreiber Samuel Pepys beschrieb ihn als den »springlebendigsten Kavalier«, den er je gesehen hatte, »ständig in hüpfender, springender und kletternder Aktion«. Auch für eine Braut wurde gesorgt, die reiche schottische Erbin Ann Scott, Tochter des Earl of Buccleuch. Nach der Hochzeit nahm James den Familiennamen seiner Gemahlin an und hieß nun mit vollem Titel James Scott, Herzog von Monmouth und Buccleuch. Obwohl mit drei Kindern gesegnet, wurde die Ehe kein Erfolg, zu gegensätzlich waren Anlagen und Vorlieben der reservierten, intellektuellen Ann und ihres den sportlichen und sinnlichen Freuden des Lebens hingegebenen Gemahls. Zu Anfang trafen sie einander noch in einem gemeinsamen Interesse für Musik und Tanz, bis Ann sich durch einen Sturz eine Hüftlähmung zuzog und das Tanzen aufgeben mußte. Außerdem verabscheute Ann das Hofleben, wo die »Königshuren« den Ton angaben, und zog es vor, auf dem Land zu leben und sich der Erziehung ihrer Kinder zu widmen.

»Jemmy Scott« hingegen behagte das Leben als Hof- und Lebemann, und seine Händel und Liebesabenteuer waren bald in aller Munde. Zusammen mit den Herzögen von Albemarle und Somerset geriet er in einem Londoner Nobelbordell in eine Schlägerei, und als ein Nachtwächter erschien, um dem Tumult ein Ende zu bereiten, rannte er ihm lachend seinen Degen durch den Leib. Als Sir John Coventry im House of Commons die maliziöse Frage stellte, ob das Interesse Seiner Majestät für die Bühne sich auf die männlichen oder die weiblichen Akteure richte, trommelte James einige Wachoffiziere zusammen, die Coventry auflauerten und ihm die Nase aufschlitzten. Seine Kumpane mochten Jemmy, ohne sonderlich viel Respekt vor ihm zu haben, und sein Freund Lord Bruce beschrieb ihn als unendlich charmanten und eleganten Hofmann, dem jedoch jegliches Interesse und Verständnis für Politik abging.

König Karl mochte seiner eigenen Jugend gedenken und ließ James gewähren, sorgte aber dafür, daß er gelegentlich ein wenig Seeluft und Pulver zu riechen bekam, um sein Temperament abzukühlen. Der erste Krieg gegen Holland von 1664 bis 1667 bot dafür eine willkommene Gelegenheit, und James Scott kam als Freiwilliger unter das Kommando von Jakob Stuart, Bruder des Königs und Herzog von York. Wie die Brüder Bourbon waren auch die Brüder Stuart einander höchst unähnlich. Im Gegensatz zum dunkelhaarigen und dunkeläugigen König war der Herzog von York eine helle Erscheinung, doch seine regelmäßigen Gesichtszüge verrieten Kälte und Hochmut. Er besaß weder Charme noch Witz, hatte keinen Funken Humor und vergaß niemals eine Beleidigung. Nell Gwynne, die berühmte Schauspielerin und Mätresse des Königs, nannte ihn »dismal Jimmy« – den trostlosen Jockel. Ebenso sexbessessen wie Karl, fehlte ihm dessen Nonchalance, und jeder Genuß wurde ihm durch das Bewußtsein vergällt, daß er eine Todsünde beging. Er war in einem französischen Jesuitenkolleg erzogen worden, und die Patres hatten nicht nur die Neigung zum Katholizismus in ihm geweckt, sie hatten auch sein Gewissen tief geprägt, ohne ihn allerdings die Zähmung seiner Triebe lehren zu können. Als Emigrant in den Niederlanden hatte er Anne Hyde, die Tochter des Earl of Clarendon geschwängert und auf Befehl seines Bruders heiraten müssen, seine Töchter Maria und Anne waren nach ihm selbst nun die einzigen legitimen Erbinnen des Throns – es sei denn, der König würde seinen Bastard Monmouth zum Prince of Wales machen. Diese Möglichkeit fühlte York als Damoklesschwert ständig über sich schweben, und sie war nicht geeignet, das Verhältnis zu seinem Neffen besonders innig zu gestalten.

Ein Talent besaß der Herzog von York jedoch, das seinem Bruder abging: das zum Kriegsmann, zu Lande wie zur See. In französischen Diensten unter Marschall Turenne hatte er sich seine ersten Sporen verdient, 1664 war er über den Atlantik gesegelt, um den Holländern Neu-Amsterdam abzunehmen, das nach ihm New York heißt, und nun leitete er die Operationen im Kanal, die, trotz wechselnden Kriegsglücks, den Engländern schließlich im »Frieden von Breda« außer New York einige Stützpunkte an der afrikanischen Guinea-

Küste einbrachten. In eine bessere militärische Schule konnte der junge Herzog nicht gehen, und er nützte sie. Inzwischen erlebte und überlebte London die beiden größten Katastrophen seiner Geschichte: die Pestepidemie von 1665, die 70.000 Menschen das Leben kostete, und den großen Brand von 1666, der vier Tage und Nächte wütete und das alte London fast zur Gänze vernichtete. Den Wiederaufbau leitete der große Architekt Sir Christopher Wren, und aus der mittelalterlichen Stadt mit ihren schmalen, gewundenen Gassen und strohgedeckten Holzhäusern wurde eine moderne City mit breiten Straßen und imposanten Steinbauten in palladianischem Stil.

Mittlerweile fand es Ludwig XIV. an der Zeit, etwas für seinen Ruhm zu tun, und fiel in die spanischen Niederlande ein, ein militärischer Spaziergang, da die Spanier den Franzosen unter Turenne nichts entgegenzusetzen hatten. Die protestantische Republik Holland brachte jedoch mit England und Schweden eine antifranzösische Allianz zustande, und im »Frieden von Aachen« erhielt Frankreich nur einige flandrische Grenzfestungen. Ludwig war wütend über diese »Nation von Roßtäuschern, Heringshändlern und Käseverkäufern« und nahm sich vor, die »Tripelallianz« wieder auseinanderzubringen.

Eine wichtige Rolle in diesem Spiel war seiner Schwägerin Henriette-Anne von Orléans zugedacht, die unter dem Vorwand einer Familienzusammenkunft im Mai 1670 nach Dover segelte, und zwar ohne ihren Gemahl, von dem man wußte, daß er ein notorischer Schwätzer war und nichts bei sich behalten konnte.

Henriette-Anne erwies sich als geschickte Diplomatin, und die Zusammenkunft brachte nicht nur ein fröhliches Wiedersehen mit Karl und Jemmy, sondern den »Vertrag von Dover« – auch »Traité de Madame« genannt –, der gegen Holland gerichtet war und Karl reiche französische Subsidien eintrug. Unbeschadet wechselnder Bündniskonstellationen, blieb der König von England auch weiterhin sozusagen auf der Gehaltsliste des Königs von Frankreich, was ihm eine gewisse finanzielle Unabhängigkeit gegenüber seinem Parlament sicherte. Außerdem erklärte Karl in einer geheimen Klausel seine Bereitschaft, sich bei Kriegsausbruch zum Katholizismus zu bekennen und England in den Schoß der römischen Kirche zurückzuführen, nötigenfalls mit französischer Hilfe. Im Hinblick auf die Schwäche der katholischen Kirche in England und die allgemein gegen sie gehegten Vorurteile war das eine völlig absurde Erklärung, die Karl wahrscheinlich nur seiner Schwester zuliebe abgegeben und nie ernst gemeint hat. Henriette-Anne, die er zärtlich »Minette« nannte, war immer seine Lieblingsschwester gewesen, seine beste Freundin und innigste Vertraute, der er alles anvertrauen konnte, selbst so intime Dinge wie seine unerfreuliche Hochzeitsnacht mit Catharina von Braganza. Der Abschied der Geschwister in Dover war tränenreich, und Karl bat »Minette«, ihm wenigstens ihre Hofdame Louise de Kéroualle dazulassen, auf die er ein Auge geworfen hatte. Doch Henriette-Anne lehnte ab. Sie hatte Louises Eltern versprochen, ihre Tochter heil wieder nach Hause zu bringen.

Henriette-Annes Freude über ihre erfolgreiche Mission dauerte nicht lange. Nach dem Genuß von »Zichorienwasser« starb sie kurze Zeit nach ihrer Rückkehr unter qualvollen Schmerzen in Saint-Cloud, wahrscheinlich an einer Bauchfellentzündung, obwohl die Gerüchte über einen Giftmord nie verstummen wollten. Man verdächtigte sogar den Herzog von Orléans selbst und dessen »Liebling«, den Chevalier de Lorraine. Henriette-Annes früher Tod wurde aufrichtig betrauert, vor allem von ihrem Bruder Karl und von ihrem Neffen James, am wenigsten von ihrem Gemahl, der bald wieder eine neue Gemahlin unglücklich machen durfte: Elisabeth Charlotte von der Pfalz, die später durch ihre Briefe berühmt gewordene »Liselotte«.

Um den König in seinem Kummer aufzuheitern, schickte Ludwig XIV. Louise de Kéroualle nach England zurück, die, nachdem sie sich eine Weile geziert hatte, zu Karls »regierender« Mätresse aufstieg. Er machte sie zur Herzogin von Portsmouth und stellte ihr eine Suite von 24 Räumen im königlichen Palast von Whitehall zur Verfügung, aber treu blieb er auch ihr nicht. Er suchte weiterhin Abwechslung, ob nun in den Armen der Intrigantin Hortense Mancini oder der Schauspielerinnen Mary »Moll« Davis und Eleanor »Nell« Gwynn. Nell Gwynn, die ihre Karriere als Orangenverkäuferin im King's Theatre begonnen hatte, war die berühmteste von Karls zahlreichen Mätressen, die »Lieblingsschlampe der Menge«, nicht nur wegen ihrer Erfolge als Schauspielerin, sondern wegen ihres Mutterwitzes, der auch Persönlichkeiten höchsten Ranges wie »dismal Jimmy« nicht verschonte. Die bekannteste Geschichte mit Nell trug sich 1681 in Oxford zu, in einer Zeit, als die politischen und religiösen Konflikte im Königreich einem Höhepunkt zustrebten. Eines Nachmittags beobachtete die Menge auf der Straße, wie eine Kutsche mit einer attraktiven jungen Dame auf die königliche Residenz zufuhr. Die Leute meinten, es handle sich um die unbeliebte katholische Französin, umringten die Kutsche und hätten sie umgeworfen, wäre nicht Nell Gwynns hübscher Kopf am Fenster erschienen, um ihnen in munterem Ton zuzurufen: »Bitte seid friedlich, gute Leute. Ich bin die *protestantische* Hure!«

Der Herzog von Monmouth nahm auch am zweiten holländischen Krieg 1672 aktiv teil, diesmal zu Lande, kommandierte eine kleine englische Brigade bei der Eroberung von Maastricht und erwarb sich den Ruf eines verwegenen und tapferen Offiziers, den er auch in den folgenden Jahren immer wieder unter Beweis stellte. Von den Franzosen überrannt, konnten sich die Holländer nur durch das Durchstechen der Deiche und die Überflutung weiter Teile des Landes retten.

König Karl verfolgte die militärische Karriere seines Sohnes mit Wohlwollen, übertrug ihm das lukrative Amt des »Master of Horse« und machte ihn schließlich zum Generalkapitän der königlichen Landtruppen, nicht unbedingt zur Freude des Herzogs von York, der sich gemäß der »Test-Akte« durch seinen Übertritt zum Katholizismus selbst von allen öffentlichen Ämtern ausgeschlossen hatte. Wenig später tat er ein übriges, um die öffentliche Meinung herauszufordern, und heiratete nach dem Tod seiner ersten Frau die katholische Prinzessin Maria Beatrice d'Este, Tochter des Herzogs von Modena, von der die antikatholische Gerüchtebörse flüsterte, sie sei »die jüngste Tochter des Papstes«. Von nun an stand die allgemein gefürchtete Möglichkeit im Raum, Jakob könne einen männlichen Erben zeugen und in England eine katholische Dynastie errichten.

Die unkluge Wahl des Herzogs von York verstärkte den Druck auf den König, sich entweder von seiner unfruchtbaren Frau scheiden zu lassen oder seinen Bastard Monmouth, den »protestantischen Herzog«, zum Prince of Wales zu erklären, auf jeden Fall aber seinen Bruder von der Thronfolge auszuschließen.

Kopf der »Exclusionist Party« war der Earl of Shaftesbury, ein Mann von zwergenhafter Statur, kolossalem Stolz und großer demagogischer Begabung, der behauptete, zehntausend verwegene Burschen aus dem gefürchteten Londoner Straßenpöbel würden jederzeit seinem Kommando folgen. Sein Credo war »The Good Old Cause«, gerichtet gegen die Monarchie und die Kirche von England. Die siebziger Jahre waren erfüllt von dem Ringen Shaftesburys mit dem König, wobei der eine den Ausschluß Yorks von der Thronfolge zugunsten von Monmouth oder einer Republik betrieb, während der andere verzweifelt versuchte, am Prinzip der Legitimität festzuhalten, dem er ja schließlich seine Rückkehr auf den englischen Thron verdankte. In dieser Zeit kamen für die beiden einander bekämpfenden Lager die Namen »Whigs« – ursprünglich Bezeichnung der radikalen Presbyterianer – und »Tories« – Partei der legitimistischen anglikanischen Grundbesitzer – auf.

Als böser Geist der Epoche erschien der Betrüger Titus Oates, der die »papistische Verschwörung« erfand, die angeblich zum Ziel hatte, König Karl zu ermorden und seinen Bruder Jakob auf den Thron zu setzen. Sie brachte die alten antikatholischen Ressentiments wieder aufs Tapet – die Mordpläne gegen Königin Elisabeth I., die »Pulververschwö-

rung« gegen Jakob I. und die von Cromwell blutig niederge-
schlagene Rebellion der Iren – und kostete viele völlig un-
schuldige Katholiken den Kopf.

Die »Exclusionists« trafen einander in zwei Londoner
Pubs, die bezeichnenderweise »King's Head« und »Devil's
Tavern« hießen, und ihre Anführer gründeten den »Green
Ribbon Club«, dessen Mitglieder von faszinierender Vielfalt
waren: Aristokraten, alte Haudegen, ländliche Zeloten oder
Berufsverschwörer.

Auch Monmouth, der mit einigen Mitgliedern befreundet
war, besuchte den Club, ohne zu bedenken, daß ihn die »Exclusionists« als protestantischen Sohn des Königs für ihre Ziele einspannen könnten. Wie bedauerlich, daß er nicht legitim
geboren war – oder war er es doch? Keineswegs von ungefähr
begannen wieder Gerüchte zu zirkulieren, daß der König
doch mit Lucy Walter verheiratet gewesen sei, und die Beweise in einer geheimnisvollen »black box« aufbewahrt wären,
die nur leider nicht mehr aufzufinden war.

Der König nahm die Angelegenheit ernst genug, um im
Januar 1679 vor dem Erzbischof von Canterbury feierlich zu
erklären, daß er nie mit einer anderen verheiratet gewesen sei
als mit seiner Königin Catharina von Braganza. Trotzdem
glaubten viele an Monmouths Legitimität, einfach, weil sie
daran glauben wollten.

Monmouth war in seiner Sorglosigkeit in eine seltsame Situation geraten: Des Königs Lieblingssohn, Generalkapitän
der Armee, hatte sich in den Kreis erklärter Feinde der Krone
hineinziehen lassen. Absolut loyale und königstreue Aristokraten wie Lord Bruce »beklagten zutiefst, wie ihr nobler
Freund von einem liederlichen Maulhelden, einem fanatischen Prediger, von bestechlichen Winkeladvokaten, Bier-
brauern und anderen Fanatikern niedrigen Gewerbes an der
Nase herumgeführt« wurde. Die meisten gaben jedoch Shaftesbury die Schuld, Monmouth fehlgeleitet und mißbraucht
zu haben, ein Thema, das John Dryden in seinem Versepos
»Absalom and Achitophel« poetisch abhandelte, wobei er in
David den König, in Achitophel Shaftesbury und in Absalom

Monmouth porträtierte. Was immer man ihm auch einflüstern mochte, der König vertraute seinem Sohn wie bisher, und er schien recht zu behalten.

Als die Londoner Weber aufstanden und die neuerfundenen Webstühle zerstörten, von denen einer das Werk von zwanzig Arbeitern tun konnte, und die Bürgerwehr ihrer nicht Herr wurde, war es der Herzog von Monmouth an der Spitze der King's Guards, der die Ordnung wiederherstellte. Als sich 1679 in den schottischen Lowlands die presbyterianischen »Covenanters« erhoben, war es wieder der Herzog von Monmouth, der in das Krisengebiet entsandt wurde. Nach einem 500-Meilen-Ritt, den er in zwei Tagen bewältigt haben soll, schlug er die Rebellen vernichtend bei Bothwell Bridge und gewann anschließend große Popularität durch die Milde, mit der er die Besiegten behandelte. London empfing den heimkehrenden Helden mit Jubel und Freudenfeuern. Aufmerksamen Betrachtern seiner Kutschentüren entging auch nicht, daß der »Bastardfaden« von seinem Wappen verschwunden war.

Was hielt den König davon ab, sich allgemeinen Applaus zu sichern und seinen Lieblingssohn Monmouth, der auch ein Liebling der Massen war, zum Prince of Wales zu ernennen? Tief unter den Schichten von Zynismus und Menschenverachtung verbarg Karl einen unverrückbaren Glauben an das Prinzip der Legitimität, und da er keinen legitimen Sohn besaß, war der Thronerbe sein Bruder, mochte er noch so unangenehm und überdies katholisch sein. Er nahm zur Kenntnis, daß Jakob wegen seines Übertritts zum Katholizismus seine Funktionen niederlegen mußte, er schickte ihn nach Schottland, um ihn aus dem Schußfeld zu bekommen, aber von der Thronfolge schloß er ihn nicht aus, und damit punktum.

Während die Parlamentarier nach wie vor über das »Exclusion Bill« stritten, unternahm Monmouth im August 1780 eine Reise in den Westen, die, obwohl nicht als solche geplant, seinen Anhängern wie eine Ouverture zur Rebellion erschien. Das Land zwischen Salisbury, Bristol und Exeter war nicht

179

nur eine krisengeschüttelte Gegend, wo viele arme Tuchar-beiter und Kleinbauern zu Hause waren, auch der Widerstand gegen die »High Church« war tief verwurzelt, und viele der Landbarone waren fanatische »Exclusionists«. Monmouth wurde von der Bevölkerung heftig und herzlich akklamiert, und Rufe wie »God bless King Charles and the Protestant Duke!« wollten kein Ende nehmen. In diesen goldenen Spät-sommerwochen verwöhnte man ihn in den großen Landhäu-sern, veranstaltete ländliche Feste mit Musik und Tanz und feierte ihn als »beloved Protestant Duke«. Leutselig, zugäng-lich und heiter wie er war, stets mit dem richtigen Wort für jedermann, gewann er die Herzen aller im Flug.

Inzwischen arbeiteten dunkle Elemente am sogenannten »Rye House Plot«, einem Plan, der zum Ziel hatte, dem König und seinem Bruder auf der Rückfahrt von Newmarket auf-zulauern, beide zu erschießen, nach London zu galoppieren, den »Papisten« die Tat anzuhängen und Monmouth zum Kö-nig zu proklamieren. Wieweit – wenn überhaupt – Monmouth und der Kreis um Shaftesbury in diesen Mordplan verwickelt waren, ist nie restlos aufgeklärt worden, auf jeden Fall schlug er fehl, weil der König früher als erwartet die Gegend beim Rye House passierte. Ein Mitwisser informierte die Behörden, und einige Mitglieder des »Green Ribbon Club« wurden fest-genommen und in den Tower geworfen. Ob schuldig oder nicht – zwei der Verdächtigen wurden enthauptet, einer schnitt sich selbst die Kehle durch, Shaftesbury und Lord Grey entkamen nach Holland.

Auch Monmouth wurde steckbrieflich gesucht und erhielt im Landhaus der Ladies Philadelphia und Henrietta Went-worth (Mutter und Tochter) in Toddington Asyl.

James und Henrietta hatten einander bei Hof kennenge-lernt und sich leidenschaftlich verliebt – ein perfektes Paar, wäre der Herzog nicht schon verheiratet gewesen. So machten sie sich die romantische Vorstellung zu eigen, Monmouth ha-be viel zu früh und ohne zu wissen, was er tat, seine Ehe geschlossen, und ihre Verbindung sei »die wahrhaft gültige vor Gott«.

180

König Karl wußte, wo sein Sohn sich aufhielt, aber er zögerte lange, irgendwelche Maßnahmen zu ergreifen. Schließlich beauftragte er Lord Bruce, sich nach Toddington zu begeben und James festzunehmen. Trotz aller Verschiedenheit der Temperamente und politischen Ansichten hatte Bruce James von Herzen gern, und über die wahren Wünsche des Königs war er sich auch im klaren. »Dieses Haus ist von ausgedehnten Teichen umgeben«, gab er zu bedenken, »und mit verzweigten Gewölben unterkellert, durch die er entweichen kann. Wenn ich eine Miliztruppe mobilisiere, ist er gewarnt.« »Gut«, antwortete der König fröhlich, »kommen Sie wieder, um weitere Befehle entgegenzunehmen.« Dann wurde von der Sache nicht mehr gesprochen.

James und Henrietta konnten also weiterhin ungestört in Toddington als romantisches Liebespaar leben, reiten, fischen und flanieren und Herzen mit ihren verschlungenen Initialen in die Bäume schneiden. Ewig konnte das aber nicht so weitergehen, besonders als das kalte und neblige Herbstwetter und das Fehlen von Gesellschaft und Unterhaltung den Aufenthalt auf dem Land weniger angenehm machte. Monmouth beschloß also, seinen Vater um Verzeihung zu bitten, und beriet sich mit dem Earl of Halifax. Das Ergebnis war ein Brief, in dem er jegliche Verbindung zum »Rye House Plot« empört von sich wies und Vater wie Onkel seiner unwandelbaren Loyalität versicherte.

Daraufhin empfing ihn der König zu einem geheimen Treffen in Whitehall. »Monmouth warf sich zu seinen Füßen«, berichtete Lord Bruce, »und sein liebevolles Herz schmolz dahin. Er vergab seinem geliebten Sohn, der außer seiner Gnade nur um die Gunst bat, nicht als Zeuge vernommen zu werden.« Dem Herzog von York zu Gefallen mußte er jedoch eine Erklärung unterschreiben, in der er sich von jenen distanzierte, mit denen er sich eingelassen hatte, ohne von Mordplänen auch nur etwas zu ahnen.

Am 25. November wurde der (fast) verlorene Sohn im Rat in aller Form pardoniert und mußte sogar die Umarmung seines Onkels über sich ergehen lassen. »Der König konnte seine Zufriedenheit nicht verbergen«, hielt Monmouth in seinem Tagebuch fest, »er drückte meine Hand, wie er es nicht getan hatte, seit ich aus dem Krieg heimgekommen war.«

Vom König wieder in Gnaden aufgenommen, machte Monmouth sogar den – vergeblichen – Versuch, seine Gemahlin zu versöhnen, und verbrachte einige Wochen mit ihr und den Kindern auf dem Familienbesitz Moor Park.

Seine alten Kumpane, soweit sie noch am Leben und in Freiheit waren, dachten aber nicht daran, ihn so leicht ziehen zu lassen. Sie verbreiteten das Gerücht, er habe nichts unterschrieben, warfen ihm aber zur gleichen Zeit vor, seine Unterschrift gegeben zu haben. Sein Gewissen plagte ihn am Ende so sehr, daß er den König bat, ihm das Dokument zurückzugeben, was dieser auch tat. Im Gegenzug erging am 6. Februar 1684 unter Strafandrohung eine Vorladung an den Herzog von Monmouth, gegen seinen Freund John Hampden auszusagen. Dieser Konfrontation entzog er sich und ging an Bord eines Schiffes mit Kurs auf die Niederlande. In Brüssel erwartete ihn Henrietta.

Nach anfänglichem Widerstreben hatte sich Lady Philadelphia entschlossen, ihre Tochter in die Niederlande zu begleiten und der Affäre durch ihre Anwesenheit etwas Dekorum zu verleihen. Trotzdem blieb der Skandal nicht aus, und der Gouverneur der spanischen Niederlande, Marques de Grana, forderte Monmouth und seine Damen auf, Brüssel zu verlassen. Henrietta ließ sich von einem Bewunderer, dem spanischen Caballero Don Valera, nach Antwerpen begleiten, wo er ihr zu Ehren einen großen Ball veranstaltete. Während des Tanzes erhielt sie eine Botschaft von Monmouth, entschuldigte sich kurz – und ward nicht mehr gesehen. Den bedauernswerten Don Valera überließ sie dem Spott seiner Gäste.

Im holländischen Gouda fanden James und Henrietta ein passendes Liebesnest und vergnügten sich auf ländlichen Tanzfesten und mit Schlittschuhlaufen auf den gefrorenen Kanälen. Von Henrietta ermuntert, trieb James sogar ein wenig Lektüre und versuchte sich als Poet.

Am Hof des Statthalters Wilhelm III. von Oranien, einem

Urenkel des »Schweigers« und Enkel Karls I., der mit Maria Stuart, der älteren Tochter seines Onkels Jakob, verheiratet war, sah man den Herzog von Monmouth öfters als Gast, was auf der anderen Seite des Kanals nicht gerade mit Wohlwollen registriert wurde.

Die englischen und schottischen Exilanten in den Niederlanden waren eine sehr gemischte Gesellschaft, in der sich Veteranen des Cromwellschen »Commonwealth« ebenso fanden wie Flüchtlinge aus dem Umfeld der Covenanter-Rebellion oder des »Rye House Plot«. Sie schmiedeten Pläne und bauten Luftschlösser, konspirierten und korrespondierten mit den Freunden zu Hause und versuchten, die »Good Old Cause« am Leben zu erhalten, belauert von englischen Spionen und Briefschnüfflern, aber kaum behelligt von den holländischen Behörden. Der ranghöchste, reichste und politisch einflußreichste unter ihnen war Archibald Campbell, Earl of Argyll, ein Clan-Chef von »maßlosem Stolz und schwierigem Temperament«, der davon träumte, mit Hilfe der Covenanters und seiner eigenen Gefolgsleute die Herrschaft der schottischen »Kirk« wieder aufzurichten. Auch Monmouths alter Freund Lord Grey war da, er hatte sich in Leyden niedergelassen und lebte in einer behaglichen Dreierbeziehung mit Schwager und Schwägerin. Lebemann und Radikaler, Sportsmann und Bramarbas in einer Person, war er ein buntschillernder Vogel in der eher düsteren und ernsten Kolonie politischer Flüchtlinge, zu der auch Colonel Rumbold, der Besitzer des Rye House, und Robert Ferguson gestoßen waren, der Prediger und Berufsverschwörer, von dem Monmouth später sagte, er wäre ein »verdammter Schurke« gewesen, der stets das Halsabschneiden befürwortete.

Monmouth selbst war weniger an der »Good Old Cause« als daran interessiert, sich wieder mit seinem Vater auszusöhnen, und machte einen heimlichen Besuch in London. Der König empfing ihn und empfahl ihm Geduld. Die Situation war delikat, und er wollte keinen Bruch mit seinem Bruder. Wieder in Holland, erhielt Monmouth Anfang Januar 1685 einen Brief von Lord Halifax mit einer Randbemerkung des

Königs: Im Februar werde er ihm die Rückkehr erlauben können.

Am 25. Januar war die berühmte Banketthalle von Whitehall Schauplatz eines rauschenden Festes, auf dem sich der König von seinen Damen verwöhnen ließ: von der Herzogin von Cleveland (ehemals Lady Castlemaine), von Hortense Mancini und von Louise de Kéroualle, Herzogin von Portsmouth. »Der Luxus, die Ruchlosigkeit und die Ausschweifung waren nicht zu beschreiben«, notierte der schockierte Diarist John Evelyn, »der König, der mit seinen Konkubinen tändelte, und ein französischer Knabe, der Liebeslieder sang, während an die zwanzig der großen Höflinge und andere verkommene Personen einen riesigen Spieltisch umringten, eine Bank von zumindest 2.000 Pfund vor sich. Aber«, fügte Evelyn befriedigt hinzu, »sechs Tage später ward alles zu Staub.«

Am Morgen des 2. Februar, während er sich von seinem Barbier rasieren ließ, erlitt der König einen Schlaganfall. Ein sofort vorgenommener Aderlaß konnte sein Leben nur um wenige Tage verlängern. Nun, im Angesicht des Todes, bekannte sich Karl Stuart zum katholischen Glauben. Ein katholischer Priester wurde geholt, nahm ihm die Beichte ab und erteilte Absolution und Krankensalbung. Danach erholte sich der König ein wenig, sprach in liebevollem und freundschaftlichem Ton mit seinem Bruder, empfahl ihm seine Kinder und Geliebten und machte zwischendurch die berühmte Bemerkung: »Und laß die arme Nelly nicht verhungern.«

Auch Königin Catharina kam, um Abschied zu nehmen, und schickte später noch eine Botschaft, in der sie um Verzeihung bat, sollte sie ihn beleidigt haben. »Arme Frau«, ließ er ihr bestellen, »sie meine Verzeihung erbitten? Ich bitte um die ihre, aus tiefstem Herzen!« Wenige Stunden später war »Old Rowley« tot.

Am 16. Februar notierte der Herzog von Monmouth in sein Tagebuch: »Die traurige Nachricht von seinem Tod von Halifax. O grausames Schicksal!« Nun war »dismal Jimmy« König, sein unversöhnlicher Onkel, und er hatte nur zwei Möglichkeiten, zurückzukehren: als Rebell in Waffen oder, wie sein Freund Armstrong, gekidnapped, um hingerichtet zu werden.

Anfang April traf Monmouth in Rotterdam mit dem Earl of Argyll zusammen. Beide waren der Meinung, es müsse etwas getan werden, bevor König Jakob »Antichristentum und Tyrannei« etabliert habe. Im Auftrag von Argyll stellte Sir Patrick Hume an Monmouth die Gretchenfrage, ob er sich für legitim halte, was Monmouth bejahte, auch wenn die Beweise fehlten. Bezüglich eines möglichen Anspruchs auf die Krone wollte er sich nicht festlegen. Es schien ganz so, als würde er seine Chancen als zu zweifelhaft einschätzen, um ernsthaft an bewaffnete Rebellion zu denken.

Warum er dann innerhalb weniger Tage den Entschluß faßte, das gefährliche Abenteuer dennoch zu wagen, ist bis heute ein Rätsel geblieben. Vielleicht ist die Vermutung am plausibelsten, daß ihn Argyll und Grey überredeten. Möglicherweise hatte auch Wilhelm von Oranien die Hand im Spiel, doch gibt es dafür keine konkreten Beweise.

Nun, da der Entschluß gefaßt war, sollte der Plan in die Tat umgesetzt werden. Er bestand im Kern darin, daß es mehrere koordinierte Erhebungen geben sollte: in Schottland unter Argyll, in Cheshire unter Lord Delamere, in London unter John Wildman und im Südwesten unter Monmouth. Darüber, wie diese Koordination eigentlich funktionieren sollte, hatten die Rebellen allerdings nur sehr vage Vorstellungen. Als Argyll sich am 2. Mai mit 300 Mann nach Schottland einschiffte, war noch nicht einmal klar, ob er in seinen eigenen Territorien oder in den Lowlands landen sollte.

Inzwischen war Monmouth damit beschäftigt, Geld aufzutreiben. Durch Spenden, Kredite und die Verpfändung von Juwelen der Damen Wentworth kamen fast 9.000 Pfund zusammen, was eine ganze Menge war, aber wenig, um ein Königreich zu erobern. Mehr als die Hälfte der Summe verschlang das Chartern der Fregatte »Helderenburg« samt Besatzung, der Rest ging in den Ankauf von Waffen und Ausrüstung. Auch Offiziere mußten gesucht und für die Expedition gewonnen werden, und es fanden sich schließlich 82 Männer, die bereit waren, ihren Hals für den »Protestant Duke« zu riskieren.

Auch der durch seine Spione wohlunterrichtete König Jakob ruhte nicht und bombardierte seinen Schwiegersohn mit Forderungen, Monmouths Unternehmung im Keim zu ersticken. Wilhelm von Oranien fand sich in einer sehr prekären Lage, denn einerseits wäre ihm ein protestantischer englischer Verbündeter gegen König Ludwig XIV. sehr recht gewesen, andererseits kollidierte Monmouths Anspruch auf die Krone Englands mit dem seiner Gemahlin Maria. Es ist behauptet worden, er habe Monmouth im geheimen unterstützt, um ihn ins Verderben zu stürzen, doch wahrscheinlich genügte das, was er tat, vollauf: nämlich so gut wie gar nichts. Um die Form zu wahren, schickte er seinem Schwiegervater ein paar Schiffe mit Soldaten, doch der mißtraute ihnen und brachte sie gar nicht zum Einsatz. Wie immer das Unternehmen ausging, es konnte nur zu Wilhelms Gunsten ausschlagen. Gewann Monmouth, dann gewann Wilhelm einen potenten Verbündeten. Gewann Jakob, dann fiel der Thron später an Maria und ihn selbst. Er brauchte also nur abzuwarten.

König Jakob hatte schon bei seiner Thronbesteigung mit Rebellion gerechnet und war sehr erstaunt, als er mit gemessener Freude begrüßt wurde und das Parlament die neuen Steuern mit einem Minimum an Murren bewilligte. Er praktizierte zwar offen seinen Katholizismus, doch es sah ganz so aus, als würde er sich vernünftig verhalten. Man erblickte in ihm ohnedies nur einen Übergangsherrscher, denn – noch – hatte er keinen Sohn, und seine legitime Erbin war die protestantische Maria von Oranien. In diese unerwartet ruhige Anfangsphase seiner Regierung platzte die Nachricht von der Landung des Herzogs von Monmouth an der Küste von Dorset im Südwesten.

Nach einer stürmischen Überfahrt war die »Helderenburg« zusammen mit zwei kleineren Schiffen am Morgen des 11. Juni 1685 vor Lyme Regis erschienen und hatte die lokalen Autoritäten in nicht geringe Aufregung versetzt. Da die Schiffe weder Flagge zeigten noch Salut schossen, vermutete man nichts Gutes und beriet hektisch, was zu tun sei. Die Beratungen zogen sich über den ganzen Tag und mündeten in ein allgemeines Chaos, so daß niemand die Truppe Bewaffneter behelligte, die im Schutz der einfallenden Dämmerung die Boote bestieg und an Land ruderte. Nur der Bürgermeister, Captain Gregory Alford, verließ in Eile zu Pferd die Stadt, um vom nächsten sicheren Ort aus den König zu benachrichtigen.

Inzwischen marschierten die Soldaten bereits in Doppelreihe durch die Stadt, jeder mit einer Muskete über der Schulter und einem Paar Pistolen im Gürtel, begleitet von einem jubelnden Volkshaufen. An ihrer Spitze ein hochgewachsener, dunkler Mann in Brustharnisch und Allongeperrücke, den Degen in der Hand, hinter sich eine flatternde Fahne in Blau und Gold mit der Aufschrift »FEAR NONE BUT GOD – FÜRCHTE KEINEN AUSSER GOTT«. An ihn drängte sich die Menge immer wieder heran, ergriff seine Hände, schüttelte und küßte sie. »Monmouth! Monmouth!« ging der Ruf, »the Protestant Duke!«

Auf dem Marktplatz hatte Robert Ferguson Stellung bezogen und verlas eine nach heutigen Begriffen ermüdend wortreiche Deklaration, die neben viel Nichtssagendem einige monströse Anschuldigungen gegen König Jakob enthielt, unter anderen die, er hätte London angezündet und seinen Bruder Karl vergiftet. Sie schloß mit einer ziemlich vagen Absichtserklärung, daß »James Herzog von Monmouth, der neue Generalkapitän der protestantischen Streitkräfte, die Wahl seines Titels der Weisheit, Gerechtigkeit und Autorität eines rechtmäßig und frei gewählten Parlaments« überlasse. Es war eine Erklärung, die außer Beschuldigungen wenig Konkretes enthielt und weder Royalisten noch Republikaner befriedigen konnte.

Trotzdem schlossen sich eine ganze Menge begeisterter und abenteuerlustiger Männer den Rebellen an, und nach wenigen Tagen verfügte Monmouth bereits über eine »Armee« von 3.000 Mann, die von den Offizieren, die er mitgebracht hatte, im Schnellsiedeverfahren gedrillt und im Gebrauch der Waffen unterwiesen wurden. Zahlenmäßig schwach und von Lord Grey inkompetent geführt war die Kavallerie, und die Artillerie bestand lediglich aus drei Kanonen. Eine solche irreguläre Truppe hätte einen flexiblen, phantasievollen, nötigenfalls hart durchgreifenden Anführer gebraucht. Monmouth hatte nur Erfahrung mit gut ausgebildeten und ausgerüsteten regulären Truppen, er war ein durchaus talentierter Militär, aber kein Guerillaführer. Dazu kam noch, daß weder aus London noch aus Cheshire günstige Nachrichten eintrafen: Alle Freunde standen angeblich Gewehr bei Fuß, um sich zu erheben, doch es fand keine Erhebung statt. Auch die Whig Gentry des Westens zögerte auffallend, sich dem blau-goldenen Banner anzuschließen, und Grey und Ferguson drängten Monmouth, sich zum König zu proklamieren, obwohl er Argyll und anderen versprochen hatte, dies nicht zu tun. Sie konnten nicht wissen, daß Argylls Unternehmung im Norden bereits gescheitert, er selbst gefangen war und auf seine Hinrichtung wartete.

Auf ihrem Marsch erreichte die Rebellenarmee am 18. Juni Taunton, wo sie mit Jubel empfangen wurde: Jedermann trug ein grünes Reis am Hut, das Zeichen der Rebellen; die Fenster und Türen waren mit grünen Zweigen, Kräutern und Blumen besteckt, und die Kirchenglocken läuteten. Monmouth richtete sein Hauptquartier in einem bequemen Stadthaus ein, und die Armee kampierte auf den Wiesen im Westen der Stadt.

In Taunton gab es eine »Young Ladies' Academy«, deren Mitglieder ihre seidenen Unterröcke geopfert hatten, um Fahnen für die Rebellenarmee daraus zu nähen und kunstvoll zu besticken. Voll Stolz präsentierten sie nun die Früchte ihres Fleißes. Eine der Lehrerinnen marschierte an der Spitze, in der einen Hand einen Degen, in der anderen eine Bibel. Monmouth dankte ihnen gerührt. »Ich bin gekommen«, sagte er, »die Wahrheiten zu verteidigen, die dieses Buch enthält, und mit meinem Blut zu besiegeln, falls es nötig sein sollte.« Die bewegende Szene schloß damit, daß jede der »virgin gentlewomen« abwechselnd von Monmouth und von Lord Grey geküßt wurde.

Eines der von den Mädchen bestickten Banner trug eine Krone und die Buchstaben J und R für JACOBUS REX. Es war klar, daß damit nicht der in London residierende König Jakob gemeint war. Die Fahne mag den Ausschlag gegeben haben, daß Monmouth sich nun entschloß, eine neue Proklamation zu verkünden, in der es unter anderem hieß, daß die Thronfolge rechtmäßig ihm zustünde und der Herzog von York sie usurpiert habe. »Um das Königreich von Papismus, Tyrannei und Unterdrückung zu befreien, erkennen und proklamieren wir den hohen und mächtigen Prinzen, James, Herzog von Monmouth, als unseren rechtmäßigen Souverän und König, mit dem Namen Jakob II.« Damit gab es nun zwei Könige gleichen Namens in England.

Die Reaktion der anglikanischen Gentry, die mit dieser Proklamation aus der Reserve gelockt werden sollte, war keineswegs die erhoffte. Auch wenn sie Monarchisten waren, so hatten sie doch wenig Lust, einen königlichen Bastard als ihren Monarchen anzuerkennen. Auch die reichen Kaufleute aus dem Lager der Whigs waren weit großzügiger mit Willkommenssprüchen als mit Waffen, Pferden und Bargeld. Nur das einfache Volk, Bauern und Knechte, Schmiede und Wollkämmer, Weber und Walker, Schuster, Schneider und Fuhrleute, nicht nur aus Taunton, sondern aus vielen Orten der Umgebung, strömte in Monmouths Lager – weit mehr, als bewaffnet und verköstigt werden konnten, geschweige denn besoldet.

Es war eine Armee, die ausschließlich aus Freiwilligen bestand, aus Männern, die sich nicht für materielle Vorteile, sondern für die »Good Old Cause« einsetzten, unter der sie die protestantische Religion und das alte »Commonwealth« verstanden. Zu verlieren hatten sie allerdings wenig, viel weniger jedenfalls als die Grundbesitzer und Kaufleute. Es war eine Armee von Idealisten, die von einer Republik träumten, während ihr Anführer im Sinn hatte, den Thron seines Vaters zu besteigen. Auf der anderen Seite standen die »King James's boys«, die regulären Truppen und Milizen der Krone und ihre Anführer, unter denen sich einige alte Freunde Monmouths befanden: der Duke of Albemarle, mit dem er die Londoner Bordelle unsicher gemacht hatte, oder Lord Churchill – der spätere Herzog von Marlborough –, einer seiner Offiziere vor Maastricht. Monmouth sandte Botschaft an sie, um sie für sich zu gewinnen, doch sie dachten nicht daran, sich ihm anzuschließen. »Niemals war ich und niemals werde ich ein Rebell gegen meinen rechtmäßigen König Jakob II. sein«, antwortete Albemarle, »und du hättest diesen Aufstand besser nicht angezettelt und die Nation in solches Unheil gestürzt.«

Der Schlüssel zum Westen war die Hafenstadt Bristol, deren Miliz mit den Rebellen sympathisierte. Je nach Standpunkt verband oder trennte die Stadt die beiden potentiellen Zentren des Aufstands: Cheshire und den Südwesten. König Jakob war sich darüber völlig im klaren und befahl seinem Oberbefehlshaber Lord Feversham und den Kommandeuren der Milizen von Somerset und Gloucestershire, daß zuerst Bristol geschützt werden müsse.

Auch Monmouth wußte um die Bedeutung der Hafenstadt, brach am 21. Juni von Taunton in Richtung Bristol auf und erschien mit seiner Armee am 24. in Sichtweite der Stadt. Jetzt hätte er es wagen müssen, die Stadt im Handstreich zu nehmen: Der Schlüssel zum Westen wäre in seiner Hand gewesen, ein Erfolg hätte weitere Erhebungen nach sich gezogen und der ganzen Unternehmung den nötigen Schwung verliehen, um ihn bis nach London zu tragen. Doch Monmouth zögerte wie Hamlet. Obwohl das Dorf Keynsham mit seiner wichtigen Brücke nach einem zügigen Marsch am Morgen des 25. bereits in seiner Hand war, beschloß er, die Nacht abzuwarten, und kampierte auf einer Wiese in Sydenham Mead. Die Angriffslust der Rebellen, die sich schon als Herren von Bristol gesehen hatten, sank im Laufe des Tages mehr und mehr. Schließlich begann es auch noch in Strömen zu regnen, so daß an eine Erstürmung nicht mehr zu denken war. Enttäuscht und demoralisiert zogen sie sich wieder nach Keynsham zurück.

190

Während die Rebellen ihre durchweichten Schuhe und Monturen an rauchenden Feuern zu trocknen versuchten, erschienen zwei Reiterabteilungen der Königlichen, die nur rekognoszieren wollten und sich unerwartet der Hauptmacht des Feindes gegenübersahen. In dem folgenden Scharmützel verlor Monmouth zwar nur ein paar Männer, aber die Effizienz der zahlenmäßig unterlegenen regulären Kavallerie, die keine Mühe hatte, sich elegant aus der Affäre zu ziehen, kostete ihn den letzten Rest von Entschlußkraft und Selbstvertrauen. Die Chance, Bristol zu nehmen, war vertan, von nun an hatte er die Situation nicht mehr im Griff.

Monmouths Stimmungsbarometer war dermaßen gesunken, daß er sogar erwog, mit seinen Offizieren die Armee zu verlassen, zur Küste und über das Meer zu entfliehen, doch Lord Grey und andere waren dagegen: Etwas so Niedriges könnte das Volk niemals vergeben, und keiner würde ihm jemals mehr Vertrauen schenken. Ohne festumrissenes Ziel, ohne durchdachten Plan wurde also weitermarschiert, zuerst Richtung Bath, dann weiter nach Süden über Philips Norton – wo eine Berührung mit den Königlichen mit leichten Vorteilen für die Rebellen stattfand – nach Frome und weiter in Richtung Wells. Auch die Disziplin der Rebellenarmee begann sich zu lockern, und Desertionen wurden immer häufiger. In Wells brach ein wilder Haufen in einem Anfall von puritanischer Bilderstürmerei in die Kathedrale ein, beschädigte die Einrichtung und mißbrauchte die heiligen Hallen als Pferdestall.

Am 4. Juli erreichte die Rebellenarmee Bridgewater und legte eine Rast ein, um ihre von Regen und Schlamm in Mitleidenschaft gezogenen Waffen zu reinigen und wieder funktionstüchtig zu machen. Wenige Meilen östlich, beim Dorf Weston Zoyland, oberhalb des flachen Torfbodens von Sedgemoor, hielten die regulären Truppen in gesicherter Position unter Feversham und Churchill. Obwohl Schätzungen schwierig sind, nimmt man an, daß Feversham insgesamt über 3.000, Monmouth über 5.000 Mann verfügte.

Monmouth wußte, daß eine Schlacht seine allerletzte

Chance war, aber er wußte auch, daß ihm die regulären Truppen, vor allem Reiterei und Artillerie, in einer offenen Begegnung bei Tag überlegen sein würden. Er entschloß sich also zu einem Überfall auf das feindliche Lager bei Nacht. Zuerst schien sein Unternehmen vom Glück begünstigt. Der weiche Torfboden schluckte die Marschtritte seiner Soldaten und die Hufschläge seiner Pferde, Nebel fiel ein und ließ sie sich ungesehen dem Lager der Königlichen bis auf wenig mehr als eine Meile nähern. Da entstand beim Überqueren eines der »Rhines«, der weiten, offenen Entwässerungsgräben, eine Verwirrung, ein Pistolenschuß löste sich und warnte die königlichen Vorposten. Es ist nie geklärt worden, ob es sich um einen unglücklichen Zufall oder um Verrat handelte. Im Lager wurde jedenfalls sofort Alarm gegeben, die Trommeln wurden gerührt, die Fußsoldaten griffen nach ihren Waffen und stürzten aus den Zelten, die Reiter sprangen in die Sättel. In kluger Voraussicht waren die Pferde weder abgesattelt noch abgeschirrt worden.

Inzwischen war Monmouths Reiterei unter Lord Grey bis zum »Bussex Rhine« avanciert, doch er verpaßte die Furt und wagte den Graben nicht zu überqueren. Nur so hätte er in den Rücken der Königlichen gelangen können. Damit besiegelte er das Schicksal der Rebellenarmee und das Monmouths.

Zu beiden Seiten des Grabens standen einander die Fußtruppen gegenüber und feuerten, was das Zeug hielt, aber als der Morgen heraufdämmerte, war bald klar, wie das Treffen enden würde. Als Grey mit der Nachricht bei Monmouth eintraf, daß alles verloren sei, war dieser bereits dabei, seinen Harnisch abzulegen. Während seine Soldaten noch weiterkämpften und für ihn und die »Good Old Cause« ihr Leben ließen, galoppierte er zusammen mit Grey und ein paar anderen in Richtung Norden davon. Sein Mantel wurde später auf dem Schlachtfeld gefunden und sein Banner mit der Aufschrift »FEAR NONE BUT GOD«.

Weder Lord Feversham noch Lord Churchill scheinen den Versuch gemacht zu haben, Monmouth nach der Schlacht zu verfolgen und gefangen zu nehmen. Vielleicht wollten sie ihrem alten Freund und Kameraden die Chance geben, sich in Sicherheit zu bringen.

Nach einem Ritt über 25 Meilen erreichten die Flüchtigen die kahlen Hügel der Mendips bei Charterhouse (heute Weston Super Mare), von wo man über den Bristol Channel nach Wales hinübersehen kann. »Weiter können Sie nicht gehen, Sir«, meinte Monmouths Arzt Doktor Oliver, »ohne in die Hände ihrer Feinde zu fallen, die überall Richtung Osten auf Sie lauern. Hierher ist die Kunde von Ihrem Mißerfolg noch nicht gedrungen. Lassen Sie uns an die Küste gehen, ein Boot kapern und auf die andere Seite übersetzen, wo Sie Freunde haben, unter denen Sie vorerst sicher sind.« Grey argumentierte dagegen, und auch Monmouth selbst zog es in die entgegengesetzte Richtung, nach Somerset und Dorset, wo er die Gegend kannte und die Leute ihn gern hatten. An der Südküste würde er viel leichter ein Schiff finden, das ihn in Sicherheit brachte – zurück nach Gouda und zu Henrietta, um diesen ganzen wahnwitzigen Alptraum zu vergessen. »Gott segne Sie, Sir«, sagte Doktor Oliver beim Abschied mit Tränen in den Augen, »ich werde Sie nicht wiedersehen.«

Monmouth, Grey und ein Mann namens »Buys, der Brandenburger«, folgten der alten römischen Straße entlang der Mendips bis in die Nähe von Shepton Mallet, wo ihnen ein Wohlgesinnter Essen und ein Nachtlager gab, unglücklicherweise aber über keine frischen Pferde verfügte. Nach wenigen Stunden Rast brachen die drei in Richtung Süden auf und mußten ihre Vorsicht verdoppeln, denn König Jakob hatte einen Preis auf Monmouths Ergreifung ausgesetzt. Sie fanden sogar einen Führer, der ihnen den Weg zum New Forest zeigen wollte. Bei Cranborne Chase mußten sie die Pferde freilassen, die dem Zusammenbruch nahe waren, und ihren Weg zu Fuß fortsetzen, der größeren Sicherheit wegen getrennt.

Am Westsaum des New Forest patrouillierte die Kavallerie der Sussex Miliz unter Lord Lumley, auf der Suche nach flüchtigen Rebellen. Um fünf Uhr früh, ungefähr 50 Stunden nach der Schlacht, griff sie zwei völlig erschöpfte Männer auf: Es waren Lord Grey und der Mann, der ihnen den Weg gewiesen hatte. Der nächste war Buys, der gestand, mit Monmouth zusammengewesen zu sein. Den entdeckte um sieben Uhr morgens ein Mann namens Henry Parkin in einem von Gesträuch und Farnkraut überwachsenen Graben. Er rief zwei Reiter zu Hilfe, und zu dritt zogen sie den Unglückseligen aus seinem Versteck.

Niemand hätte in diesem völlig erschöpften und unrasierten Mann in den verdreckten Kleidern eines Bauern den eleganten Kavalier, den »beloved Protestant Duke« erkennen können. Erst durch einige bei ihm gefundene Gegenstände, wie dem Medaillon des heiligen Georg von seinem Hosenbandorden, verschiedenen Notizheften und Papieren, konnte er einwandfrei identifiziert werden. Eines der Hefte enthielt eine Sammlung von Beschwörungen, Zaubersprüchen, Liedern und Gebeten, zwei andere militärische Aufzeichnungen. Auch hundert Guineen wurden gefunden, die er sich vor seiner Flucht von einem Kameraden geborgt hatte. Zwanzig davon erhielt Parkin, je zehn seine beiden Helfer. Seine goldene Schnupftabakdose, die ihm aus der Tasche gefallen war, wurde später gefunden. Um den Hals trug er einen Damengürtel aus blauer Borte, reich bestickt und mit einer silbernen Schnalle versehen. Es ist anzunehmen, daß er von Henrietta stammte.

Monmouth wurde nach Ringwood gebracht, wo er zwei Tage blieb, behandelt mit dem Respekt, der einem Königssohn gebührt, der sich auf dem Weg zum Schafott befindet. Er schrieb viele Briefe, an seinen Onkel, an die Witwe seines Vaters und an andere, und bat um Vermittlung und Gnade. In dem Brief an König Jakob war viel von Unglück die Rede, von Reue und falschen Freunden und von dem Eifer, mit dem er ihm von nun an dienen würde, falls er ihm verzeihe – kein sehr würdiges Dokument, wenn auch verständlich in der verzweifelten Situation, in der er sich befand. Beim Aufbruch aus Ringwood sprang er ohne Hilfe und ohne Steigbügel mit gefesselten Händen in den Sattel – ein letzter Abglanz des

»springlebendigsten Kavaliers«, von dem Pepys vor langer Zeit berichtet hatte.

Auf dem Weg durch Hampshire und Surrey plauderte Lord Grey in bester Laune über Schießen und Jagen, doch Monmouth blieb düster und in sich gekehrt. In London wurde er zuerst nach Vauxhall und dann zu Schiff an die Privy Stairs von Whitehall gebracht, wo sein alter Freund Bruce zufällig zur gleichen Zeit landete. »Er war abgemagert und blaß«, notierte Bruce, »mit einem trostlosen Gesichtsausdruck. Soldaten begleiteten ihn mit gezogenen Pistolen. Ich wünschte von Herzen, ihn nicht gesehen zu haben, denn ich konnte diesen Anblick durch Jahre nicht aus dem Sinn bekommen, so sehr liebte ich ihn.«

Mit gebundenen Händen vor seinen Onkel gebracht, warf er sich ihm zu Füßen und bat um Gnade, während ihm die Tränen über die Wangen liefen.

»Wie kannst du Gnade erwarten, nachdem du mich so behandelt hast?« fragte König Jakob. »Einen Mörder aus mir zu machen, der seinen eigenen Bruder vergiftet hat, abgesehen von all den anderen Schändlichkeiten, deren du mich in deiner Deklaration bezichtigt hast!« »Ferguson verfaßte sie«, erniedrigte sich Monmouth zu antworten, »ich unterschrieb, ohne den Inhalt zu kennen.« »Das ist läppisch«, erwiderte der König zornig und verächtlich. »Du willst behaupten, ein Dokument von so schwerwiegendem Inhalt unterzeichnet zu haben, ohne es zu lesen?« Er wandte sich ab und forderte seinen Neffen auf, sich auf den Tod vorzubereiten. Für eine Gerichtsverhandlung bestand keine Notwendigkeit, da das Parlament Monmouth durch die »Act of Attainder« bereits verurteilt hatte.

Monmouth wurde in den Bell Tower gebracht, in jenen Turm des königlichen Gefängnisses, der schon Thomas More und Prinzessin Elisabeth, die spätere Königin, beherbergt hatte. Ob er sich der Zeit erinnerte, die er auf Befehl Cromwells mit seiner Mutter dort verbringen hatte müssen? Im Tower fuhr er fort, Petition um Petition zu verfassen, an seinen Onkel, an die Königin, an den Schatzmeister Lord Rochester. »Er benahm sich nicht so gut, wie ich erwartete, oder wie man hätte erwarten müssen«, berichtete König Jakob nicht ohne Befriedigung an seinen Schwiegersohn Wilhelm von Oranien. »Er war begierig, Zeit zu gewinnen, und tat deshalb so manches, was einem, der sich den Königstitel angemaßt hatte, nicht wohl anstand.«

Inzwischen nahmen die schrecklichen Vorbereitungen ihren Lauf, und vom Tower Hill, wo das Schafott errichtet wurde, war der Klang der Hämmer und Sägen zu hören.

Monmouths Gemahlin Ann besuchte ihn zu einem »letzten, kalten Gespräch« und fragte ihn, ob sie jemals etwas getan habe, das ihm mißfallen oder ihn gekränkt hätte. Er verneinte, doch einem anderen Besucher gegenüber beklagte er sich, daß sein Jammer sie nicht berühre. »Sie geht ins Theater und auf Gesellschaften – ich sehe daraus, daß sie mich nicht liebt.« Warum hätte sie dies nach all dem Vorgefallenen auch tun sollen?

Als Monmouth klar wurde, daß alle Hoffnung verloren war, wurde er ruhiger und gefaßter. Er blickte auf die 36 Jahre seines Lebens zurück und bemerkte zu Reverend George Hooper, diejenigen, denen seine Erziehung anvertraut gewesen sei, hätten sich zu wenig um ihn gekümmert. »Aber in den letzten Jahren habe ich mir große Mühe gegeben, an mir zu arbeiten, das werden meine Papiere zeigen, wenn sie nicht vernichtet sind.« Von Ann sagte er, der König habe sie ihm zur Frau gegeben, doch seine wahre Gemahlin vor Gott sei Lady Henrietta Wentworth. Da er von dieser Überzeugung nicht abweichen wollte, verweigerten ihm die Geistlichen das Sakrament.

In den frühen Morgenstunden des 15. Juli 1685 erhob er sich von seinem Ruhebett, ging auf und ab und betete. »Ich habe Gott im Gebet gesucht«, sagte er zu Reverend Hooper, der die Nacht bei ihm verbracht hatte, »und zuletzt eine geheime und feste Versicherung erhalten, daß ich meinen Frieden mit Ihm gemacht habe.« Später unterzeichnete er ein Dokument, das von den Geistlichen Hooper und Tenison und von den Bischöfen von Ely und Bath gegengezeichnet wurde:

»Ich erkläre, daß der Königstitel mir aufgezwungen wurde, und ich erkläre ebenso, daß mir der König mitgeteilt hat, er wäre niemals mit meiner Mutter verheiratet gewesen. Ich hoffe, daß diese Erklärung dazu beiträgt, daß der jetzige König meine Kinder nicht leiden läßt.«

Als es Tag wurde, brachte ihn eine Kutsche zum Tower Hill. In einem grauen Tuchanzug mit schwarzen Borten, begleitet von drei Offizieren mit gezogenen Pistolen, ging er durch das Spalier der Garden ruhig und aufrecht seinen Weg zur Richtstätte, ein echter Stuart, der zwar »nicht zu regieren, aber zu sterben« verstand, wie sein Großvater Karl I. und seine Urahnin Maria, die Königin der Schotten.

Als er die Stufen zum Schafott hinaufgestiegen war, fragte ihn der Sheriff, ob er noch etwas zu sagen wünsche, und die Bischöfe drängten ihn, ein Schuldbekenntnis abzulegen. »Ich war nie ein guter Redner«, sagte er, »ich bin gekommen, um zu sterben. Ich möchte nur erklären, daß Lady Henrietta Wentworth eine sehr tugendhafte und gottesfürchtige Person ist. Ich habe keine Sünde mit ihr begangen. Alles, was zwischen uns war, vor Gott war es ehrenhaft und frei von Schuld.« Das romantische Plädoyer für seine Geliebte im Angesicht des Todes war nicht das, was die Bischöfe erwartet hatten. »Sir, wir hofften, Sie würden den Verrat und das Blutvergießen bereuen, das Sie verursacht haben.« »Ich sterbe sehr reuig«, antwortete er. Nachdem die Gebete gesprochen waren, machten die Bischöfe einen letzten Versuch: »My Lord, Sie waren Soldat. Sie handeln großmütig und christlich, wenn Sie zu den Soldaten sprechen und bekennen, daß Sie hier stehen als das traurige Beispiel eines Rebellen, und ihnen und dem Volk empfehlen, loyal zu sein und dem König zu gehorchen.« »Ich habe gesagt, ich werde keine Reden halten«, erwiderte Monmouth. »Ich kam, um zu sterben.«

Er legte Mantel und Halsbinde ab und bat Jack Ketch, seine Arbeit gut zu machen. Schon am Boden, sah er noch einmal auf: »Laß mich das Beil fühlen . . . Ich fürchte, es ist nicht scharf genug.« »Scharf und schwer genug«, erwiderte der Henker. Doch der erste Hieb verwundete ihn nur, nach dem

197

zweiten war er noch imstande, den Kopf zu wenden und seinem Peiniger ins Gesicht zu sehen, und selbst der dritte Schlag vollendete das Werk nicht. »Gott verdamme mich«, rief Ketch, »ich kann nicht mehr!« Die empörten und entsetzten Zuschauer drohten, ihn zu lynchen, und zwangen ihn, die Axt wieder aufzunehmen. Nach zwei weiteren Schlägen mußte er noch sein langes Messer zu Hilfe nehmen, um das Haupt völlig vom Rumpf zu trennen.

»Auf so schändliche Weise starb der nobelste Kavalier, den je ein Auge gesehen hat«, schrieb Lord Bruce in sein Tagebuch.

James, Herzog von Monmouth, wurde in der königlichen Kapelle von S. Peter ad Vincula am Tower Green bestattet, wie vor ihm schon viele andere, auch die beiden hingerichteten Gemahlinnen Heinrichs VIII., Anne Boleyn und Catherine Howard. Heute deckt ein kunstvoll mit farbigem Marmor und den Wappen der Toten eingelegter Fußboden die Gräber.

Der Bischof von Ely nahm es auf sich, Lady Henrietta die traurige Nachricht und die Erinnerungsstücke zu bringen, die James ihr hinterlassen hatte.

Henrietta kehrte nach England zurück, aber sie wurde ihres Lebens nicht mehr froh. Nach kaum einem Jahr starb sie – wohl an gebrochenem Herzen, denn über eine Krankheit wird nichts berichtet.

Drei Jahre und drei Monate nachdem Monmouths Haupt gefallen war, segelte wieder eine protestantische Expedition von der Scheldemündung aus über den Kanal. Sie war sehr verschieden von der seinen: statt drei Schiffen mit 82 Desperados waren es sechshundert mit 15.000 gut ausgebildeten Soldaten. Auch der Empfang, der sie erwartete, war ein anderer.

König Jakob war nicht lernfähig gewesen. Nach einem hoffnungsvollen Beginn und der siegreichen Niederwerfung von Monmouths Rebellion hatte er sich nicht nur durch die grausame und blutige Verfolgung seiner Anhänger unbeliebt gemacht. In seltsam halsstarriger Verkennung der Situation versuchte er, England mit Gewalt wieder katholisch zu machen. Als ihm auch noch ein Erbe geboren wurde, den er mit großem Pomp katholisch taufen ließ, fanden Whigs wie Tories, Anglikaner wie Dissenter, daß das Maß voll sei, und luden Wilhelm von Oranien ein, das Thronfolgerecht seiner Gemahlin Maria mit militärischen Mitteln durchzusetzen. Als Jakob den Invasoren entgegenziehen wollte, ließ ihn seine Armee im Stich, und er mußte nach Frankreich fliehen.

So brachte die später als »glorreich« bezeichnete Revolution Wilhelm und Maria von Oranien auf den englischen Thron, und England wurde die erste konstitutionelle Monarchie Europas.

V
MARS UND VENUS

Moritz, Graf von Sachsen,
Marschall von Frankreich

Der Herbst 1696 bescherte dem sächsischen Landesvater,
dem Kurfürsten Friedrich August I., genannt »der Starke«,
doppelte Vaterfreuden: Seine Gemahlin Christiane Eberhardine von Ansbach-Bayreuth gebar ihm seinen einzigen legitimen Sohn und Thronerben und seine Geliebte Maria Aurora, Gräfin von Königsmarck, seinen ersten illegitimen, der am
28. Oktober 1696 in der alten Kaiserstadt Goslar zur Welt
kam und auf die Namen Moritz und Hermann getauft wurde.
»Die Orora Königsmarckin muß eine wunderliche creatur
sein undt gantz ohne schamhafftigkeit«, schrieb Liselotte von
der Pfalz, Herzogin von Orléans, an die Kurfürstin Sophie
von Hannover, »daß sie burgemeister undt sindicus in einer
statt zu zeugen nimbt, wie sie einen bastard auff die Welt
bringt.« Die Gräfin hatte sich nämlich die richtige Geburt
eines Knaben von den Stadtvätern von Goslar mit Brief und
Siegel bescheinigen lassen.

Die Königsmarck stammten aus der Mark Brandenburg,
waren nach Schweden ausgewandert und hatten eine Reihe
talentierter Militärs hervorgebracht. Maria Auroras Großvater Hans Christoph, der »Alte Königsmarck«, reorganisierte
die demoralisierte schwedische Armee nach dem Tod König
Gustav Adolfs in der Schlacht bei Lützen, wurde Statthalter
der schwedischen Lehen Bremen und Verden, Schloßherr in
der Nähe von Stade bei Hamburg und von Königin Christine
in den Grafenstand erhoben. Sein ältester Sohn Konrad Christoph, Maria Auroras Vater, diente unter Turenne und fiel
1673 als Artillerieoffizier vor Bonn. Der jüngere Bruder Otto
Wilhelm nahm sich seiner vier Neffen und Nichten an, sofern
er sich nicht ebenfalls auf Kriegszügen befand. Im Dienst des

venezianischen Dogen kämpfte er 1688 auf dem Peloponnes und in Attika gegen die Türken. Bei der Einnahme von Athen, bei der eine venezianische Granate das türkische Waffenlager und den halben Parthenon in die Luft jagte, erlitt er eine schwere Verwundung, an der er starb.

Auch das Leben von Maria Auroras Brüdern gestaltete sich abenteuerlich. Karl Johann wurde in London in einen Mordprozeß verwickelt, aus dem ihm nur die Gunst König Karls II. heraushelfen konnte, nahm französische und venezianische Dienste und starb schließlich noch vor seinem Onkel Otto Wilhelm auf der Insel Euböa an einer Seuche.

Philipp Christoph schloß in Dresden Freundschaft mit dem jungen Friedrich August, kämpfte an seiner Seite in Flandern gegen die Heere Ludwigs XIV. und wurde Oberst der kurfürstlichen Garde in Hannover, wo ihm in Gestalt der Kurprinzessin Sophie Dorothea sein Schicksal begegnete. Die berühmte Liebesaffäre endete mit dem Verschwinden – in Wahrheit mit der heimtückischen Ermordung – des Grafen Königsmarck und der Verbannung Sophie Dorotheas auf Schloß Ahlden, wo sie die restlichen dreiunddreißig Jahre ihres Lebens in strenger Haft verbringen mußte. Ihr unversöhnlicher Gemahl Georg Ludwig, selbst wahrlich kein Kostverächter, wurde zuerst Kurfürst von Hannover und bestieg schließlich als Stuart-Nachfahre und Erbe der kinderlosen Königin Anne den englischen Thron.

Das Verschwinden ihres Bruders löste in Maria Aurora wilde Empörung aus, der britische Gesandte in Dresden berichtete, sie »rase wie Kassandra und wolle wissen, was aus ihrem Bruder geworden sei; aber in Hannover antworteten sie wie Kain, sie seien nicht ihres Bruders Hüter«.

Maria Aurora war nach Dresden gekommen, um den Freund ihres Bruders, den Kurfürsten Friedrich August, um Hilfe zu bitten. Lebte Philipp Christoph noch, wollte sie seine Freilassung erwirken; war er tot, dann wollte sie dafür sorgen, daß sein Tod gerächt würde; und wenn ihr die Rache versagt blieb, wollte sie sich wenigstens die 30.000 Taler sichern, die Friedrich August während des Flandernfeldzugs an Philipp

Christoph verspielt hatte. Der Erfolg, den Maria Aurora schließlich feierte, war jedoch ganz anderer Art als geplant.

Die Gräfin Königsmarck stand bereits in ihrem zweiunddreißigsten Jahr und galt als Abenteurerin von Ruf und Reiz. Sie war eine glänzende Erscheinung, mit vollem Busen, dunkelbraunen Augen und einer Fülle schwarzgelockten Haares, keine makellose Schönheit, aber voll Charme und Vitalität. Als Friedrich August von der Ankunft der schönen Kassandra-Antigone hörte, brach er seinen Besuch auf der Leipziger Messe sofort ab und eilte nach Dresden.

Auch Friedrich August, sieben Jahre jünger als Maria Aurora, war eine imponierende Erscheinung: groß, massig, mit breiten Schultern und blitzenden blauen Augen. Seine Stärke war legendär, mit der bloßen Hand soll er Hufeisen zerdrückt und die Stangen eiserner Balustraden verbogen haben. Der »Lutheraner von Geburt, Mohammedaner seinen Begierden nach und Katholik aus Ehrgeiz« stand erst am Anfang seiner Karrieren als Feldherr, Kunstmäzen und Genießer, wobei ihm nur die beiden letzten dauerhaften Ruhm einbrachten: als Schöpfer des barocken Dresden und als Vater von geschätzten 355 Bastarden.

Friedrich August quartierte die Gräfin Königsmarck zuerst als Staatsgast auf Schloß Augustenburg ein, später auf der außerhalb von Dresden, am Rand des Friedewalds an einem See gelegenen Moritzburg, damals noch ein schlichtes Jagdschloß im Renaissancestil. Dort wollte er, fern vom Hof und von seiner Gemahlin, seinen großangelegten Eroberungsfeldzug in Szene setzen. Der Freiherr von Pöllnitz hat ihn später in seiner Chronique scandaleuse »La Saxe galante« genüßlich geschildert.

Die Gräfin, in einer kostbaren, diamantbesetzten Robe, einem Geschenk des Kurfürsten, wurde am Tor des Schlosses von Diana und ihren Nymphen als Göttin Aurora begrüßt und durch die prächtig geschmückten Räume bis an eine gedeckte Tafel geführt. Zum Schall von »Pfeiffen und Schallmeyen erschien der Gott Pan mit einem Gefolge der Faunen und anderer Waldgötter: Jener war der Churfürst selbst und diese die galantesten Herren seines Hofes. Was vor artige Sachen brachte nicht dieser Gott bey der schönen Aurora vor! Was vor Bemühung bezeugte er nicht, um ihr zu gefallen und ihr seine Neigung zu überreden!« Nach der Tafel und einer anschließenden Hirschhatz fuhr man in Gondeln über den See zu einer Insel, auf der ein türkisches Zelt aufgeschlagen war. Hier trat der Kurfürst als Sultan auf und verwöhnte seine Gäste mit Musik und Tanz, erlesenen Speisen und Getränken. In offenen Kaleschen fuhr man wieder zur Moritzburg zurück, wo das Fest weiterging, mit Komödie und Abendtafel. Der Kurfürst und Maria Aurora eröffneten den anschließenden Ball, und »alle Damen wünschten sich so einen Liebhaber wie den Churfürsten, und alle Manns-Personen eine solche Liebste, wie die Mademoiselle von Königsmarck. Man sahe sie auf dem Tantz Saal unsichtbar werden, aber kein Mensch ließ sich mercken, denn man wuste wohl daß sie gern allein seyn wolten, und der Churfürst genoß mit guter Weil die süßesten Entzückungen mit der Mademoiselle von Königsmarck, welche ihm die kräfftigsten und wesentlichsten Zeichen ihrer Zärtlichkeit schenckte.«

Es konnte nicht ausbleiben, daß der Kurfürst die Gräfin zu seiner »maîtresse en tître« machte, eine Rolle, für die sie nicht nur durch ihre Erscheinung geschaffen war, sondern auch durch ihre Bildung und ihre Geistesgaben. Außerdem gelang ihr das ganz besondere Kunststück, die Freundschaft ihrer natürlichen Gegnerinnen zu gewinnen: die der Gemahlin und der Mutter ihres fürstlichen Liebhabers. »Ich kann nun nicht mehr unglücklich sein, eine Rivalin zu haben«, soll Kurfürstin Eberhardine gesagt haben, »denn sie ist wirklich eine Dame.« Voltaire nannte sie die »glänzendste Frau zweier Jahrhunderte«.

Trotz all ihrer Vorzüge gelang es Maria Aurora nur zwei Jahre, den Kurfürsten zu fesseln. Nach der Geburt ihres Sohnes Moritz begab sie sich auf Reisen, schlug trotz ungesicherter wirtschaftlicher Lage alle Heiratsanträge aus, setzte sich schließlich als Pröpstin des säkularisierten Damenstifts in Quedlinburg bei Halle zur Ruhe und verfaßte ihre Memoiren.

Leider sind sie nicht erhalten geblieben, sie wären wohl ähnlich berühmt geworden wie die des Giacomo Casanova.

Es wird Maria Aurora nicht leicht gefallen sein, sich von ihrem Sohn zu trennen, doch sie sah ein, daß er nur am Hof seines Vaters eine seiner Abstammung gemäße Karriere machen konnte.

Vorerst durchlebte Moritz eine unruhige Kindheit, die er auf Schloß Augustenburg oder im Gefolge seines zum König von Polen aufgestiegenen Vaters auf den Kriegsschauplätzen des Nordischen Krieges verbrachte. Schon im Alter von fünf Jahren zeigte er sich entschlossen, Soldat zu werden, und zur Verzweiflung seiner Erzieher richtete sich sein Lerninteresse einzig nach den Anforderungen der einmal gewählten Laufbahn. Sie hatten es überhaupt nicht leicht mit ihm, wie sein Vater war er impulsiv, voll Tatendrang und störrisch. Bis auf die Körpergröße glich er ihm auch äußerlich, besaß seine blauen Augen, seine frische Gesichtsfarbe und seine außergewöhnlichen Körperkräfte. Nur wenige Tage lagen zwischen seinem und dem Geburtstag seines legitimen Bruders, des feisten und trägen Erbprinzen. Aber während dem rechtmäßigen Erben Kronen, Marschallstäbe, Orden und Kostbarkeiten in den Schoß fielen, mußte sich Moritz alles, wonach er strebte, im Schweiße seines Angesichts und im Blut und Getöse der Schlacht verdienen.

Moritz stand in seinem dreizehnten Jahr, als er erste Gelegenheit dazu erhielt. Kurfürst Friedrich August, dessen Expansionsstreben im Norden und Osten von König Karl XII. von Schweden durchkreuzt worden war, wandte seine Aufmerksamkeit wieder dem Westen zu und trat im Spanischen Erbfolgekrieg auf die Seite der Großen Allianz gegen Ludwig XIV. Ein sächsisches Kontingent unter Johann Matthias von der Schulenburg wurde für den Einsatz in Flandern aufgestellt, und Moritz marschierte mit, auf ausdrücklichen Wunsch seines Vaters zu Fuß.

Auf dem Weg nach Flandern kam Moritz auch durch Hannover und wurde von Kurfürst Georg Ludwig in dem Palast bewirtet, in dem vor fünfzehn Jahren sein Onkel Philipp Christoph ermordet worden war. Auch die Favoritinnen des Fürsten lernte er kennen: Ehrengard Melusina, die hagere Schwester Schulenburgs, genannt »der Maibaum«, und die füllige Baronin Kielmannsegge, im Volksmund als »der Elefant« bekannt. Maibaum und Elefant begleiteten Georg Ludwig später auch nach England, während die charmante Sophie Dorothea ihr einsames Leben auf Schloß Ahlden vertrauerte.

Moritz erhielt seine Feuertaufe im Juli 1709 bei der Belagerung von Tournai und erlebte im September – wenn auch nur beim Troß – die schwerste und blutigste Auseinandersetzung des ganzen Spanischen Erbfolgekrieges, die Schlacht von Malplaquet. Hier konnte er aus nächster Nähe die Kriegskunst und den schonungslosen persönlichen Einsatz der beiden großen Feldherrn der antifranzösischen Allianz studieren: des Prinzen Eugen von Savoyen und des Herzogs von Marlborough.

Zu Jahresbeginn 1711 kehrte Moritz als noch nicht fünfzehnjähriger »Veteran« nach Sachsen zurück und traf mit seiner Mutter zusammen, die sich nun, als würdige Matrone, wieder der Wertschätzung Friedrich Augusts erfreuen durfte. Sie setzte es auch durch, daß er seinen Sohn offiziell anerkannte, ihm den Titel eines Grafen von Sachsen verlieh und seine Apanage erhöhte.

Nach einem neuerlichen militärischen Einsatz, diesmal als Kürassier vor der von den Schweden gehaltenen pommerschen Festung Stralsund, wurde Moritz zum Kommandanten des königlichen Leibkürassierregiments ernannt und zur Ehe befohlen. Die vom Vater ausgewählte Braut Johanna Viktoria von Loeben war sogar hübsch und dazu noch Alleinerbin eines der größten privaten Vermögen von ganz Sachsen. Am 14. März 1714 wurde das Paar auf der Moritzburg getraut, doch Moritz fand, eine Ehefrau sei ein »nutzloses Möbel für einen Soldaten«. Bald war er wieder unterwegs in den Kampf, wieder gegen die Schweden, deren König Karl XII. seinen türkischen Bewachern am Schwarzen Meer entronnen und völlig überraschend vor Stralsund aufgetaucht war. Er konnte jedoch nicht viel mehr tun, als die Besatzung der von den Belagerern in einen Schutthaufen verwandelten Festung bei Nacht und Nebel zu evakuieren. Sein Tod vor der Festung Frederikshall in Norwegen, nur drei Jahre später, bedeutete das Ende von Schwedens Großmachtstreben und für Friedrich August, den Kurfürsten von Sachsen und König von Polen, das Ende eines langen Alptraums.

Nach dem schwedischen Krieg fand Moritz das Leben in Dresden unerträglich langweilig und bestürmte seinen Vater, ins kaiserliche Heer eintreten zu dürfen, das unter dem Prinzen Eugen gegen die Türken kämpfte. Sein ungebärdiges und anmaßendes Betragen brachte ihn fast auf die Festung Königstein, und Friedrich August konnte nicht verstehen, warum sein Sohn sich nach den Gefahren und Beschwerden des Krieges sehnte, statt an der Neugestaltung Dresdens Anteil zu nehmen oder die ihm reichlich gewährte Gunst schöner Damen zu genießen. Schließlich gab er aber doch nach und ließ ihn ziehen.

Das Reich und Venedig hatten die Türken in die Zange genommen. Während Schulenburg mit den Venezianern die Türken bei Korfu im Schach hielt, schlug Prinz Eugen im August 1716 das türkische Landheer vernichtend bei Peterwardein. Er war gerade im Begriff, dem Heer etwas Ruhe zu gönnen und es wieder auf volle Kampfkraft zu bringen, als sich der Graf von Sachsen als einfacher Freiwilliger bei ihm meldete. Ein Jahr später war er bei der legendären Eroberung von »Stadt und Festung Belgerad« dabei, die das Ende der Bedrohung Westeuropas durch die Türken bedeutete. Als Moritz vom Prinzen Eugen Abschied nahm, konnten beide nicht ahnen, daß sie einander viele Jahre später als Gegner wiedertreffen würden.

In Dresden erwartete Moritz Unerfreuliches. Seine vernachlässigte Gemahlin Johanna Viktoria hatte sich mit seiner Mutter verbündet, um ihre Ehe zu retten, doch kaum war Moritz wieder da, wechselte Maria Aurora die Fronten und begann, gegen die junge Frau zu intrigieren. Von Ehebruch war die Rede, sogar von einem geplanten Giftanschlag, und schließlich wurde an Friedrich August appelliert, um zwischen den aufgebrachten Damen zu vermitteln. Zuletzt wuchs »der Lärm des Weibergezänkes und -geflennes zu einem solchen Crescendo« an, daß Moritz beschloß, seine Zelte in Dresden abzubrechen und sein Glück anderswo zu versuchen. Im Frühjahr 1720 begab er sich auf die große Reise nach Paris.

Nach dem Tod Ludwigs XIV. war in Frankreich sein Urenkel Ludwig XV. König, ein zehnjähriges Kind. Die Regentschaft führte Philipp von Orléans, der Sohn von Ludwigs lasterhaftem Bruder und Liselotte von der Pfalz. Philipp war nicht weniger lasterhaft als sein Vater, nur wesentlich intelligenter, und seine Aufgabe als Regent löste er nicht ohne Geschick. Es gelang ihm, Frankreich aus dem Tief, in das es im letzten Drittel von Ludwigs Regierungszeit geschlittert war, wieder herauszuführen.

Moritz wurde am französischen Hof, der lange unter dem bigotten Regime der Madame de Maintenon gestöhnt hatte und nun wieder offen den Freuden der Sinne huldigte, gut aufgenommen. Auch die Mutter des Regenten, die würdige Liselotte, unterhielt sich gern mit dem charmanten »Bastard der Königsmarckin« in ihrem geliebten »Teutsch«. Mit dem Herzog von Maine, einem Enkel Ludwigs XIV. und der Madame de Montespan, war er schon von Belgard her befreundet.

Am 9. August 1720 erhielt der Graf von Sachsen das Patent eines Brigadegenerals (»Maréchal de Camp«), und von nun an trug er den Namen, unter dem ihn die Geschichte kennt: »Maréchal de Saxe«, der Marschall von Sachsen. Sein Vater bewilligte ihm ein Jahr später die Mittel, ein eigenes Regiment zu kaufen, und schon bald staunten die Pariser über die Exerzierübungen des Regiments Saxe auf dem Marsfeld. In seinem Küraß aus schwarzem Stahl, dem seidengefütterten Pelz aus Leopardenfell, wie ihn die polnischen Offiziere der Zeit trugen, und den goldenen Ohrringen fand ihn auch die Damenwelt unwiderstehlich. Liselotte konnte der Prinzessin von Wales bald den neuesten Klatsch um eine Madame Raymond und den Grafen von Sachsen berichten, »der nicht gerade besonders ansehnlich ist, aber jung und verführerisch, und feine Manieren besitzt«.

Die Liaison mit Madame Raymond war nicht von langer Dauer, denn im Sommer 1720 lernte Moritz eines der »Wunder von Paris« kennen, die Schauspielerin Adrienne Lecouvreur. »Eine anmutigere Person kann man sich nicht leicht vorstellen«, urteilte ein Zeitgenosse, »ihre Augen sind ebenso ausdrucksvoll wie ihr Mund und ersetzen oft die ihrer Stimme fehlende Kraft.« Das Geheimnis ihrer Kunst lag in einer strahlenden Natürlichkeit und Schlichtheit, die in einer Zeit der Künstelei neu und sensationell wirkten. Sie hatte bereits ein bewegtes Leben, Jahre in der Provinz und zahlreiche Liebschaften hinter sich und war Mutter zweier unehelicher Kinder. In Paris wichen von Anfang an zwei ständige Bewunderer nicht von ihrer Seite, der Marquis d'Argental und der Dichter Voltaire, in dessen Stücken sie wiederholt auftrat. Nun begann Adriennes Affäre mit Maurice de Saxe, voll von Leidenschaft und Intrige, mehr eine Oper als ein Herzensroman: Eugène Scribe hat sie später sehr frei dramatisiert und Francesco Cilea in lyrisch-veristische Musik gesetzt.

Die Faszination, die Moritz auf Adrienne ausübte, beruhte zum Teil darauf, daß sie in ihm eine lebendige Verkörperung der Phantasiegestalten kennenlernte, die ihr bisher nur auf der Bühne begegnet waren: Für sie war er Essex und der Cid, Antiochus, Coriolan und Bajazet. Außerdem stellte er ein vielversprechendes Objekt für eine Frau dar, die Freude hatte, einen ungeschliffenen Diamanten zu polieren. »Sie machte sich an die Aufgabe, die harten Züge des Soldaten zu glätten, und wie in den Tagen des Rittertums sollten ihr Takt, ihre Zartheit und ihr Rat ihn in anmutige, tugendsame und höfische Lebensart einführen. In dieser sanften Schule mochte aus dem Achilles des Homer der des Racine werden . . . Sie lehrte ihn unsere Sprache und Literatur, weckte in ihm den Geschmack an Dichtung, Musik und Büchern und nährte die Passion für das Theater, die ihn nicht einmal im Felde verließ.« Später sagte man, Adrienne habe Moritz all sein Wissen beigebracht, außer der Kriegskunst, die er schon beherrschte, und der Kunst der Rechtschreibung, die er niemals beherrschte.

Die Liebenden trafen einander entweder in Adriennes Stadthaus, dem Hôtel de Rennes, oder in dem von Moritz am Quai Malaquais, von dem man damals noch einen freien Ausblick über die Seine bis zum Louvre genießen konnte. Auf dem Land besaß der Maréchal ein schönes, heute noch gut erhaltenes Schloß bei La Grange, in den Wäldern hinter dem Vorort Villeneuve-Saint-Georges, und ein Jagdhaus, »La Piple«. Von Anfang an war ihr Zusammenleben keineswegs idyllisch, denn Moritz hatte zuviel »Königsmarcksche Unruhe« in sich, und Adrienne neigte zu Selbstbespiegelung und Selbstquälerei. »Ich sage mir immer wieder«, schrieb sie ihm, »Sie sind nicht dazu geschaffen, mich so zu lieben, wie ich geliebt werden möchte.«

Schon nach einem halben Jahr verließ Moritz seine Geliebte, um einen längeren Besuch in Sachsen zu machen, allerdings nicht aus romantischen Gründen, sondern um sich von seiner Frau scheiden zu lassen. Er nahm alle Schuld auf sich, die Ehe wurde gerichtlich getrennt, und Johanna heiratete später einen Herrn von Runkel, dem sie viele Kinder gebar. Ihr einziges Kind mit Moritz hatte nur wenige Tage gelebt. Fortan blieb er seinem bereits zitierten Grundsatz treu, daß »eine Ehefrau ein nutzloses Möbel für einen Soldaten« sei.

Nach Paris zurückgekehrt, wurde er wieder ein gerngesehener Dauergast in Adriennes Salon, aber er geriet auch in einen handfesten Skandal, als ihn der Prinz François Louis de Bourbon-Conti im Schlafzimmer seiner Gemahlin aufstöberte und beinahe mit seinem Degen durchbohrte. August der Starke war entzückt über die Art, wie sein Sohn die Familientradition aufrechterhielt, und er betraute ihn sogar mit einer geheimen Mission, der er sich »mit hervorragender Geschicklichkeit und Gewandtheit« entledigte. Eine andere Mission führte ihn zu Beginn des Jahres 1724 nach London, an den Hof von König Georg I. Der König lud Moritz zur Jagd nach Windsor ein, und möglicherweise erbat er seinen Segen für einen Plan, der in seinem Kopf heranreifte: der Plan, einen Thron zu gewinnen.

Paris war Moritz langweilig geworden, und Adrienne, die ihn ständig mit Vorwürfen und »Kummerepisteln« quälte, ging ihm auf die Nerven. Er war es müde, in Theatern herumzusitzen, mit Literaten und Philosophen zu diskutieren und ein Regiment zu inspizieren, für das kein Krieg in Sicht war. Auch der Hof des dreizehnjährigen Ludwig XV., für den nach dem Tod des Regenten – passenderweise in den Armen einer seiner Mätressen – der unfähige Herzog Louis Henri de Bourbon regierte, besaß keine Anziehungskraft für ihn. Im baltischen Herzogtum Kurland, südlich der Rigaer Bucht, einem Erbfürstentum unter der Souveränität der polnischen Könige, stand ein Thron verwaist. Den wollte er haben.

Allerdings konnte die Herzoginwitwe Anna Iwanowna dabei nicht umgangen werden, eine Nichte Peters des Großen, die von Bewerbern bereits umlagert war, unter ihnen Alexander Menschikow, ehemaliger Günstling des Zaren und ehemaliger Liebhaber der Zarin Katharina I. Auch Elisabeth Petrowna, Tochter Peters und Katharinas, zeigte Interesse an Moritz – vielleicht konnte sie ihm sogar den Weg zum Zarenthron ebnen?

Obwohl sein Vater wegen der Opposition des polnischen Adels die anfängliche Erlaubnis, das baltische Abenteuer zu wagen, zurückgezogen hatte, traf Moritz im Mai 1725 in Mitau ein und wurde von Anna pompös empfangen. Adel und Volk von Kurland feierten ihn als Retter und Beschützer, und im Juni wurde er zum Wahlherzog ernannt. Inzwischen näherte sich Menschikow mit Heeresmacht, und Moritz hätte sich rasch für Anna oder Elisabeth erklären müssen. Er tat es nicht, und es ist schwer zu entscheiden, ob dies ein Glück oder ein Unglück für ihn war. Vielleicht hoffte er, den kurländischen Thron zu gewinnen, ohne sich an eine der beiden Damen binden zu müssen. Außerdem war Elisabeth erst sechzehn und Anna bereits zweiunddreißig, und beide in Erscheinung und Sitten sehr »russisch«, also nicht unbedingt anziehend für einen in Dresden und Paris verwöhnten Kavalier.

Am 5. Juli 1726 unterzeichneten seine Anhänger eine Charta, die Moritz' Wahl zum Herzog ratifizierte, was Menschikow nicht hinderte, ihm 300 Dragoner auf den Leib zu schicken. Moritz ließ sich nicht einschüchtern und verbarrikadierte sich in seinem Mitauer Palast, während Menschikow seinen Zorn mit dem Verprügeln seiner Diener und Adjutanten abreagierte. Schließlich erreichten Anna und Elisabeth bei Zarin Katharina, daß sie Menschikow fallenließ, und im Herbst 1726 schien Moritz' Zukunft gesichert. An den Grafen von Friesen schrieb er ganz im Stil eines Herrschers über seine künftigen Pläne: »Ein Kadettenkorps will ich aufstellen als Pflanzgarten für Offiziere, Schulen will ich bauen und meine Verpflichtungen gegenüber dem Land ernst nehmen. Zugleich nehme ich mir vor, sehr einfach zu leben, denn die Staatsgüter sind verschuldet, Pest und Krieg haben sie verwüstet. An Pracht und Prunk liegt mir nichts, die törichte »Grandeur« der kleinen Höfe fordert nur den Spott der Kleinen und die Verachtung der Großen heraus . . . Ich komme unterm Schreiben wahrhaftig ins Träumen. Noch habe ich es nicht erreicht, ich habe nur ›Luftschlösser‹ gebaut, wie man so sagt.«

Der Traum von der kurländischen Herzogskrone erwies sich tatsächlich als ein Luftschloß. Sein Vater Friedrich August beugte sich dem polnischen Adel und wies Moritz an, das Herzogtum zu verlassen und die Urkunde seiner Wahl dem polnischen Kanzleramt zurückzugeben. Das Herzogtum Kurland wurde zum untrennbaren Bestandteil Polens proklamiert, und der Reichstag erklärte Moritz' Wahl für nichtig.

Moritz weigerte sich lange, seine Niederlage zu akzeptieren, warb mit dem Geld, das ihm seine Mutter, Adrienne und andere Damen zukommen ließen, Truppen an, um seine Rechte zu verteidigen, doch es nützte alles nichts. Am 19. August 1727 verließ er unter dem Druck einer russischen Armee unter General Lascy Kurland, mit der Wahlurkunde als einziger Habe. Er bewahrte sie sein ganzes Leben hindurch auf, keine Drohung und keine Schmeichelei, kein gutes

Zureden und keine Geldsumme konnte ihn bewegen, sich davon zu trennen, bis ans Ende seiner Tage nannte er sich »Erwählter Herzog von Kurland und Semigallia«.

Maria Aurora hatte nicht nur ihren Schmuck verkauft, sie hatte auch ausgedehnte Korrespondenzen geführt und war kreuz und quer durch Europa gereist, um ihren Sohn zu unterstützen. Schließlich waren die Anstrengungen und Aufregungen zuviel für sie gewesen. Am 16. Februar 1728 starb sie in Quedlinburg, und Moritz konnte ihr nur mehr die letzte Ehre erweisen.

Bis in den Herbst hinein ließ sich Moritz noch Zeit, endlich nach Paris zurückzukehren, doch die Furcht, man könnte ihn mit Spott begrüßen, erwies sich als unbegründet. Sein kurländisches Abenteuer hatte den Legenden, die sich bereits um ihn rankten, nur eine neue, pikante Nuance hinzugefügt.

Um nicht weiter über seinem Mißgeschick brüten zu müssen, begann Moritz mit der Abfassung seiner »Rêveries« (Träumereien), die zu seinen Lebzeiten nur als Manuskript zirkulierten und erst nach seinem Tod veröffentlicht wurden. Sie enthalten keineswegs nur Wunschträume, sondern sehr klare Vorstellungen, wie Armeen und Kriege zu führen seien, und zählen zu den klassischen Werken der Militärtheorie. Friedrich II. von Preußen sagte später, den größten Teil seiner Kenntnisse in der Kriegskunst habe ihn der Marschall von Sachsen gelehrt. Den militärischen Laien besticht vielleicht am meisten die Sorge um die Soldaten, die immer wieder zutage tritt, die Bereitschaft, Mühsal und Gefahren mit ihnen zu teilen und sinnloses Blutvergießen zu vermeiden. »Das menschliche Herz ist das Fundament bei allem, was mit dem Krieg zu tun hat«, stellte Moritz fest – ein bemerkenswerter Ausspruch für einen Berufssoldaten.

Zu Ostern 1729 hatte der Marschall von Sachsen zwei Damen zu Gast auf seinem Jagdschloß: Adrienne Lecouvreur, mit der er immer noch verbunden war, und die Herzogin von Bouillon, die eine Verbindung mit ihm heftig anstrebte. Moritz zeigte sich jedoch den Avancen der Herzogin gegenüber ziemlich unempfindlich, da er gerade in eine Affäre mit Marie

Claude Cartou verstrickt war, einer hübschen Sopranistin der Oper, was Adrienne großen Kummer bereitete.

Einige Zeit später erhielt Adrienne einen anonymen Brief, der sie zu einem geheimnisvollen Rendezvous auf die Terrasse des Jardin du Luxembourg einlud. Als sie ihm in Begleitung von zwei Freundinnen Folge leistete, erschien ein kleiner, buckliger Priester, der sich als Abbé Bouret vorstellte und ihr mitteilte, es gäbe ein Komplott, sie zu ermorden, er selbst sei gedungen, sie zu vergiften. Adrienne verdächtigte zuerst die Cartou, doch der Abbé enthüllte ihr, daß seine Auftraggeberin die Herzogin von Bouillon sei. Adrienne zog Moritz ins Vertrauen, und man beschloß gemeinsam, die Sache fallenzulassen. Die Gegenseite tat dies offensichtlich nicht, denn der Abbé wurde zu nächtlicher Stunde abgepaßt und verprügelt, weil er das Komplott verraten hatte. An einer Eibenhecke in den Tuileriengärten mußte er ein Päckchen Pastillen in Empfang nehmen, die umgehend vor den Polizeikommissar gebracht wurden. Ein als Vorkoster engagierter Hund blieb zwar am Leben, doch der kleine Abbé wanderte ins Gefängnis und erzählte weitere seltsame Geschichten, wie es die Herzogin mit seiner Hilfe anstellen wollte, den Marschall für sich zu gewinnen. Sie bekam schließlich ihren Willen, auch ohne Gift, und Adrienne rächte sich dort, wo sie es am besten vermochte: auf der Bühne. Während einer Aufführung von Racines »Phèdre« ergriff sie nicht Hippolytes Waffe, sondern die von Moritz, der seinen Platz auf der Bühne hatte. Mit den Worten: »Leih mir dein Schwert, wenn du den Arm nicht reichst!« schickte sie sich an, ihn zu durchbohren, was natürlich verhindert wurde. Das Publikum war entzückt und schockiert zugleich und wartete gierig auf die nächste Demonstration dieser Art. Es sollten nicht mehr viele folgen, denn Adriennes Lungenkrankheit, an der sie schon lange litt, war in ihr letztes Stadium getreten. Als Moritz erkannte, wie es um sie stand, verließ er die Herzogin und kehrte zu ihr zurück.

Adrienne starb am 20. März 1730 unter heftigen Schmerzen, Moritz, Voltaire und der Wundarzt Faget weilten an ihrem Sterbebett. Sofort entstand eine Flüsterkampagne gegen die Herzogin von Bouillon, die jedoch von Voltaire im Keim erstickt wurde. Der vergiftete Veilchenstrauß, den die Herzogin Adrienne geschickt haben soll, ist jedenfalls eine Erfindung Scribes. Die Behörden verweigerten Adrienne ein ehrliches Begräbnis, weil sie, wie die Kirche es verlangte, ihrem Schauspielerberuf nicht abgeschworen hatte. Noch dreißig Jahre später erinnerte sich Voltaire mit Schaudern an die kalte Märznacht, in der Adriennes Leichnam in einer Grube mit ungelöschtem Kalk verscharrt wurde, »jene unvergleichliche Schauspielerin, die die Kunst des Sprechens aus dem Gefühl erfunden und Empfindung und Wahrheit an die Stelle des bisherigen Pathos gesetzt hat«. Seine große Sorge im Alter war die, man könne auch ihn »in die Gosse werfen wie die arme Lecouvreur«.

Moritz hatte Adrienne mit Sicherheit geliebt, auch wenn er ihr nicht treu gewesen war. Vielleicht bestand seine Art von Treue nun darin, daß er sich auf keine große Liebesaffäre mehr einließ und sich mit dem begnügte, was schon Adrienne sein »Serail« genannt hatte.

Die Jahre nach Adriennes Tod brachten wenige Höhepunkte für Moritz, wenn man von dem denkwürdigen Fest absieht, das sein Vater im Juni 1730 in Mühlberg an der Elbe veranstaltete, um König Friedrich Wilhelm von Preußen und seinem Sohn Friedrich zu imponieren. Wochenlang wechselten Manöver und Turniere, Bälle und Theateraufführungen einander ab, das Ancien régime zeigte sich noch einmal in seiner ganzen, verschwenderischen Pracht. Moritz war in Begleitung der charmanten Opernsängerin Marie Claude Cartou gekommen, die die Auszeichnung genoß, mit zwei Königen und anderen hohen Herrschaften an einer Tafel zu speisen.

Der alte Friedrich August übertrug seinem Sohn den schönen Landsitz Tautenburg und hätte ihn überhaupt gern aus den französischen Diensten weggelockt und enger an Sachsen und Polen gebunden, doch Moritz konnte sich nicht entschließen, aus Frankreich wegzugehen. Vielleicht hätte er mithel-

214

fen können, den alten Traum der Wettiner von einem »Groß-sachsen« zu verwirklichen, doch mit dem Tod Augusts »des Starken« am 1. Februar 1733, auf den August »der Schwa-che« folgte, war dieser Traum ohnedies ausgeträumt. Der pol-nische Thronfolgestreit, der unmittelbar darauf einsetzte, brachte Krieg und für Moritz endlich wieder Arbeit in seinem Metier.

Der von Frankreich und Spanien unterstützte Prätendent Stanislaus Leszcziński – Ludwig XV. war mit seiner Tochter Maria verheiratet – reiste verkleidet durch Deutschland und wurde am 12. September 1733 in Warschau zum König von Polen gewählt; zum zweiten Mal, denn nach dem ersten Mal hatte ihn Friedrich August von Sachsen vertrieben. Der säch-sische Prätendent Friedrich August, von Kaiser Karl VI. und der Zarin Anna Iwanowna unterstützt, reagierte schnell und schlagkräftig, besetzte Polen und vertrieb Stanislaus. Am 25. Oktober ratifizierte der polnische Reichstag seine Nachfolge als König August III.

Obwohl österreichische Truppen polnischen Boden gar nicht betreten hatten, war mit der Stellungnahme des Kaisers gegen den Schwiegervater des französischen Königs für die bourbonischen Höfe ein Kriegsgrund gegeben, wobei vor al-lem die Königin von Spanien, Isabella Farnese, die treibende Kraft war. Sie hoffte auf die habsburgischen Besitzungen in Italien für ihre Söhne.

Der polnische Thronfolgestreit, der sich zu einer Konfron-tation Habsburg-Bourbon entwickelte, wurde auf zwei Kriegsschauplätzen ausgetragen: in Italien und am Ober-rhein.

Moritz hatte das Angebot seines Halbbruders Friedrich Au-gust, den Oberbefehl über die sächsische Armee zu überneh-men, ausgeschlagen und war zu seinem französischen Regi-ment gestoßen. Er wollte sich endlich als Militär einen Namen machen und sah die besseren Chancen im Dienst für Frank-reich.

Ende Mai 1734 hatten die französischen Heere die Tore des Reiches schon halb passiert, als der Oberbefehlshaber der

Kaiserlichen, der greise Prinz Eugen, den Kriegsschauplatz erreichte. Er fand die Lage heillos verfahren, zeigte sich jedoch keinen Augenblick unsicher. Binnen kürzester Zeit hatte er alle verfügbaren Kavallerie- und Infanterieverbände zusammengezogen und in Marsch gesetzt, und mit dieser zur Schau gestellten Stärke, die wenig mehr als ein Bluff war, seinen unmittelbaren Gegner, den ebenso betagten James Fitzjames, Herzog von Berwick, einen illegitimen Sohn des vertriebenen Königs Jakob II. von England, so beeindruckt, daß dieser seinen Vormarsch einstellte, um sich zuerst auf die Bezwingung der Festung Philippsburg bei Speyer zu konzentrieren, einen der wichtigsten Stützpunkte des Reiches im Westen. Die Belagerung entwickelte sich zum wütendsten Ringen des ganzen Krieges, und der Maréchal de Saxe stand bald im Mittelpunkt des Unternehmens. »Eigentlich wollte ich mir dreitausend Mann von Noailles schicken lassen«, sagte Berwick zu ihm, »aber Sie sind mir mehr wert als dreitausend Mann.«

Moritz strebte mit allen Kräften nach Beförderung, was er schon nach den vorangegangenen Gefechten in einem Schreiben an den Herzog von Noailles ausgedrückt hatte: »Ich nähere mich den Vierzig und will nicht ewig Maréchal de Camp bleiben. Ich habe den Ruf des Blutes, meine Interessen, vielleicht sogar meine Ehre beiseitegesetzt, um Seiner Majestät dienen zu können. Sie werden sich auch daran erinnern, daß ich Ausländer bin, und werden verstehen, daß mich diese Tatsache mit doppeltem Eifer nach Beförderung streben läßt. Wollen Sie bitte beim König für mich sprechen?« Als der Herzog von Berwick durch eine Kanonenkugel fiel, wurden zwar Noailles und d'Asfeldt zu Marschällen von Frankreich ernannt, doch kurz darauf erhielt Moritz das Patent, das ihn in den Rang eines Generalleutnants erhob.

Es gelang den Franzosen zwar, Philippsburg einzunehmen, doch die propagandistische Überbewertung dieses Erfolges konnte über das polnische Fiasko und die Vertreibung von Stanislaus Leszczyński nicht hinwegtäuschen. Nach der Winterpause standen sich die Hauptkombattanten im Feldzug von 1735 in einer Art Pattstellung gegenüber. Keiner der beiden Oberbefehlshaber wollte ein größeres Treffen und unnützes Blutvergießen herausfordern, denn ein Friedensschluß schien ohnedies vor der Tür zu stehen. Moritz, der unbedingt auf dem Schlachtfeld beweisen wollte, daß er seinen neuen Rang zu Recht besaß, kam ein so zahmes Ende ungelegen. Er hatte noch einen Ruf zu gewinnen, während sein alter Lehrmeister, der Prinz Eugen, einen zu verlieren hatte.

Am 3. Oktober kam es zum Abschluß der Präliminarien des »Wiener Friedens« zwischen dem Kaiser und Frankreich. Stanislaus Leszcziński bekam die Länder des künftigen kaiserlichen Schwiegersohns Franz Stephan von Lothringen, der nach dem Tod des letzten Medici mit der Toskana entschädigt wurde, und Frankreich stimmte der »Pragmatischen Sanktion« und der Heirat Franz Stephans mit des Kaisers Erbtochter Maria Theresia zu. In Italien erhielt der Kaiser Parma und Piacenza, mußte jedoch das Königreich Neapel-Sizilien an Don Carlos von Spanien abtreten. Die entscheidende Schlacht bei Bitonto in Apulien war verlorengegangen.

Am 12. Februar 1736 fand die Hochzeit Maria Theresias mit Franz Stephan statt, und am 21. April entschlief der alte Prinz Eugen sanft und schmerzlos in seinem Wiener Stadtpalais in der Himmelpfortgasse. Er hatte dem Kaiser dringend geraten, nicht auf den Papierkram der Verträge zu bauen, sondern auf eine gefüllte Staatskasse und eine starke Armee. Schon vier Jahre später sollte es Maria Theresia zu spüren bekommen, daß der Rat des weisen Prinzen nicht befolgt worden war.

Im nächsten Jahr machte sich der arbeitslose und gelangweilte Moritz wieder einmal Hoffnungen auf Kurland, dessen Titularherzog gestorben war. Er reiste an den Hof von Dresden und wurde von seinem Halbbruder herzlich empfangen. In einer Zeit, die den Begriff »Nationalismus« noch nicht kannte, nahm man es ihm keineswegs übel, daß er auf der Gegenseite gekämpft hatte. August III., mit des Kaisers Nichte Maria Josepha verheiratet, hielt zwar glänzend hof, war aber weder beliebt noch geachtet. Profil gewann er einzig als Kunstkenner und Mäzen.

Auch dieses Mal löste sich das kurländische Projekt in Rauch auf, Moritz war für die nunmehrige Zarin Anna Iwanowna kein Thema mehr. Sie unterstützte die Kandidatur ihres Günstlings Ernst Johann Biron, und August III., König eines unter russische Abhängigkeit geratenen Polen, mußte den neuen Herzog von Annas Gnaden akzeptieren.

Moritz kehrte unverrichteter Dinge wieder nach Paris zurück und vertrieb sich die Zeit mit der Zusammenstellung eines privaten Nachrichtenblatts, um König August und seinen Hof mit Pariser Skandalgeschichten zu amüsieren. Der frivole Tratsch wirft jedoch wenig Licht auf sein eigenes Leben und seine Neigungen.

Im Winter 1739 stattete er Dresden einen weiteren Besuch ab und erlitt auf der Jagd in der Nähe der Moritzburg einen schweren Unfall. Er brach sich das Knie, mußte viele Wochen das Bett hüten und reiste schließlich im Frühjahr 1740 in das Mittelmeerbad Balaruc-les-Bains am Golfe du Lion, südlich von Montpellier, nicht nur, um sein Knie zu kurieren. Die strapaziösen Feldzüge und die nicht weniger strapaziösen Exzesse der Tafel und des Alkovens hatten seiner bisher so robusten Konstitution zugesetzt, und langsam begann sie, ihn im Stich zu lassen.

Das Jahr 1740 sollte zu einem europäischen Schicksalsjahr werden: Am 31. Mai starb König Friedrich Wilhelm I. von Preußen, am 17. Oktober die Zarin Anna Iwanowna und am 20. Oktober Kaiser Karl VI. Unter ihren Nachfolgern Friedrich II., Elisabeth Petrowna und Maria Theresia sollten die Karten neu gemischt werden.

Karl VI. hatte die Zustimmung der Mächte zu seiner »Pragmatischen Sanktion« und somit zur Thronfolge seiner Tochter Maria Theresia in den »Erblanden« mit großen Opfern erkauft, sonst aber so gut wie alles unterlassen, was sie hätte befähigen können, ihr Erbe zu verteidigen. Sie war weder auf ihre Aufgabe vorbereitet, noch verfügte sie über eine schlagkräftige Armee und eine gefüllte Staatskasse. Der erste, der die sich bietende günstige Gelegenheit nützte, war Friedrich II. von Preußen, der mitten im Winter in Schlesien einmarschierte, und binnen kurzem war fast ganz Europa in den »Österreichischen Erbfolgekrieg« verwickelt. Die »Pragmatische Sanktion« erwies sich, wie prophezeit, als ein wertloses Stück Papier, und Maria Theresia sah sich von einer Welt von Feinden umgeben, die sich anschickten, ihr Erbe genüßlich unter sich aufzuteilen.

Frankreich unterstützte die Kurfürsten von Bayern und Sachsen, die beide mit habsburgischen Erzherzoginnen verheiratet waren, Spanien schloß sich an, mit Rußland war wegen innenpolitischer Wirren nicht zu rechnen. Nur das ferne und unverläßliche England ließ sich herbei, auf Maria Theresias Seite zu treten.

Der Generalleutnant Graf von Sachsen zog mit der zweiten französischen Armee unter den Marschällen de Broglie und de Belle-Isle durch Süddeutschland und donauabwärts in Richtung auf das nahezu ungeschützte Wien. Auf Wunsch des Kurfürsten Karl Albrecht von Bayern, der sich in Prag zum König von Böhmen krönen lassen wollte, wurde die Marschrichtung jedoch geändert. Anfang November 1741 erschienen Franzosen und Bayern vor den Toren der böhmischen Hauptstadt und schlossen, zusammen mit den von Norden her anmarschierten Sachsen, einen Ring um sie. Unter den sächsischen Kommandeuren befanden sich drei Halbbrüder Moritz': Graf Rutowski, Graf Cosel und der Chevalier de Saxe. Gemeinsam schmiedete das illegitime Quartett einen listigen Plan zur Eroberung der Stadt, der dank des Muts und der Einsatzfreude aller Beteiligten auch gelang. Als Franzosen und Sachsen von zwei verschiedenen Seiten in die Stadt eingedrungen waren, sah sich die Garnison gezwungen zu kapitulieren. Die Ratsherren waren Moritz für die Disziplin, die er unter seinen Truppen hielt, so dankbar, daß sie ihm durch eine Abordnung einen prächtigen Diamanten überreichen ließen.

Am 7. Dezember wurde Karl Albrecht zum König von Böhmen gekrönt, im darauffolgenden Januar zum deutschen Kaiser gewählt, aber an sich und seine Sache geglaubt scheint er nicht zu haben. »Schon wahr, ich bin König von Böhmen«, sagte er zu Moritz, »aber ich bin es ungefähr so, wie Sie Herzog von Kurland sind.«

Maria Theresia hingegen, das »schwache Weib, von Geld, Truppen und Rat entblößet«, das man so leicht zu überrumpeln gedacht hatte, war von der Gerechtigkeit ihrer Sache felsenfest überzeugt und fähig, auch andere zu überzeugen, selbst die unzuverlässigen Ungarn. Österreichische Truppen befreiten Linz und besetzten München, und trotz der von Moritz brillant geleiteten Eroberung der Festung Eger wurde die Lage der Franzosen in Prag bald prekär. Außerdem wuchs im Hauptquartier die Eifersucht auf den fremdländischen Eindringling, und die Kluft zwischen Moritz und dem Maréchal de Broglie vertiefte sich. Moritz fühlte sich gekränkt und nahm Urlaub.

In Rußland hatte Elisabeth Petrowna den unmündigen Zaren Iwan VI. verhaften lassen und sich selbst an seine Stelle gesetzt. Sie war immer noch unvermählt, und Moritz meinte, er könne die vor zwölf Jahren verpaßte Chance jetzt vielleicht doch wahrnehmen. In der Nacht vom 10. auf den 11. Juni 1742 traf er in Moskau ein und wurde vom französischen Geschäftsträger Marquis de la Chétardie in seinem Palais festlich empfangen. Die beiden zechten bis zum Morgengrauen und tranken unter viel Gelächter, Aufschneiderei und dem Geklirr zerbrechender Gläser auf den Erfolg des Unternehmens. Nach einer kurzen Ruhepause brachen sie zum Zarenpalast auf, wo die Tochter Peters des Großen den Sohn Augusts des Starken huldvoll empfing. Eine Reihe von Bällen und Festlichkeiten schloß sich an, und Elisabeth, die Verkleidungen liebte, galoppierte an Moritz' Seite als Amazone durch die Moskauer Straßen. Im Kreml führte sie ihn durch die kaiserlichen Gemächer und machte sich den Spaß, ihn mit den russischen Kronjuwelen zu schmücken. Und um mehr als einen Spaß handelte es sich auch nicht. Das schwärmerische Interesse der jungen Elisabeth für den schönen und kühnen Maréchal de Saxe mit dem anrüchigen Ruf war längst verflogen, und der vorzeitig gealterte Mittvierziger interessierte sie höchstens noch als amüsanter Gesellschafter. Die Reise nach Rußland, mit hochfliegenden Plänen angetreten, erwies sich als völliges Fiasko. Drei Wochen nach seiner Ankunft machte sich Moritz wieder auf den Rückweg zum böhmischen Kriegsschauplatz.

Dort hatte sich das Blatt völlig zuungunsten der Franzosen gewendet. Nach dem Ausscheiden Preußens und Sachsens aus dem Konflikt auf sich allein gestellt, waren sie von den Österreichern in Prag eingeschlossen worden.

Moritz traf in Regensburg auf die unter Marschall Maillebois heranmarschierende Entsatzarmee und stellte sich zur Verfügung, erhielt aber nur einen unbedeutenden Posten, da er doch »Ausländer, Lutheraner und der Bruder des abgefallenen sächsischen Kurfürsten« war. Maillebois hörte auch nicht auf seinen Rat, in Böhmen einzufallen, um den Eingeschlossenen rasch zu Hilfe zu kommen, sondern zog sich zurück, um Frankreichs letzte kampfstarke Armee zu retten.

Mitte Dezember machte der Marschall de Belle-Isle mit den Resten seiner Armee und dem Mut der Verzweiflung einen Ausfall aus Prag und trat den Rückzug an. Er war ähnlich schrecklich wie der Napoleons aus Moskau.

Das Jahr 1742 brachte eine neuerliche schwere Niederlage für die Franzosen: Die von Georg II. von England geführte »Pragmatische Armee« siegte am 16. Juni bei Dettingen in der Nähe von Aschaffenburg. Die Niederlage und der Vormarsch des Gegners entlang des Rheinufers versetzte ganz Ostfrankreich in Panik, es sah fast so aus, als seien die Tage Prinz Eugens und des Herzogs von Marlborough wiedergekehrt.

Nun endlich erhielt Moritz von Sachsen das erste Armeekommando, den Oberbefehl über das Zentrum der Franzosen bei Trier an der Mosel, während Broglie und Noailles an den Flügeln operierten. Moritz verhinderte einen Rheinübergang der »Pragmatischen« unter dem Schwager Maria Theresias, Karl von Lothringen, doch kaum hatte er seine Aufgabe abgeschlossen, erreichte ihn im September der Befehl, sein Kommando dem betagten Marschall de Coigny zu übergeben. Auf dem Kriegsschauplatz herrschte Ruhe, auf beiden Seiten wurden die Winterquartiere bezogen, und Moritz kehrte nach Paris zurück.

Im Winter 1743/44 begab sich der Graf von Sachsen häufig nach Versailles, um mit König Ludwig XV., dessen Außenminister, dem Marquis d'Argenson, und dem Marschall de Noailles über die wenig rosige Lage zu konferieren. Die Österreicher lagerten am Rhein in voller Kriegsstärke, und der erwartete Einfall in Elsaß und Lothringen konnte nicht mehr lange auf sich warten lassen. Um die wichtigsten Verbündeten der Österreicher, die Engländer, abzulenken, beschloß der König, den Stuart-Prätendenten Karl Eduard zu unterstützen, doch die geplante »Invasion« war nicht mehr als ein militärischer Theaterdonner. Schließlich war man froh, daß man sie wegen heftiger Stürme im Kanal »verschieben« mußte.

Das Unternehmen des jungen Stuart, das ein Jahr später bei Culloden endgültig scheiterte, wäre so recht nach dem Geschmack des jugendlichen Moritz gewesen, doch 1744 war er kein abenteuerlustiger Draufgänger mehr, sondern einer der gewichtigsten Männer Frankreichs. Dem trug auch der König Rechnung und machte ihn am 26. März zum »Maréchal de France«. Die Beförderung war um so bemerkenswerter, als er noch keinen größeren Sieg in offener Feldschlacht errungen hatte, dazu ein Deutscher, ein Bastard und ein Lutheraner war. Es war ein stolzer Augenblick für Moritz, ehrlich und geraden Weges und ohne Speichelleckerei das gleiche erreicht zu haben wie der »Alte Königsmarck«, der Marschall von Schweden gewesen war.

Noch bevor er Gelegenheit erhielt, den fehlenden Sieg nachzuholen, erkrankte der neue Marschall im Winter 1744/45 schwer an der Wassersucht, und es ist als ein Wunder anzusehen, daß er die Behandlungen der zumeist völlig inkompetenten Ärzte und die zahlreichen »Anzapfungen« – man stach in den Unterleib, um das Wasser abfließen zu lassen – überlebte. Voltaire hat aufgezeichnet, wie ihn die vom

Leiden gezeichnete Erscheinung seines alten Freundes erschütterte, als er ihn am Abend vor der Abreise zum bevorstehenden Flandernfeldzug besuchte. Als Voltaire ihn fragte, ob er am Leben zu bleiben hoffe, sagte Moritz: »Il ne s'agit plus de vivre, mais de partir.« – Es gilt nicht zu leben, sondern aufzubrechen.

Moritz war entschlossen, die Krankheit ebenso energisch zu bekämpfen wie die gegnerische Armee, und hatte sich mehrere besondere Ausrüstungsstücke erdacht: statt des schweren Stahlküraß eine gefütterte Brustplatte und eine kleine, muschelförmige Kutsche aus geflochetenen Weiden, um seine Kräfte zu schonen, bevor es unbedingt notwendig wurde, zu Pferd zu steigen. Am 31. März begab er sich zu den Truppen in Flandern.

Maria Theresia, nunmehr gekrönte Königin von Ungarn und Böhmen, hatte ihren Anspruch auf die Erblande durchgesetzt, und der glücklose Kaiser Karl VII. war in München »an Gicht und an Mutlosigkeit« gestorben. Doch Friedrich II., dem ein möglicher Zugriff der »Pragmatischen« auf Elsaß und Lothringen nicht paßte, war in Böhmen einmarschiert und hatte dem noch nicht beendeten Krieg im Westen erneut einen zweiten Kriegsschauplatz im Osten hinzugefügt. Jetzt ging es auch gar nicht mehr um die habsburgische Erbfolge, sondern um den Aufstieg Preußens zur Großmacht und die globale Auseinandersetzung zwischen Frankreich und England.

Die Probleme, die den Marschall von Sachsen in Flandern erwarteten, waren nicht gering. Die Qualität der ihm unterstellten jüngeren Kommandeure, viele von ihnen »hochedle Nullen«, war äußerst gering und die Opposition der älteren, von denen manche noch für Ludwig XIV. gekämpft hatten, groß. Sie konnten sich mit den modernen Methoden des Marschalls, die auf flexible Truppenbewegungen und originelle Manöver abzielten, schwer anfreunden.

Obwohl keineswegs »belagerungsbesessen« wie manche seiner Kollegen, eröffnete Moritz den Feldzug aus Tarnungsgründen mit dem Marsch auf Tournai, eine der drei flandrischen Schlüsselfestungen. Der englische Oberbefehlshaber, Herzog von Cumberland, der Lieblingssohn Georgs II., schluckte den Köder und setzte sich ebenfalls in Bewegung, um Tournai zur Hilfe zu kommen. Inzwischen beschäftigte sich Moritz mit der Erkundung des Geländes, auf dem er die entscheidende Schlacht schlagen wollte. Meistens ließ er sich in einer Sänfte über die endlosen, staubigen und holperigen Straßen tragen, was ihm große Qualen bereitete, besonders, wenn wieder eine »Abzapfung« notwendig gewesen war.

Die Bürden des Marschalls wurden nicht leichter, als der König und der Dauphin vor Tournai eintrafen, umgeben von einer wimmelnden Plage von »Hofgeziefer«, das unaufhörlich den König umsummte, dilettantisch Kritik übte und die Atmosphäre vergiftete.

Den Angelpunkt der Schlacht, die im Morgengrauen des 11. Mai mit einem Artillerieduell eröffnet wurde, bildete das Dörfchen Fontenoy, wo die Franzosen und die aus Engländern, Hannoveranern, Holländern und Österreichern gebildete Koalitionsarmee aufeinandertrafen. Beide Armeen schlugen sich mit großer Ausdauer und Tapferkeit, und es blieb lange unentschieden, wer den Sieg erringen würde. Daß er schließlich den Franzosen zufiel, war nicht nur der überlegenen taktischen Planung und kaltblütigen Führung durch den Marschall von Sachsen zuzuschreiben, dem in Cumberland kein ebenbürtiger Gegner gegenüberstand, sondern auch dem irischen Regiment der »Wild Geese«, das in vorderster Linie gegen die Engländer stürmte und sich mit dem Schlachtruf »Denkt an Limerick!« buchstäblich opferte.

Als Moritz später gefragt wurde, warum er den Gegner nicht verfolgt und völlig aufgerieben hätte, meinte er: »Es reicht uns.« Die Schlacht von Fontenoy war blutig genug gewesen, hatte 7.000 Franzosen und Iren und über 10.000 Mann der Koalitionsarmee das Leben gekostet, und noch Monate später lagen die Hospitäler in Lille, Douai, Cambrai und Valenciennes voller Verstümmelter und Sterbender. »Sire, jetzt sehen Sie, was Krieg wirklich bedeutet«, sagte der Marschall nach der Schlacht zum König, und Ludwig meinte zu seinem Sohn: »Sie sehen, was es ein gutes Herz kostet, Siege zu erringen.« Schöne Worte, doch den nächsten Krieg konnten sie auch nicht verhindern.

Der Name des Maréchal de Saxe war nun im Munde aller Franzosen, er war zum Nationalhelden geworden, und sein alter Freund Voltaire feierte seinen Sieg im »Poème de Fontenoy«.

König Ludwig XV. überhäufte seinen Maréchal mit Ehren und stellte ihm Chambord, das pompöseste der Loireschlösser, als Wohnsitz zur Verfügung, das zuvor schon Ludwigs Schwiegervater Stanislaus Leszczinski beherbergt hatte. Bevor er seine neue Residenz jedoch in Augenschein nehmen konnte, mußte Moritz zurück auf den flandrischen Kriegsschauplatz.

Am 22. Mai ergab sich Tournai, am 11. Juli Gent, kurz darauf Oudenaarde und weitere, von den Engländern besetzte Stützpunkte. Großbritannien stand gefährlich dicht davor, vom europäischen Festland und seinen kontinentalen Verbündeten abgeschnitten zu werden.

Als die Truppen im Herbst in die Winterquartiere gingen, blieb Moritz bei der Armee, setzte aber Gerüchte in Umlauf, daß er seinem Leiden bald erliegen würde. Als man von Besserung sprach, ging die Sage, er vernachlässige Landkarten und Lageberichte, um die kurze ihm noch verbleibende Zeit mit Trinken, Huren und Hahnenkampfwetten hinzubringen. Sicherlich war daran auch Wahres, aber über sein tatsächliches Vorhaben sickerte nicht das Geringste durch: Er plante die Eroberung von Brüssel.

Zuvor setzte er eines seiner schlauen Ablenkungsmanöver in Szene, begann, eine Flotte zu sammeln, als ob wieder eine Invasion Englands geplant wäre, um dem in Schottland gelandeten »Bonnie Prince Charlie« zu Hilfe zu kommen, und stand im Januar 1746 plötzlich vor Brüssel. Graf Wenzel Kaunitz, der Statthalter ad interim, hatte nur eine schwache Besatzung zur Verfügung – Cumberland war mit einem starken Kontingent nach Schottland gesegelt, um »Charlie zu schlachten« – und kapitulierte am 21. Februar. Moritz richtete sich im Palais Thurn und Taxis ein, stellte das persönliche Gepäck von Kaunitz, Cumberland und Karl von Lothringen sicher, und ließ es den Eigentümern zukommen. Er selbst enthielt sich jeglicher Beraubung. Nur die von den Kaiserlichen 1525 bei Pavia eroberte französische Fahne ließ er nach Paris bringen.

Ende März erschien der Marschall persönlich in Paris und wurde bei einer Galaaufführung von Lullys »Armide« in der Oper enthusiastisch gefeiert. Im Prolog trat »La Gloire« mit einem Lorbeerkranz auf ihn zu und sang: »Jeder im Universum weiche dem erhabenen Helden, den ich liebe.« Moritz wollte den Lorbeerkranz nicht annehmen, doch einer seiner Begleiter entnahm ihn den Händen der Darstellerin der »Gloire« und setzte ihn unter ohrenbetäubendem Beifall des Publikums dem Marschall aufs Haupt: »So sah sich der Marschall von Sachsen vor dem vornehmsten Publikum Europas vom Ruhm in Person gekrönt. Schmeichelhafteres konnte ihm nicht mehr zustoßen.« Der aus Metall gearbeitete Kranz hat die Jahrhunderte mit ihren Revolutionen und Umstürzen überdauert, und kann heute in einer Vitrine des Pariser Musée Carnavalet besichtigt werden: inmitten von Medaillen, Fächern und Schnupftabakdosen.

Sobald die öffentlichen Festlichkeiten vorüber waren, beschäftigte sich Moritz mit einem neuen Feldzugsplan, der den Krieg über die österreichischen Niederlande hinaus nach Holland hineintragen sollte. Bald sah er sich jedoch den Intrigen einer Partei ausgesetzt, die sich um einige »Prinzen von Geblüt« mit eigenen militärischen Ambitionen scharte, denen der fremdländische Bastard ein Dorn im Auge war. Das Intrigenkarussell begann sich zu drehen, doch Moritz erhielt unerwartete Hilfe von einer alten Freundin, die er noch als Madame d'Etioles gekannt hatte und die nun zur Mätresse der Königs und Marquise de Pompadour aufgestiegen war. Die Freundschaft des alten Haudegens mit der strahlenden Marquise war bald in aller Munde, auch in dem der Reimschmiede. Man kennt einen solchen Spottvers aus Thomas Manns »Buddenbrooks«:

226

»Als Sachsens Marschall einst die stolze Pompadour
im goldnen Phaeton vergnügt spazierenfuhr,
sah Frelon dieses Paar – oh, rief er, seht sie beide!
Des Königs Schwert und seine Scheide!«

Trotzdem setzten die Prinzen de Bourbon-Conti und de Bour-
bon-Clermont mit Hilfe d'Argensons durch, mit selbständigen Kommandos in den Niederlanden betraut zu werden, und
Moritz' Plan, den Krieg auf die Vereinigten Niederlande aus-
zudehnen, wurde verworfen.

Obwohl gerade erst eingebürgert und im königlichen De-
kret als »teuerster und vielgeliebter Cousin« angesprochen,
ging Moritz ziemlich lustlos in den neuen Feldzug, der sich
auf kleinere Belagerungsunternehmen beschränkte. Er sah
sich in seinem Hauptquartier zur Annahmestelle für die blu-
menreichen Botschaften der Kommandeure Conti und Clermont degradiert, die getrennt operierten und ihn mit ihren
»Narrenpossen« ärgerten.

Das Eintreffen des Königs in Brüssel Anfang Mai schob die
unvermeidliche Explosion nur hinaus, und d'Argenson mußte persönlich aus Versailles herbeieilen, um die Risse im Ober-
kommando zu kitten. Für Moritz war es eine Wohltat, daß
Ludwig Mitte Juni mit seinem Schwarm von »Hofgeziefer«
wieder nach Versailles zurückkehrte, angeblich, um bei der
Niederkunft seiner Schwiegertochter anwesend zu sein. In
Wirklichkeit sehnte er sich nach Madame de Pompadour und
ihren zauberhaften »fêtes champêtres« in Choisy.

Die Abreise des Königs gab das Signal zum Kampf zwischen Moritz und den beiden Prinzen. Clermont schien zuerst
willig und bereit, bei dem erfahrenen Marschall in die Schule
zu gehen, doch bei seinen abendlichen Gelagen konnte er
seine Zunge nicht im Zaum halten. Zur Unterhaltung seiner
Gäste parodierte er Moritz' deutschen Akzent, seine unge-
schliffene Ausdrucksweise und witzelte über des Marschalls
amouröse Abenteuer. Als Moritz ihm einige Brigaden ab-
nahm, lachte er nicht mehr und drohte, er werde Flandern
unverzüglich verlassen, denn es sei für einen Sproß des Hau-

ses Bourbon zu demütigend, den Befehlen eines »ausländischen Bastards« gehorchen zu müssen.

Clermont sah schnell ein, daß er zu weit gegangen war, und bot schriftlich an, die Umstände zu erklären, die zu dem »Mißverständnis« geführt hatten. Moritz ließ sich lange bitten, doch schließlich knurrte er Clermonts Abgesandtem gegenüber: »Wenn Clermont sagt, alles sei nur Gefasel, werde ich es ihm wohl glauben müssen.« Clermont beherzigte die Lektion und führte sich von da an mustergültig.

Der Streit mit Conti sollte länger dauern und war enger mit dem Fortgang des Feldzugs verknüpft, doch Moritz blieb schließlich Sieger, und der Prinz mußte sich zähneknirschend unterordnen.

Inzwischen hatte Karl von Lothringen seine Truppen über den Rhein geführt, um die Briten und Holländer zu unterstützen, doch die Koalitionsarmee litt unter der Uneinigkeit ihrer Anführer und hatte Nachschubschwierigkeiten. So gelang es Moritz, die Festung Namur zu nehmen, Vorbereitungen zu einer Entscheidungsschlacht zu treffen und die entsprechenden Stellungen zu beziehen.

Am Vorabend der Schlacht bat er den Direktor seines »Fronttheaters«, den Dramatiker Charles-Simon Favart, um eine Unterredung. »Morgen werde ich eine Schlacht liefern«, sagte der Marschall. »Ich wünsche, daß Sie das in Ihrer Vorstellung ankündigen. Sie können dazu ein paar Couplets schreiben.« Favart nahm den ungewöhnlichen Auftrag an, und am Höhepunkt des Stücks trat Madame Favart an die Rampe und prophezeite ihrer Zuhörern eine ruhmvolle Schlacht. »Morgen findet keine Vorstellung statt, meine Herren, wegen der Schlacht«, verkündete sie am Ende der Darbietung. Sofort brach stürmischer Jubel los: »Demain bataille! Demain bataille! Vive le Maréchal!« Trotz Blutvergießen und vielfachem Tod war eine Schlacht immer noch ein Abenteuer.

Die verbündeten Engländer, Hannoveraner, Holländer und Österreicher befanden sich in weit weniger gehobener Stimmung. Lüttich, das ihren linken Flügel hätte decken sollen, war durch Verrat gefallen, und sie sahen sich zu improvisierten und schwächenden Umgruppierungen veranlaßt.

Wieder war es ein winziges Dorf, Rocoux, das der Schlacht den Namen gab, die am 11. Oktober geschlagen wurde und für die Franzosen siegreich endete. Trotzdem unterließ es Moritz, den geschlagenen Feind in die Maas zu treiben. Er fand, er habe genug getan, indem er den Tag für Frankreich entschied. Es widersprach seiner ritterlichen Gesinnung, vor der Nachwelt als Schlächter eines geschlagenen Feindes dazustehen, wie Cumberland bei Culloden Moor. Seine Feinde jedoch lästerten, er wolle den Krieg nur verlängern, um sich zu bereichern.

Das »Enfant de France«, das im Juli zur Welt gekommen war, hatte die Dauphine das Leben gekostet, und der Dauphin war in tiefe Trauer versunken. »La petite Madame« war jedoch für die Erbfolge unbedeutend, und eilig wurde eine Liste von Prinzessinnen zusammengestellt, welcher die französischen Gesandten an den Höfen der Väter die üblichen biologischen Indiskretionen beifügten. Jede der Kandidatinnen hatte eine eigene »Lobby«, die für sie arbeitete. Schließlich kam Maria Josepha von Sachsen, die Nichte des Marschalls, in die engere Wahl, was Moritz in überschäumende Stimmung versetzte. »Wenn ich diese Hochzeit noch erleben darf«, schrieb er an seinen Halbbruder August, »dann will ich ohne Bedauern ins Schattenreich hinabfahren. Denn damit hätte meine Laufbahn ihre Krönung gefunden. Dann habe ich alle Freuden dieser Erde gekostet, und mein Geschick hat sich erfüllt.«

Die Heirat kam tatsächlich zustande, und Moritz trug nicht unwesentlich dazu bei, daß die Verhandlungen positiv verliefen.

Als Maria Josepha bereits auf dem Weg nach Frankreich war, zeichnete Ludwig XV. den Maréchal de Saxe mit der Ernennung zum »Maréchal-Général des Camps et Armées de France« aus, ein Titel, den seit dem großen Turenne nur der alte Villars kurz vor seinem Tod innegehabt hatte. »Ich hoffe, der Friede wird so bald kommen, daß ich mich in Ehren zur

Ruhe setzen kann«, schrieb der neue Generalfeldmarschall nach Sachsen.

Am Hof von Versailles fand man Marie-Josèphe »echt deutsch, weder hübsch noch elegant« und meinte sich an die Mutter des Regenten erinnert, die schon lange verstorbene Liselotte von der Pfalz. Ihre großen Vorzüge bestanden in ihrem heiteren und liebenswürdigen Wesen und in ihrer großen Feinfühligkeit. Binnen kurzem gelang es ihr, den traurigen Dauphin für sich einzunehmen, und die Ehe wurde eine der glücklichsten, die Versailles je gesehen hatte, gesegnet mit acht Kindern, von denen drei glücklose Könige von Frankreich wurden: Ludwig XVI., Ludwig XVIII. und Karl X.

Der Friedenswille des Marschalls von Sachsen war durchaus ernst gemeint, doch er wollte den Krieg zu einem für Frankreich vorteilhaften Ende bringen und einen kraftvollen Schlußpunkt setzen. Nachdem diplomatische Verhandlungen, an denen sich auch Moritz beteiligt hatte, erfolglos verlaufen waren, begann im Frühjahr 1747 ein neuer Feldzug. Kleinere französische Einheiten drangen bereits tief nach Südholland ein, doch das große Ziel war Maastricht, die blühende Handelsmetropole an der Maas. Am 2. Juli trafen die feindlichen Armeen zwei Meilen westlich der Stadt aufeinander und verbissen sich in die zwischen ihnen liegenden Dörfer Laufeldt und Wittlingen. Was Moritz immer zu vermeiden suchte, trat diesmal ein: Es kam zu einer brutalen Schlächterei. Der Sieg, den die Franzosen schließlich erfochten, stellte sich als Pyrrhussieg heraus, denn er kostete sie die besten Bataillone. Nach dem Blutbad von Laufeldt wurde die Sehnsucht nach Frieden immer mächtiger, um so mehr als die Südarmee bei einem Vorstoß über die Alpenpässe in eine Katastrophe geschlittert war. Am 16. September eroberte General Loewendahl zwar die stärkste holländische Festung Bergen-op-Zoom, doch dem Sturm folgte ein furchtbares Massaker und eine brutale Plünderung, was allgemeinen Abscheu erregte. Der König, der wieder im Hauptquartier weilte, soll Moritz danach gefragt haben, was mit Loewendahl geschehen solle, und dieser habe geantwortet: »Hängen Sie ihn oder machen Sie ihn zum Marschall, halbe Maßnahmen kann ich nicht ausstehen.« Moritz' alter Kampfgefährte bekam den Marschallstab, und Moritz selbst den Titel eines »Generalkommandanten der Niederlande«, der den König nichts kostete und wenig besagte. Der Marschall hatte gehofft, Vizekönig zu werden, doch man gab ihm zu verstehen, daß mit der Unterzeichnung des Friedensvertrages die Stellung des Oberkommandierenden entfallen würde und er kaum erwarten könne, sie noch länger als einige Monate zu behalten.

Als Moritz im Winter nach Frankreich zurückkehrte, wurde er mit spürbarer Feindseligkeit empfangen. Man flüsterte sich zu, er habe die Städte der Niederlande in Schutt und Asche gelegt, nur um sich die Taschen zu füllen, und Bergen stelle keinen Einzelfall dar, denn auch andere Städte seien systematisch geplündert worden.

Moritz kümmerte sich nicht um die Lästerzungen und arbeitete an einem neuen Feldzugsplan zur Eroberung von Maastricht. Drei Monate später war er an den Ufern der Maas verwirklicht und die Stadt von französischen Truppen eingeschlossen, während in Aachen bereits die Friedensverhandlungen im Gange waren. Wenige Stunden vor dem geplanten Angriff traf jedoch ein Abgesandter des gegnerischen Oberbefehlshabers Cumberland im französischen Lager ein und brachte die Nachricht, daß ein allgemeiner Waffenstillstand unterzeichnet worden sei. Doch Moritz dachte nicht daran, so nahe vor dem Ziel aufzugeben, und erklärte, mit oder ohne Waffenstillstand wolle er Maastricht in Besitz nehmen. Schließlich einigte man sich auf einen für beide Seiten ehrenvollen Kompromiß: Am 10. Mai 1748 nahm Moritz den Vorbeimarsch der abziehenden Garnison ab und zog mit seinen Truppen in Maastricht ein. Es war die letzte Tat seiner militärischen Laufbahn. Am nächsten Tag war der Krieg zu Ende.

Am 18. Oktober wurde der »Friede von Aachen« ratifiziert und brachte für Frankreich ein überaus dürftiges Ergebnis. Ludwig XV. gab die von Moritz von Sachsen eroberten Niederlande wieder heraus, erkannte die »Pragmatische Sanktion« und Maria Theresias Gemahl als deutschen Kaiser an und bekam dafür – Cape Breton Island vor der kanadischen Küste. In Parma und Piacenza wurde Don Philipp von Spanien installiert, immerhin ein Bourbone und Ludwigs Schwiegersohn, aber das sollte alles sein, nach so vielen Siegen und so viel vergossenem Blut? Nach anfänglichem Aufatmen über den Friedensschluß machte sich Empörung breit, und »blöd wie der Friede« wurde in Paris zur Redensart.

Der Marschall von Sachsen enthielt sich jeglichen öffentlichen Kommentars und äußerte seine Meinung lediglich in privaten Briefen. »Ich verstehe nichts von Eurer verdammten Politik«, schrieb er an den Grafen von Maurepas, »ich sehe nur, daß sich der König von Preußen Schlesien genommen hat und es festhält, und ich weiß nicht, warum wir es mit den Niederlanden nicht auch so hätten machen können. Schließlich ist er schwächer als wir und umgeben von Nachbarn, die ihn weit mehr hassen, als wir von unseren Nachbarn gehaßt werden.«

Einen passenderen Ruhesitz für den Generalissimus a.D. als Schloß Chambord, das Lieblingsschloß Franz' I., hätte man nicht finden können. Der mächtige und pompöse Gebäudekomplex mit seinen vierhundertvierzig Zimmern, vierhundertvierzig Kaminen, zwölf großen Treppen, dreißig Nebentreppen und der berühmten, doppelläufigen Mitteltreppe, diese ganze paradoxe Monstrosität aus weißem Stein inmitten düsterer und wildreicher Wälder, mit ihrer Mischung aus Grandeur und Unbehaglichkeit, war der ideale Rahmen für einen Herrscher im Exil. Moritz hatte von Herrschaften und Kronen zwar nur geträumt, aber in Chambord konnte er sich der Illusion hingeben, doch ein Herrscher zu sein, wenn auch nur über die sechs Brigaden seines Dragonerregiments, die er in stattlichen, neuerrichteten Kasernen einquartierte. Vor dem Schloß stellte er die Geschütze auf, die ihm der König nach Rocoux geschenkt hatte, im Ehrenhof postierte er eine Tag und Nacht besetzte Wache, und in seinem Vorzimmer hingen die bei Rocoux und Laufeldt erbeuteten Fahnen. Das Château hallte wider vom Poltern der Militärstiefel, dem

Klappern der Musketen, den Rufen der Wachen, dem Schmettern der Signalhörner und dem Dröhnen der Geschütze. Der Generalfeldmarschall im Ruhestand, der immer viel fürs Theater übriggehabt hatte, errichtete sich ein theatralisches Miniaturkönigreich innerhalb einer Mauer von 32 Kilometern Länge, der längsten in ganz Frankreich.

Die Dragoner des Marschalls, unter denen sich auch Türken, Tataren und Neger befanden, sahen prächtig aus in ihren Litzen und Schnüren, Pelzen und Tschakos, aber sie waren Männer und keine Spielzeugsoldaten und gingen das ganze Loiretal entlang ihren Launen nach, gar nicht zu reden von den Rudeln wilder Pferde aus der Ukraine und der ungarischen Pußta, die auf Wiesen und Feldern ihr Unwesen trieben.

Das Leben in Chambord entwickelte sich zu einer Folge von extravaganten Unterhaltungen. Theaterstücke, Ballette und Opern wurden im Theatersaal des Schlosses regelmäßig aufgeführt, und der Marschall nahm dort dann seinen Thronsitz ein, wie einst der Sonnenkönig, wenn Molière und seine Truppe in Chambord gastiert hatten.

In den Tagen der Jugend waren die unvergleichliche Adrienne und die bezaubernde Marie Claude Cartou Moritz' Gefährtinnen gewesen, die letzten Jahre hatten den Aufstieg der kapriziösen Mademoiselle Navarre und der eifersüchtigen Mademoiselle Beaum1énard gesehen, einer Schauspielerin aus Favarts »Fronttheater«. Auch die Schwestern Marie und Geneviève Rinteau, Töchter eines Pariser Limonadenherstellers, gehörten zu dieser Truppe. Marie gebar Moritz am 19. Oktober 1748 eine Tochter, die einzige bekannte Frucht seiner zahlreichen Liebschaften. Das Kind wurde Aurore getauft und später von seiner königlichen Cousine, der Dauphine Marie-Josèphe, adoptiert.

Auch mit Madame Justine Favart hatte Moritz eine Affäre, die sich zu einem regelrechten Skandal entwickelte, da sich Monsieur Favart in der Rolle des beleidigten Ehemannes gefiel, nicht weil er wirklich gekränkt war, sondern weil er eine gute Nase für Reklame und lukrative Geschäfte hatte. Als er auf der Flucht vor seinen Gläubigern Brüssel verlassen und

sich verbergen mußte, behauptete er, Moritz habe ihn verfolgt, um ihm seine Gemahlin abspenstig zu machen. In Paris
gerieten sich Justine Favart und die Beauménard wegen Moritz in die Haare, und ihre »Rivalitäten, Eifersüchteleien und
Launen machten ihm mehr zu schaffen als die Husaren Maria
Theresias«.

Obwohl seine körperlichen Beschwerden zunahmen,
machte Moritz im Juni 1749 einen Besuch in Dresden und
anschließend in Potsdam, wo er als Gast Friedrichs II. in
Schloß Sanssouci wohnte. »Ich hatte den Helden Frankreichs, den Turenne der Zeit Ludwigs XV., zu Gast«, schrieb
der König von Preußen an Voltaire. »Ich habe aus meinen
Unterhaltungen mit ihm viel Lehrreiches mitgenommen,
nicht in französischer Konversation, sondern in der Kriegskunst. Der Marschall sollte Lehrmeister aller europäischen
Generale sein.«

Aus Preußen zurückgekehrt, nahm Moritz sein Leben als
Herrscher Chambords wieder auf und ging mit seinem Geld
und seinen Kräften weiterhin so verschwenderisch um, wie er
es gewohnt war. Immer noch baute er phantastische Luftschlösser und träumte von Reichen und Kronen. Einmal ersuchte er Ludwig XV., ihm die Insel Madagaskar zu überlassen, die er mit deutschen Bauern besiedeln wollte, ein anderes
Mal bat er um die Übertragung der westindischen Insel To-
bago und arbeitete einen Plan aus, mit vertriebenen Juden
eine Kolonie in der Neuen Welt zu gründen. Daneben hielt
ihn seine körperliche Hinfälligkeit nicht davon ab, turbulente
Jagdpartien, amouröse Orgien und andere extravagante Vergnügungen zu organisieren. »Ununterbrochen gab es Konzerte und Theaterstücke, entweder auf dem See oder in den
Gemächern«, notierte ein Besucher. »Der Marschall war erst
dreiundfünfzig, und trotz der körperlichen Schmerzen, die
ich ihn oft mit heldenhafter Tapferkeit ertragen sah, erhielt
ihm sein starker Wille Frische und Ausdauer. Keiner, der ihn
so robust und aktiv sah, so voller Freude am Leben und über-
sprudelnd von großartigen Plänen, hätte geglaubt, daß er am
Rande des Grabes stand.«

234

In seiner Eigenschaft als erfahrener und verdienter Heerführer wurde Moritz gelegentlich auch vom Kriegsministerium zu Rate gezogen und verfaßte einige Berichte bezüglich einer Heeresreform nach preußischem Muster, die er als dringend notwenig ansah.

Im August 1750 stattete der Maréchal de Saxe Versailles einen letzten Besuch ab, um der ersten Niederkunft seiner Nichte, der Dauphine, beizuwohnen. »Ihre Sanftmut, ihre Standhaftigkeit und Tapferkeit gewannen ihr die Zuneigung des Königs und des ganzen Hofes«, berichtete Moritz aus Chambord nach Dresden. »Der König hielt während der Entbindung ihre Hand, fast könnte man sagen, sie habe in seinen Armen geboren. Ich redete dem König und der Königin zu, für neun Tage jedermann den Zugang in das Zimmer zu versagen, und es folgte ein allgemeines Entrüstungsgeschrei, da diese Anordnung gegen die Etikette verstieß. Ich hatte dabei vor allem die Infektionsgefahr im Auge, der eine Frau im Kindbett ausgesetzt ist, denn alle Anwesenden strömten Odeurs aus, die mehr oder weniger zum Himmel stanken.«

Im selben Brief informierte Moritz König August, wie er sich in den vergangenen Wochen mit »Madame de Sens und einer Auswahl von Damen des Hofes« bei Jagden, Spielen und Bällen vergnügt habe. »Die Damen werden sich hier recht wohl fühlen. Meine Offiziere sind lauter ausgesuchte Leute; sie sind jung, sehen gut aus und waren eingesperrt wie die Mönche. Man müßte schon lange suchen, um irgendwo bessere Voraussetzungen zu finden. Die Lästermäuler haben bereits zu klatschen begonnen. Sollen sie sagen, was sie wollen: Die Damen sind bereits gut im Zuge. Vermutlich werden Ew. Majestät denken, ich benähme mich genauso, wie es von mir zu erwarten war. Sei's drum! Aber alte Kutscher hören den Knall der Peitsche eben gern, das ist ihr Schicksal. Barmherzigkeit allen Sündern! Wenn mich nach Vergnügen verlangt, warum sollte das schlecht sein?«

Im Zuge einer ausgedehnten intimen Veranstaltung mit Madame de Sens und ihren Hofschönheiten fiel der alte Kutscher dann endgültig vom Bock. Nachdem er wohl einen

Schlaganfall erlitten und sich zusätzlich eine ernsthafte Erkältung zugezogen hatte, konnte er gegen Ende November das Bett nicht mehr verlassen. Weder die großen Mengen herben Apfelweins, die er sich selbst verordnete, noch die Dienste seines aus Paris herbeigeeilten alten Arztes Sénac de Meilhan, der ihn auf seinen letzten Feldzügen betreut hatte, konnten ihm mehr helfen. Bis zum Schluß blieb er heiter und gelassen und bedauerte nur, daß er die Welt mit all ihren Vergnügungen, die ihm so viel Spaß gemacht hatten, verfrüht verlassen mußte.

Moritz von Sachsen starb am 30. November 1750 zwischen sechs und sieben Uhr morgens. Sofort zerbrachen die Offiziere seines Regiments ihre Kommandostäbe, und die Kanonen vor dem Schloß begannen in Abständen von fünfzehn Minuten Salut zu feuern. Dreißig Tage lang, bei Tag und bei Nacht, dauerte die dröhnende Ehrenbezeugung.

»Es ist schade«, sagte die fromme Königin Maria Leszczińska, als die Nachricht Versailles erreichte, »daß das katholische Frankreich kein De profundis beten kann für die Seelenruhe eines Mannes, der uns so oft Anlaß gab, das Te Deum zu singen.« Obwohl es ihm oft nahegelegt worden war, hatte sich Moritz nie bereit gefunden, vom Luthertum zum Katholizismus überzutreten, wie sein Vater und sein Halbbruder.

Schloß Chambord, »ein Inbegriff dessen, was menschliche Kunst hervorzubringen vermag«, wie Karl V. zu Franz I. bemerkt hatte, ist heute eines der meistbesuchten Loire-Schlösser, doch an den Marschall von Sachsen erinnert nur mehr der marmorne Tisch in seinem Sterbezimmer, auf dem er einbalsamiert und aufgebahrt wurde, und ein großer Kachelofen Meißener Provenienz im Ehrensaal.

Die Entscheidung, was mit dem toten Marschall geschehen sollte, fiel Ludwig XV. und seinen Ministern nicht leicht. Schließlich fand der König einen weisen Kompromiß zwischen stillem Begräbnis und pompösem Staatsakt. Er ordnete an, Moritz solle nach lutherischem Ritus in Straßburg begraben werden, in der Hauptstadt des Elsaß, dessen nomineller

Gouverneur er zuletzt gewesen war. In einem dreifachen Sarg aus Holz, Blei und Kupfer überquerte der tote Marschall von Sachsen am 8. Januar 1751 zum letzten Mal den Exerzierplatz von Chambord und reiste in einer von sechs Rappen gezogenen und von hundert Ulanen eskortierten Trauerkarrosse ins Elsaß. Als der Kondukt in Straßburg einzog, donnerten die Kanonen von den Wällen, die Kirchenglocken läuteten, und die Garnison der Clermont-Dragoner gab ihm das Geleit zum Schloß, wo ein Trauergerüst errichtet war.

Am nächsten Tag wurde der Leichnam des Marschalls in die Kirche Saint-Thomas überführt und nach einem Trauergottesdienst mit angemessenem Zeremoniell in die Gruft gesenkt.

Dreißig Jahre später, als bereits Moritz' Großneffe Ludwig XVI. und Maria Theresias Tochter Marie Antoinette über Frankreich herrschten, wurde in Saint-Thomas ein pompöses Marmorgrabmal enthüllt, mit der Statue des Marschalls im Zentrum, umgeben von den Symbolen seiner besiegten Gegner und ihrer zerfetzten Banner.

»MORITZ VON SACHSEN«, lautet die lateinische Inschrift, »DEM HERZOG VON KURLAND UND SEMIGALLIA, DEM IMMER SIEGREICHEN GENERALISSIMUS DER KÖNIGLICHEN HEERE – LUDWIG XV.«

Nach acht weiteren Jahren fegte die große Revolution das Ancien régime hinweg, und am 25. April 1792 gab der Hauptmann Rouget de Lisle im Haus des Sraßburger Bürgermeisters zum erstenmal seinen »Kriegsgesang für die Rheinarmee« zum besten, der später als »Marseilleise« Berühmtheit erlangte.

VI
DER POLNISCHE NAPOLEONIDE

Graf Alexandre Walewski

Wer kennt sie nicht, die bewegende Szene – aus dem Film, aus Romanen, auch aus historischen Biographien: Napoleon, der Kaiser der Franzosen, ruhmbedeckter Sieger von Austerlitz und Jena, kürzlich, nicht ganz so ruhmbedeckt, Sieger von Preußisch-Eylau, läßt am 1. Januar 1807 auf dem Weg nach Warschau vor den Toren der Stadt Błonie anhalten, um die Pferde zu wechseln. Eine begeisterte Menge erwartet dort den erhofften »Erretter« Polens und umringt die Karosse des Kaisers. General Duroc steigt aus und bahnt sich einen Weg zum Postamt. Mitten im Gewühl hört er eine flehende Stimme: »O Herr, helfen Sie uns, daß ich ihn wenigstens einen Augenblick lang sehen kann!« Duroc sieht zwei Damen von Welt vor sich, die eine noch sehr jung, blond, mit großen, blauen Augen, die jetzt leuchten wie in Ekstase. Sie ist ganz einfach gekleidet, mit dunklem Hut und schwarzem Schleier. Duroc führt sie zum Wagenschlag. »Sire«, sagt er zu Napoleon, »sehen Sie diese Frau, die alle Gefahren der Volksmenge für Sie ertragen hat.« Der Kaiser nimmt seinen Hut ab und neigt sich der Dame zu. »Tausendmal willkommen in unserem Land!« ruft sie, von Gefühlen überwältigt. »Keine unserer Taten kann Ihnen auch nur annähernd zeigen, was wir für Sie fühlen, auch nicht die Freude, Sie in unserem Land zu sehen, das Sie erwartet, um sich zu erheben.« Napoleon holt einen Blumenstrauß aus dem Wagen und überreicht ihn der Dame mit den Worten: »Heben Sie das auf als Garantie meiner guten Absichten. Hoffentlich werden wir uns in Warschau wiedersehen. Dort werde ich einen Dank von Ihrem schönen Mund zurückfordern«.

Diese romantische Version der Begegnung des Kaisers mit der polnischen Gräfin Maria Walewska wurde erstmals 1893 von dem Napoleon-Forscher Frédéric Masson publiziert, dem als erstem Historiker eine flüchtige Durchsicht des Familienarchivs der Pariser Walewskis gestattet worden war. Massons Skizze über Madame Walewska blieb fast ein halbes Jahrhundert die einzige Quelle, aus der sämtliche nachfolgenden Biographen und Romanautoren schöpften. Neues brachte erst die biographische Erzählung »Life and Loves of Marie Walewska«, die Mitte der dreißiger Jahre erschien, wobei sich die Sensation vor allem mit der Person des Autors verband: Philippe-Antoine Comte d'Ornano, Urenkel der Gräfin Walewska, die in zweiter Ehe einen Grafen d'Ornano geheiratet hatte. D'Ornano stand nicht nur das Familienarchiv auf Schloß Branchoire in der Touraine zur Verfügung, sondern auch die unschätzbare Familientradition. Er hätte alle Voraussetzungen besessen, eine authentische Biographie seiner Urgroßmutter zu verfassen, wenn er als historischer Forscher kritischer, genauer und aufrichtiger gewesen wäre und keine literarischen Ambitionen gehabt hätte. So aber genügte ihm die bescheidenen Rolle des redlich forschenden Biographen nicht, und er entschloß sich, eine romantische literarische Epopöe auf breitem historischen Hintergrund zu verfassen, die den Fall mehr verwirrt als geklärt hat. Auch die Entdeckung eines umfangreichen Exzerpts aus den unveröffentlichten Memoiren Maria Walewskas im Nachlaß Frédéric Massons brachte keine endgültige Klarheit. Erst dem polnischen Historiker Marian Brandys kommt das Verdienst zu, in jahrelanger Forschertätigkeit so viel »Wahrheit« herausgefunden zu haben, wie heute möglich ist.

Die erste von Zeugen dokumentierte Begegnung des Kaisers mit Madame Walewska fand während des Warschauer Karnevals im Januar 1807 statt. Die damals zwanzigjährige Mutter eines noch nicht zweijährigen Sohnes besuchte ihn mit ihrem Gemahl, dem Grafen Anastazy Colonna-Walewski, Kammerherr und Gutsherr auf Walewice und mehr als dreimal so alt wie sie. Schon bei der Vorstellung der Damen aus der Gesellschaft im Königsschloß wurde Napoleon auf sie aufmerksam, und bei einem Ball, den sein Außenminister

239

Talleyrand veranstaltete, tanzte er einen Kontertanz mit ihr. Am nächsten Tag erhielt Maria Walewska einen prachtvollen Blumenstrauß, zusammen mit einem Billett, das mehr einem Armeebefehl glich als einem Liebesbrief:

>Ich habe nur Sie gesehen, ich habe nur Sie bewundert, ich begehre nur Sie. Eine schnelle Antwort wird meine ungeduldige Glut stillen.

N.«

Die schnelle Antwort blieb aus. Madame Walewska beantwortete weder diesen Brief noch den nächsten (»Oh, geben Sie ein bißchen Glück und Freude einem armen Herzen, das nur Sie anbeten will . . . Ist es so schwierig, eine Antwort zu erhalten?«). Im dritten Brief beschränkte sich Napoleon nicht mehr auf Bitten um Antwort, sondern kam ohne Umschweife zur Sache:

>Es gibt Augenblicke, wo zuviel Größe niederdrückt – ich bin der Beweis dafür . . . Oh, wenn Sie mich doch erhörten! Kommen Sie! Alle Ihre Wünsche werden erfüllt. Ihr Vaterland wird mir teurer sein, wenn Sie Erbarmen mit meinem armen Herzen zeigen.

N.«

Wahrscheinlich gab dieser Appell an den Patriotismus den Ausschlag, daß Maria sich des armen kaiserlichen Herzens erbarmte und ins Schloß bringen ließ. Doch das große patriotische Drama, in dem die führenden Persönlichkeiten des napoleonischen Polen als »Brautwerber« auftraten – wie bei Masson und d'Ornano geschildert –, hat wohl niemals stattgefunden. Brandys vermutet als Drahtzieher und Organisator der kaiserlichen Romanze Talleyrand, der die Hilfe zweier williger polnischer Damen in Anspruch nahm. Ihnen und der tatkräftigen Unterstützung von Marias Brüdern Benedykt und Teodor Łacziński gelang es, den Widerstand Marias zu überwinden, während sich der Graf völlig passiv verhielt.

Bei welchem Stelldichein es dann zu Intimitäten kam, ob beim ersten, ob beim zweiten, ob Napoleon tatsächlich Gewalt anwendete – wer kann es wissen? Nach dem »vollzogenen Opfer« (Marias Worte) schrieb der Kaiser:

> »Marie, meine süße Marie, mein erster Gedanke bist Du, mein erster Wunsch ist, Dich wiederzusehen. Du kommst doch? Du hast es mir versprochen. Wenn nicht, würde der Adler zu Dir fliegen! Geruhe dieses Bouquet anzunehmen! Wenn ich meine Hand auf mein Herz lege, sollst Du wissen, wie sehr es an Dich denkt, und als Antwort lege die Deine auf das Bouquet! Liebe mich, teure Marie, mögest Du Deine Hand niemals von dem Bouquet nehmen.
>
> N.«

Das Bouquet war in Wirklichkeit eine kostbare Diamantbrosche, die Maria nicht annahm. Sie war aber einverstanden, den Kaiser weiterhin im Schloß zu besuchen, so lange er sich in Warschau aufhielt.

Als Maria nach Jahren ihre Erinnerungen ordnete und ihre Memoiren verfaßte – die bisher nur eingesehen und teilweise exzerpiert, aber nicht veröffentlicht wurden –, so tat sie dies für ihre Söhne, mit der deutlichen Absicht, sich zu rehabilitieren und die »Schuld« von sich abzuwälzen. Sie hob die patriotischen und politischen Motive, die zu ihrem »Fall« geführt hatten, besonders hervor und gab der ganzen Romanze eine etwas idealisierte Form. Auch in ihrer Erinnerung mag sich so manches verschoben und verklärt haben. »Man kann ihr deswegen schwerlich besondere Vorwürfe machen«, meint Marian Brandys. »Sie hatte sich Napoleon aus emotionalen Beweggründen ergeben, in der tiefen Überzeugung, sie bringe ein Opfer auf dem Altar des Vaterlandes. Also konnte sie wünschen, ihre Nächsten möchten dieses Opfer in dem würdigsten und überzeugendsten Rahmen sehen.«

Anfang April 1807 verlegte Napoleon sein Hauptquartier in das masurische Schloß Finckenstein, und zwei oder drei

Wochen später erhielt er dort den Besuch von Madame Walewska, wofür je nach Standpunkt der Betrachtung ein Ruf des Kaisers oder eine »politische Mission« als Gründe angegeben werden.

In Finckenstein nahm die Romanze jedenfalls eheähnliche Formen an. Maria blieb vor der Öffentlichkeit in ihren Gemächern verborgen und widmete sich ausschließlich dem Kaiser. »Während dieser ganzen Zeit bezeugte sie Seiner Majestät ständig ihre innigste und auch selbstloseste Zärtlichkeit«, schreibt Napoleons Kammerdiener Constant. »Ihr Wesen voll Sanftmut und Hingebung hinterließ in mir eine unauslöschliche Erinnerung. Wenn Seine Majestät nicht bei ihr war, verbrachte Madame W. ihre Zeit damit, zu lesen oder durch die Jalousien des kaiserlichen Zimmers die Paraden im Ehrenhof des Schlosses unter dem Kommando des Kaisers zu betrachten. So verlief ihr Leben wie ihre Stimmung stets gleichmäßig und wenig abwechslungsreich.« An seinen Bruder Lucien schrieb der Kaiser: »Sie ist ein Engel. Man kann behaupten, ihre Seele sei ebenso schön wie ihre Züge.«

Drei Wochen dauerte die masurische Idylle. Nach ihren eigenen Worten verließ Maria Finckenstein enttäuscht, weil der Kaiser Polen bislang die Unabhängigkeit nicht zurückgegeben hatte, und wollte trotz Napoleons eindringlichem Zureden nicht versprechen, zu ihm nach Paris zu kommen.

Am 14. Juni lieferte Napoleon den Russen bei Friedland eine Schlacht, nach der niemand an seinem Sieg zweifelte. Zehn Tage später traf er Zar Alexander in Tilsit, es war die berühmte Begegnung auf dem Floß im Njemen, wo jeder der beiden versuchte, den anderen für sich einzunehmen. Napoleon verließ Tilsit in der irrigen Annahme, einen Freund gewonnen zu haben. Der Frieden war für Rußland maßvoll, obwohl der Kaiser mit der Schaffung des »Großherzogtums Warschau« alle drei beteiligten Parteien verärgerte: Preußen, das Gebiete abtreten mußte, Rußland, das ein Wiedererstehen Polens ungern sah, und schließlich die Polen selbst, die sich ihre Errettung anders vorgestellt hatten. In den Zeiten Augusts des Starken war der Kurfürst von Sachsen König von

242

Polen gewesen, nun war der König von Sachsen Großherzog von Polen.

Napoleon kehrte im Triumph nach Paris zurück, doch seine skeptische und kluge Mutter sagte immer wieder: »Wenn das nur gut geht auf die Dauer!« Wie man weiß, ging es nicht mehr lange gut. Europa stöhnte unter der Kontinentalsperre, die der Kaiser gegen England erlassen hatte, doch sie schadete nicht nur den Engländern, sondern auch den Staaten am Kontinent, nicht zuletzt Frankreich selbst. In Spanien erlitten die Franzosen eine Niederlage nach der andern, der Austausch des Bourbonenkönigs Karl IV. durch Joseph Bonaparte erwies sich als schwerwiegender Fehler. Die frühherbstliche Zusammenkunft Napoleons mit dem Zaren und den deutschen Fürsten in Erfurt gestaltete sich zu einem »mißglückten Fest«, der Geist von Tilsit war verweht, der »Heldenjüngling«, den er auf dem Njemen-Floß brüderlich umarmt hatte, zeigte ihm zunehmend die kalte Schulter.

Im November begab sich der Kaiser nach Spanien, Anfang Dezember zog er in Madrid ein, doch alarmierende Nachrichten riefen ihn nach Paris zurück. Wie 1806 die Preußen, so preschten jetzt die Österreicher vor und riefen zum Befreiungskampf auf.

Ende April 1809 brachte Napoleon persönlich den Vormarsch Erzherzog Karls in Bayern zum Stillstand, doch einen Monat später mußte sich der Unüberwindliche in den Donauauen von Aspern bei Wien geschlagen geben. Er konnte seine Schlappe bei Wagram zwar wieder wettmachen, aber der Bann war gebrochen, der Nimbus des Unbesiegbaren zum ersten Mal in Frage gestellt.

Wie in der Zeit von Austerlitz nahm Napoleon nach Wagram wieder in dem von der kaiserlichen Familie verlassenen Schloß Schönbrunn Quartier, und »alsbald ließ er Madame Walewska kommen, für die man ein reizendes Häuschen gemietet und eingerichtet hatte«, berichtet Constant. »Heimlich holte ich sie jeden Abend im geschlossenen Wagen ab, führte sie durch eine geheime Tür ins Schloß und brachte sie zum Kaiser.« Von Geheimhaltung konnte sonst aber keine Rede sein, das bezeugen Briefe von Polen, die sich damals in Wien aufhielten, sowie die zahlreichen Besucher in Madame Walewskas Villa, die sich auf diese oder jene Weise um Protektion bemühten. Die Angelegenheiten, um die es sich handelte, waren zumeist persönlich und sehr bescheiden, Maria Walewska machte keine große Politik, auch nicht in Wien. Ein Ereignis sollte allerdings die Politik des Kaisers maßgeblich beeinflussen: Einige Wochen nach ihrer Ankunft stellte sich heraus, daß Maria ein Kind erwartete.

Napoleon hatte zwar bereits einen natürlichen Nachkommen aus einer flüchtigen Verbindung mit der Pariser Schauspielerin Eléonore Denuelle, doch war er sich seiner Vaterschaft nicht ganz sicher gewesen. Jetzt konnte er sicher sein. Er war also doch fähig, eine Dynastie zu begründen, entgegen den Behauptungen seiner Gemahlin Joséphine, die ihm die Schuld für ihre Kinderlosigkeit zugeschoben hatte. Er würde diese Dynastie nach der Scheidung von Joséphine allerdings nicht mit der Gräfin Walewska begründen, sondern mit der Tochter des Kaisers von Österreich, der Erzherzogin Marie Louise.

Das Kind Napoleons und Maria Walewskas, der »polnische Napoleonide«, wurde am 4. Mai 1810 auf dem Familiengut der Walewskis, in Walewice, geboren und auf die Namen Floryan, Alexander und Józef getauft. Der dreiundsiebzigjährige Graf Walewski gab zu Protokoll, das Kind mit seiner Ehefrau gezeugt zu haben.

Das Vorgehen des alten Kammerherrn wird gewöhnlich nicht mit seiner angeborenen Großmut oder Ritterlichkeit erklärt, sondern damit, daß Napoleon Druck ausübte. Der Kaiser mag aus zwei Gründen gewünscht haben, daß die Geburt auf Walewice stattfand. Dem Kind wurden dadurch die Privilegien einer legalen Geburt gesichert: »Der junge Walewski ist kein Bastard. Das ist eine Frage der Chronik, wie sie in allen Familien vorkommt«, sagte er auf Sankt Helena. Außerdem konnte er selbst sich ungestört den Vorbereitungen zu seiner Hochzeit mit Marie Louise widmen, während der Epilog zu seiner polnischen Romanze sich fern von Paris abspielte. Die rauschenden Festlichkeiten, mit denen Paris die kaiserliche Eheschließung feierte, bewogen Maria Walewska, ihren Aufenthalt in Polen zu verlängern. Im Spätherbst 1810 entschloß sie sich jedoch, mit ihren beiden Kindern nach Paris zu übersiedeln, begleitet von zwei Nichten ihres Gemahls und ihrem Bruder Teodor Marcin Łaciński, Adjutant im Stab von General Duroc.

Der Kaiser beauftragte seinen Großhofmarschall Duroc, für Madame Walewska ein Schlößchen in der Rue Montmorency zu mieten und entsprechend einzurichten. Der kaiserliche Leibarzt Corvisart überwachte ihre Gesundheit, und Duroc war angewiesen, »stets ihre Wünsche zu befriedigen und ihr das angenehmste Leben zu verschaffen«. Monatlich erhielt sie eine Apanage von 10.000 Francs.

Trotz großzügiger materieller Sicherstellung und zahlreicher Privilegien gestaltete sich das Leben Maria Walewskas in Paris nicht besonders abwechslungsreich. Sie mußte längst erkannt haben, daß ihr das Schicksal die Rolle der »Botschafterin der Nation«, die ihr Vaterland erlöste, nicht gegönnt hatte und daß die Romanze mit dem Kaiser seit seiner Eheschließung eigentlich beendet war. Die junge Kaiserin erwartete bereits ein Kind, und Napoleon sah voll Ungeduld der Geburt eines legitimen Erben entgegen. Aus diesen und anderen Gründen fand er wenig Zeit für seine polnische Freundin. Zwar erschien der Kammerdiener Constant noch hie und da in der Rue Montmorency und holte Maria und ihr Söhnchen in die Tuilerien. Er führte sie durch einen diskreten Eingang über die »schwarze Treppe« in die Privatgemächer des Kaisers, doch die Begegnungen beschränkten sich auf den Austausch von Ansichten über Erziehung und Zukunft des kleinen Alexandre.

In ihrem Schlößchen führte Madame Walewska ein gastliches Haus, gab glänzende Abendgesellschaften, kleidete sich aufwendig und kostbar und saß den berühmtesten Malern zum Porträt. »Zu jener Zeit genoß sie großes Ansehen«, hielt ein Jugendfreund Marias in seinen Memoiren fest, »sie hätte sich stolz über ihre Landsleute erheben oder sich durch Intri-

245

gen eine politische Stellung schaffen können, aber solch Bestreben entsprach weder ihrer Bescheidenheit noch ihrer Herzensgüte.« Nahezu alle zeitgenössischen Memoirenschreiber betonen die Vorzüge ihres Charakters, ihre würdige Lebensweise und die Popularität und Achtung, die sie genoß, nicht nur bei ihren Landsleuten, sondern auch in der französischen Gesellschaft. »Madame Walewska war ganz anders als die übrigen Frauen, die der Kaiser mit seiner Gunst bedachte«, schrieb Napoleons Kammerdiener Constant. »Wer das Glück hatte, sie näher zu kennen, hat gewiß verstanden, warum ich einen so großen Unterschied sehe zwischen dieser zärtlichen und bescheidenen Frau, die ihren Sohn in der Abgeschiedenheit erzog, und den Favoritinnen des Siegers von Austerlitz.«

Am 20. März 1811 gebar Kaiserin Marie Louise den ersehnten Thronerben, der den Titel »König von Rom« erhielt. Die Dynastie Bonaparte schien nun endlich gesichert. Trotz des allgemeinen Jubels und der sich am Horizont bereits düster ballenden Wolken vergaß der Kaiser nicht, die Zukunft seines polnischen Sohnes sicherzustellen. Am 5. Mai 1812 unterzeichnete er in der Sommerresidenz von Saint-Cloud einen Dotationsakt zugunsten des zweijährigen Alexandre Walewski, in welchem ihm im Königreich Neapel liegende Güter zur Bildung eines Majorats gestiftet wurden, verbunden mit dem Titel eines kaiserlichen Grafen. Für die Vererbung von Gut und Titel wurden außerordentlich liberale Grundsätze aufgestellt, für die Sicherung der Rechte der Mutter des Beschenkten ungewöhnliche Sorgfalt walten gelassen.

Inzwischen hatte sich die politische Lage endgültig zugespitzt. Schon im April war es zum offenen Bruch mit dem Zaren gekommen, am 24. Juni begann der Rußlandfeldzug der »Grande Armée«, der Marsch ins Verderben.

Auch Maria Walewska reiste in diesem Sommer nach Polen. »Um der Auferstehung ihres Vaterlandes beizuwohnen«, behaupten die einen, »in der Hoffnung, ins kaiserliche Hauptquartier gerufen zu werden«, die anderen. Der wahre Grund war wesentlich nüchterner: Maria wollte sich von ihrem Gemahl scheiden lassen. Angesichts des Einverständnisses beider Teile wurde die Ehe der Walewskis dann auch am 24. August 1812 aufgelöst.

Maria Walewska blieb bis zum tragischen Ende des russischen Feldzuges in Polen, wobei nicht mehr festzustellen ist, ob sie auf dem mütterlichen Gut Kiernozia oder auf Walewice wohnte. Im Dezember kam der geschlagene Kaiser, der seine Armee in den russischen Eiswüsten im Stich gelassen hatte, durch die Gegend von Walewice, und bis heute hat sich die Legende gehalten, er habe auf der Durchreise bei seiner Freundin haltgemacht.

Maria Walewska kehrte Anfang Januar 1813 nach Paris zurück, das sich in einen turbulenten Karneval stürzte, um den verlorenen Krieg zu vergessen und an den kommenden nicht zu denken. Man bewunderte Madame Walewska in den Tuilerien bei der berühmten Inka-Quadrille, die auf Wunsch des Kaisers von seiner Stieftochter Hortense, der Gemahlin seines Bruders Louis, veranstaltet wurde; man sah sie auch mehrfach in der Residenz der Exkaiserin Joséphine in Schloß Malmaison. »Die Kaiserin behandelte Madame Walewska mit großer Freundlichkeit«, schrieb Joséphines erste Hofdame, »sie gab ihr Geschenke und überschüttete ihren Sohn mit Spielsachen. Obgleich sie über seine Ähnlichkeit mit dem Kaiser erstaunt war, überhäufte sie ihn mit Liebkosungen.«

Unter den Besuchern in der Rue de Montmorency fiel in dieser Zeit ein junger französischer General korsischer Abstammung auf, der Divisionsgeneral Philippe-Antoine Graf d'Ornano, durch seine Mutter Isabella Bonaparte sogar mit dem Kaiser verwandt. Nur zwei Jahre älter als Maria, hatte er sich bereits vielfach militärisch ausgezeichnet, zuletzt in der Schlacht an der Moskwa. Er faßte eine tiefe Zuneigung für die Herrin des Hauses, die zwar zurückhaltend, aber doch erwidert wurde, und schrieb ihr von den Kriegsschauplätzen, an die er sich bald wieder begeben mußte, schwärmerische Briefe. Maria gab ihm einen neuen Namen, den er beibehielt: Auguste.

Napoleon konnte im Sommer 1813 noch viele Einzelsiege

feiern, über Russen, Preußen und Österreicher, doch zwischen 16. und 19. Oktober unterlag er den Alliierten bei Leipzig. Nach Frankreich zurückgekehrt, gab er sich immer noch nicht geschlagen, aber der Ring der eindringenden Gegner schloß sich endgültig um ihn und seine Armee. Die Marschälle dachten bereits an ihre eigene Zukunft, Murat zum Beispiel, der König von Neapel, der zum Feind überlief. Obwohl er andere Probleme genug hatte, zeigte sich der Kaiser besorgt, daß sein Sohn Alexandre das neapolitanische Majorat verlieren könnte, und überschüttete seinen Generalschatzmeister mit Anweisungen bezüglich einer abgesicherten Rente. »Was mich interessiert, ist vor allem das Kind«, schrieb er aus dem Feldbiwak, »erst in zweiter Linie die Mutter.«

»Der König von Rom, die Kaiserin und ein recht zahlreiches Gefolge sind zu einem noch unbekannten Ziel aufgebrochen«, notierte Maria Walewska in der Hauptstadt. »Ich stand in der Menge der Neugierigen. Ich sah genau diesen lieben Kleinen in den Wagen steigen. Gott schütze ihn und führe ihn so bald wie möglich zurück.«

Inzwischen siegte Napoleon immer noch, aber er konnte den Vormarsch der Alliierten nur verzögern. Am 31. März 1814 rückten sie in Paris ein. Talleyrand, stets im richtigen Augenblick auf der richtigen Seite, bildete eine provisorische Regierung, der Senat proklamierte die Absetzung des Kaisers und die Rückkehr der Bourbonen. Am 6. April unterzeichnete Napoleon in Fontainebleau seine Abdankung, in der Nacht vom 12. zum 13. versuchte er vergeblich, sich mit Gift das Leben zu nehmen.

In diesen schweren Stunden, in denen ihn seine Gemahlin, seine Marschälle, seine Würdenträger und Höflinge bereits verlassen hatten, unternahm Maria Walewska die gefährliche Fahrt von Paris nach Fontainebleau, um den Vater ihres Sohnes vor seiner Abreise in die Verbannung noch einmal zu sehen. Nach dem Bericht von Constant wartete sie eine ganze Nacht – vergeblich: »Schließlich, beim Morgengrauen, zog sich die Gräfin aus Furcht vor den Blicken des Hauspersonals zurück, tödlich verletzt, da sie sich nicht von dem Objekt ihrer

Zuneigung verabschieden konnte.« Erschöpft und beküm-
mert gelangte sie erst nach zwei Tagen wieder nach Paris
zurück und richtete von dort ein Schreiben an den »Gefangenen von Fontainebleau«. Napoleon antwortete am 16.
April:

»Marie, Ich habe Ihren Brief vom 15. erhalten. Die Gefühle, die Sie hegen, berühren mich lebhaft. Sie sind
Ihrer schönen Seele und der Güte Ihres Herzens würdig.
Wenn Sie nach Ordnung Ihrer Geschäfte zur Kur nach
Lucca und Pisa gehen, werde ich Sie mit großem Interesse begrüßen, ebenso Ihren Sohn, für den meine Gefühle stets unverändert sind. Leben Sie wohl, haben Sie
keinen Kummer mehr, denken Sie an mich mit Vergnügen und zweifeln Sie niemals an mir.

N.«

Am 20. April verließ Napoleon Fontainebleau, um sich auf
die kleine Insel im Tyrrhenischen Meer zu begeben, die die
Alliierten zum Ort seiner Verbannung bestimmt hatten. Die
Eskorte kommandierte General d'Ornano.
Um die gleiche Zeit beauftragte Maria Walewska ihren älteren Bruder Benedykt Józef, nach Neapel zu reisen, um sich
dort nach dem Stand der Interessen des kleinen Alexandre zu
erkundigen. Als Benedykt nach zwei Monaten mit wenig er-
freulichen Nachrichten zurückkehrte, beschloß die Gräfin,
die Sache selbst in die Hand zu nehmen, und machte sich in
Begleitung ihres jüngeren Bruders Teodor, ihrer Schwester
Antonina und Alexandres auf die Reise nach Italien.
Von Florenz aus bat Maria um die Erlaubnis, den Exkai-
ser auf Elba besuchen zu dürfen, was zustimmend beantwor-
tet wurde, vor allem wohl deshalb, weil Marie Louise, trotz
zahlreicher flehentlicher Bitten seinerseits, nach wie vor keine Miene machte, ihrem Gemahl in die Verbannung zu folgen.
Am späten Abend des 1. September 1814 bemerkte man
in Porto-Ferraio, dem Haupthafen von Elba, ein näherkom-

mendes Schiff. An Deck standen zwei Damen, ein kleiner Junge und ein hochgewachsener Herr in Uniform. Das geheimnisvolle Schiff legte am unbewohnten Ufer in der Tiefe der Bucht an, wo eine Kalesche wartete, die die Gäste in die hochgelegene Einsiedelei Madonna del Monte bringen sollte. Auf halbem Wege erschien Napoleon mit einigen Offizieren zu Pferde, von nun an reiste man gemeinsam. Hinter dem Städtchen Marciana Alta mußte der letzte Teil des steilen Weges zu Fuß zurückgelegt werden. Napoleon und ein Gardeoffizier trugen abwechselnd den kleinen Alexandre auf dem Arm. Die Mönche hatten kurzfristig aus der Einsiedelei ausziehen müssen, und zwei Räume waren für Maria und ihre Schwester vorbereitet worden. Napoleon übernachtete in einem Zelt unter den Bäumen. Als gegen Morgen ein Gewitter aufzog, begab er sich »im Nachtgewand« in Marias Zimmer.

»Ich war doch noch sehr jung«, hielt Alexandre später in seinen Memoiren fest, »trotzdem erinnere ich mich genau an das Haus, in dem wir wohnten, an Napoleon und alles, was er zu mir sagte, an das Zelt, in dem er wohnte, und sogar an die Grenadiere seiner Begleitung.« Der nächste Tag verlief idyllisch. Unter dem Zeltdach fand ein Frühstück statt, zu dem einer der polnischen Chevaulegers eine Flöte mitbrachte und Mazurkas und Polonaisen spielte. Napoleon wurde so heiter, daß er Maria zum Tanz aufforderte.

Inzwischen meinte man in Porto-Ferraio, Marie Louise und der König von Rom wären angekommen, und veranstaltete freudige Manifestationen. Dieses Echo beunruhigte Napoleon sehr, und er beschloß, seine Gäste zu verabschieden, ehe die, wie er meinte, eifersüchtige Exkaiserin davon erführe. Er konnte nicht ahnen, daß sie ihn in den Armen des Grafen Neipperg bald vollständig vergessen würde.

Am 3. September verließ Maria Walewska die Einsiedelei, Napoleon begleitete sie bis Marciana Alta. Der Abschied fand vor düsterer Szenerie statt, der Himmel überzog sich mit schwarzen Wolken, und vom Meer her klang das Heulen eines tobenden Sturmes.

Die Reisenden mußten sich unter äußerst gefährlichen

Umständen einschiffen, kamen jedoch wohlbehalten am Festland an. Maria setzte ihre Reise nach Neapel fort, wurde von Joachim und Caroline Murat, Napoleons Schwester, freundlich aufgenommen, und erzielte bezüglich Alexandres Majorat ein günstiges Ergebnis.

In Neapel erhielt Maria die Nachricht vom Tode des alten Kammerherrn Walewski, eine Nachricht, die sie mit Schmerz erfüllte, wie ihr Sohn später notierte. Wenig später erschütterte eine andere Nachricht die ganze Welt: Napoleon hatte Elba verlassen und war in Frankreich gelandet.

Wie man weiß, war nach hundert Tagen alles vorbei, und Napoleon dankte ein zweites Mal ab. Diesmal für immer.

Am 28. Juni 1815, zehn Tage nach Waterloo, kam Maria Walewska mit ihrem Sohn nach Malmaison, um Napoleon ein letztes Mal zu sehen. »Alles war traurig und düster«, notierte Alexandre Walewski in seinen Erinnerungen. »Die Einzelheiten dieses Besuchs sind mir nur unklar im Gedächtnis haftengeblieben. Zwar habe ich die Gestalt des Kaisers vor Augen, ich sehe seine Gesichtszüge, ich erinnere mich, daß er mich umarmte, und mir ist, als wäre ihm eine Träne über die Wange gelaufen. Aber das ist alles, ich erinnere mich weder an seine Worte noch irgendeines anderen Geschehnisses an diesem Abend.«

Der Abschied in Malmaison bildet den Schlußakkord in der Romanze des »Unruhestifters Europas« mit der liebenswürdigen polnischen Gräfin, die sich ihm gegenüber loyaler verhielt als seine Gemahlin, als die meisten seiner Marschälle, Würdenträger und Mitglieder seines Familienclans. Ihr Sohn Alexandre erbte diese Fähigkeit zur Loyalität, und als er die Unmöglichkeit einsah, sie seiner ersten Heimat Polen zu widmen, widmete er sie seiner zweiten Heimat Frankreich.

Am 7. September 1816 heiratete Maria Walewska in Brüssel den Grafen Auguste d'Ornano und bezog mit ihm und ihren Söhnen eine von Gärten umgebene Villa in einem Vorort von Lüttich. Gegen Ende des Jahres fühlte sie sich schwanger und faßte den Entschluß, in ihre Heimat zu reisen, um den berühmten Warschauer Gynäkologen Ciekierski zu konsultieren, der ihr schon bei Alexandres Geburt beigestanden war. Ciekierski stellte bestürzt eine lange verschleppte Nierenkrankheit fest und empfahl dringend, das zu erwartende Kind nicht zu nähren. Die Gräfin d'Ornano kehrte nach Lüttich zurück und gebar am 9. Juni 1817 einen gesunden Sohn, der die Vornamen Rodolphe Auguste erhielt. Trotz der Warnung des Arztes bestand sie darauf, das Kind selbst zu stillen. Im Herbst begann sich ihr Nierenleiden immer mehr zu verschlechtern, Schmerzanfälle und düstere Vorahnungen quälten sie. Trotzdem ordnete sie ihre Notizen und diktierte ihrem Sekretär ihre Lebenserinnerungen. »In Steppdecken und Plaids gewickelt und trotzdem vor Kälte bebend, vor Fieber und Schmerz nur halb bei Bewußtsein, führte sie viele Wochen lang ihre letzte Polemik mit den Schatten der Vergangenheit, kämpfte sie um ihre Rechtfertigung, nicht nur vor ihrem Gatten, sondern vor ihren Söhnen, vor der Warschauer Gesellschaft, vor den Bonapartisten, vor den künftigen Historikern und Biographen«, schrieb Brandys.

Anfang November erfüllte Graf d'Ornano seiner Frau einen letzten Wunsch und brachte sie nach Paris. Am 11. Dezember starb sie, vier Tage nach ihrem einunddreißigsten Geburtstag. »Das ganze Haus war in echte Verzweiflung versunken«, erinnerte sich Alexandre Walewski, »und die des Generals überschritt jedes vorstellbare Maß. Meine Mutter war tatsächlich eine der besten Frauen, die je existierten. Ich kann das ohne Voreingenommenheit behaupten, denn Blutsbande haben mein Urteil nie beeinflußt.«

Wie sie selbst gewünscht hatte, blieb Marias Herz in Frankreich, in der Familiengruft der d'Ornano auf dem Friedhof Père-Lachaise. Ihr Leichnam wurde nach Polen gebracht und in der Krypta einer Kapelle beigesetzt, die zu diesem Zweck an die Kirche von Kiernozia angebaut worden war.

Ebenfalls auf Wunsch Marias übernahm ihr Bruder Teodor Łaczyński die Vormundschaft über den siebenjährigen Alexandre und den um fünf Jahre älteren Antoni Bazyli Walewski, den Sohn des verstorbenen Kammerherrn. Teodor brachte die Knaben auf sein elterliches Gut Kiernozia, wo sie die Freuden des Landlebens genießen konnten und ersten Unterricht durch Privatlehrer erhielten. »Mein Onkel huldigte fast in jedem Gespräch dem Andenken seiner Schwester«, schrieb Alexandre Walewski, »deshalb lernten wir auch beizeiten, die Bedeutung des Verlustes zu begreifen, den wir erlitten hatten. Er erzählte uns manchmal von seinen Kriegserlebnissen, wobei er von dem Kaiser mit Bewunderung und Ergebenheit sprach, wir aber lauschten mit unbeschreiblicher Neugier. Der Onkel träumte davon, nach Sankt Helena zu gehen und uns hinzubringen . . .« Aus dem Traum wurde nichts, nicht zuletzt deshalb, weil Napoleon 1821 auf Sankt Helena starb.

Mit zehn Jahren kam Alexandre zur weiteren Ausbildung an ein renommiertes Institut nach Genf, wo er vier Jahre verbrachte. 1824 kehrte er nach Polen zurück und etablierte sich unter der Aufsicht einer bejahrten Cousine auf Walewice, dessen Ländereien sein umsichtiger Onkel Teodor nach dem Verkauf des Pariser Schlößchens von Lasten befreit hatte. Über seine Jahre entwickelt, gebildet, sehr gut aussehend und vom Nimbus der napoleonischen Legende umgeben, wurde er bald ein Liebling der Warschauer Gesellschaft. Auch die Spione des Großfürsten Konstantin, des jüngeren Bruders von Zar Nikolaus I. und Statthalters »Kongreßpolens«, interessierten sich für ihn. Die Existenz des natürlichen Sohnes Napoleons und der polnischen Patriotin Maria Walewska beunruhigte den Statthalter des Zaren. Anfangs versuchte Konstantin, Alexandre für sich zu gewinnen, und bot ihm ungeachtet seines jugendlichen Alters sogar die Stellung eines Flügeladjutanten an. Da Alexandre jedoch den Militärdienst unter dem Befehl des »Zarewitsch« entschieden ablehnte, wurde er unter Polizeiaufsicht gestellt. Der Beschneidung seiner Freiheit bald überdrüssig, suchte er um eine Ausreiseerlaubnis nach Frankreich an, doch die Bemühungen um einen Paß verliefen ergebnislos. Nun entschloß er sich, es illegal zu versuchen, reiste nach Sankt Petersburg und gelangte dort unter abenteuerlichen Umständen auf ein englisches Schiff und in die Freiheit.

In London traf er mit seinem Stiefvater d'Ornano zusammen, mit dem er bisher stets in engem brieflichem Kontakt gestanden war, und wurde in die ersten Salons eingeführt.

In Paris erschien Alexandre Walewski 1827. Der siebzehn-jährige Jüngling – schön, intelligent und von »melancholi-schem« Charme – wurde auch hier binnen kurzem zur Attraktion der exklusiven Salons. Die Fama seiner Abkunft, bestätigt durch seine auffallende Ähnlichkeit mit dem Kaiser, tat ein übriges. Er selbst bekannte sich allerdings nicht zu seinem Vater und gestattete niemandem, die Echtheit seiner offiziellen Geburtsurkunde in Frage zu stellen. Einer würdigen Dame, die es wagte, ihn mit den Worten zu begrüßen: »Ach, wie sind Sie Ihrem Vater ähnlich!«, antwortete er eisig: »Ich wußte nicht, daß Graf Walewski die Ehre hatte, Ihnen bekannt zu sein.«

Frankreich, das die Rückkehr der Bourbonen in der Person Ludwigs XVIII. zuerst begrüßt hatte, war ihrer bald überdrüssig geworden, besonders seit Ludwigs Bruder Karl X. die Herrschaft übernommen hatte und starrsinnig versuchte, die Zeit des Ancien régime wiedererstehen zu lassen. 1830 brachte Umsturz, Abdankung und die Etablierung des Bürgerkönigs Louis-Philippe, Chef der jüngeren Linie Orléans und Sohn des berüchtigten »Philippe-Egalité«, der für die Hinrichtung Ludwigs XVI. gestimmt hatte und später selbst guillotiniert worden war.

Noch im selben Jahr erhoben sich die Polen gegen ihre russischen Unterdrücker, und Alexandre Walewski wurde vom französischen Außenminister Sébastiani als geheimer Emissär zu den polnischen Aufständischen geschickt, um die Lage zu sondieren. Seine Reise mit dem Paß eines Schauspielers war reich an ungewöhnlichen Abenteuern. Von den Preußen festgenommen, gelang es ihm zu entfliehen und das Hauptquartier der Aufständischen zu erreichen. Er trat als Leutnant ins polnische Heer ein und wurde Adjutant des Oberbefehlshabers Fürst Michał Radziwiłł. Für seine Tapferkeit in den Gefechten von Waver und Grochów erhielt er das Goldene Kreuz des Ordens »Virtuti Militari«. In der Schlußphase des Aufstands, der bald von den Russen niedergewalzt wurde, entsandte die aufständische Regierung den zum Hauptmann avancierten Alexandre Walewski als ihren Vertreter nach London. Der Einundzwanzigjährige konferierte mit Lord Palmerston, mit den diplomatischen Vertretern Preußens, Österreichs und Frankreichs, doch niemand wollte sich für die aufständischen Polen – das heißt gegen Rußland – engagieren. »Heute nacht hatte ich einen fürchterlichen Alptraum«, schrieb er an seinen Stiefvater. »Es kam mir vor, ich müßte wie Atlas ganz Polen allein auf den Schultern tragen!«

In London führte Alexandre Walewski nicht nur diplomatische Verhandlungen, er stürzte sich auch ins Gesellschaftsleben und machte interessante Bekanntschaften, so die der Exkönigin Hortense von Holland, der Tochter der Joséphine Beauharnais, und ihres Sohnes Louis-Napoléon. »Er sieht dem Kaiser erstaunlich ähnlich«, notierte eine Hofdame über Alexandre, »er hat dieselben schönen und leuchtenden Augen, aber mit einem süßeren, zarteren Ausdruck, der die Königin an Maria Walewska erinnert.«

Unter den jungen Damen der Gesellschaft, die von Alexandre Walewski charmiert waren, befand sich auch Catherine Montagu, die Tochter des Earl of Sandwich, »eines sehr hohen Herrn«, wie er seinem Stiefvater berichtete. Gleichzeitig bat er um die Erlaubnis, Miss Montagu ehelichen zu dürfen. Sie wurde gewährt. Die Hochzeit fand am 1. Dezember 1831 statt, und bald darauf reiste das junge Paar nach Paris.

In seinem Testament, dessen Inhalt erst später bekannt wurde, hatte Napoleon gewünscht, daß »Alexandre Walewski in den Dienst der französischen Armee gestellt werde«. Es gab noch genug Veteranen des Empire, die den gleichen Gedanken hatten und Walewski zuredeten, in die Armee seiner zweiten Heimat einzutreten. Sein Freund und Mentor, der Historiker und Staatsmann Adolphe Thiers, riet ihm hingegen, die schon eingeschlagene diplomatische Laufbahn weiterzuverfolgen. Bestärkt von seinem Stiefvater d'Ornano und dem Herzog von Orléans, entschloß sich Alexandre Walewski jedoch vorerst für die Armee.

Bevor sich Walewski zu seiner Einheit nach Nordafrika begeben konnte, mußte er sich allerdings naturalisieren lassen – er war de jure noch immer polnischer Staatsbürger –, ein Prozeß, der sich wegen zahlreicher bürokratischer Schikanen monatelang hinzog. Im April 1834 erlebte er die Freude, Vater eines Sohnes zu werden, und zugleich den Schmerz, seine junge Frau im Kindbett zu verlieren. Er hatte sie geliebt und gut mit ihr zusammengelebt, obwohl sie ihm angeblich nicht treu gewesen war, ein Schicksal, das er noch öfter erleiden sollte.

Alexandre Walewski trat zuerst in die polnische Kompanie der Fremdenlegion ein, wechselte aber bald zu den »Chasseurs d'Afrique« und wurde Ordonnanzoffizier des Divisionskommandanten in Oran. Dieser schickte ihn in diplomatischer Mission zu dem arabischen Emir Abd el-Kader, der er sich mit Geschick und Erfolg entledigte. »Wenn ich in England schon Polen nicht retten konnte«, schrieb er an seinen Stiefvater, »so habe ich hier wenigstens meine Ehre und meinen Ruf gerettet.«

Es dauerte nicht lange, bis Walewski herausfand, daß er für die militärische Laufbahn doch nicht geschaffen war, und er nahm seinen Abschied. Wie sollte sich sein Leben nun weiterhin gestalten? Sein Vermögen, das nie sehr groß gewesen war, schmolz dahin. Nicht zuletzt durch den aufwendigen Lebensstil, an den er gewöhnt war und nach seiner Rückkehr nach Paris wieder aufgenommen hatte, als einer der elegantesten Dandys des von ihm mitbegründeten exklusiven »Jockey Clubs«, dessen Mitglieder sich auf der Pferderennbahn, in den Spielsalons und in den Theatergarderoben vergnügten.

Trotzdem beschäftigte er sich auch mit ernsteren Dingen, gab kleine politische Schriften heraus und beschloß endlich, sich als Journalist zu versuchen. 1838 kaufte er die Zeitung »Le Messager des Chambres«, doch das Unternehmen stellte sich bald als Fehlschlag heraus und dezimierte sein Vermögen, ohne seinen Ruf zu heben.

Zu Walewskis Freundeskreis zählten nicht nur Aristokraten und Politiker, sondern auch Literaten wie Eugène Scribe und Alexandre Dumas, an dessen »Mademoiselle de Belle-Isle« er mit Hand angelegt haben soll. Er fand Geschmack an der Sache und versuchte sich selbst als Autor einer Komödie, »L'Ecole du Monde ou La Coquette sans le savoir«, die am 8. Januar 1840 im Théâtre-Français uraufgeführt wurde. Obwohl seine Freundin Anaïs Aubert, ein nicht mehr ganz junger Stern der Theaterszene, die Hauptrolle spielte, war das Echo mäßig, und Walewski mußte einen neuerlichen Mißerfolg zu den Akten nehmen.

Um ihn aus dieser tristen Situation herauszureißen, schickte ihn sein Mentor Thiers, der nach wie vor an seine diplomatische Zukunft glaubte, im Juli 1840 nach Ägypten. Dort machte der Pascha Mehemed Ali, der sich gern »Moslem-Napoleon« nennen ließ, mit der Rebellion gegen seinen Oberherrn in Konstantinopel so viel Lärm, daß sich eine europäische Krise ankündigte. Frankreich stellte sich auf die Seite des Paschas, sah sich aber bald einer geballten Koalition Englands, Rußlands, Preußens und Österreichs gegenüber und mußte klein beigeben, ebenso wie Mehemed Ali, der seine Ansprüche zurückschraubte. Auch Alexandre Walewski hatte ihm dringend zur Mäßigung geraten, da eine wirkungsvolle Unterstützung von seiten Frankreichs unter den gegebenen Umständen nicht möglich war, und erntete für seine Bemühungen großes Lob von Thiers.

Die Rückkehr Walewskis nach Frankreich verzögerte sich bis Januar 1841, und deshalb fehlte er bei dem Großereignis, das am 15. Dezember in Paris stattfand: die Beisetzung seines aus Sankt Helena heimgeholten Vaters im Invalidendom. Bei eisiger Kälte und Schneetreiben fuhr das »fahrende Mausoleum« durch ein Spalier von hunderttausend Menschen, Zuschauern, eskortierenden Soldaten und Veteranen in ihren alten Uniformen und Kriegsdekorationen. »Sire, ich übergebe Ihnen die sterbliche Hülle des Kaisers Napoleon«, sagte der Begleiter des Kondukts, Prinz François-Ferdinand zu seinem Vater Louis-Philippe, und der erwiderte: »Ich empfange sie im Namen Frankreichs.« So erwies der Bürgerkönig dem Kaiser der Franzosen die letzte Ehre.

Als Alexandre Walewski in Paris eintraf, sah er sich einer neuen Situation gegenüber: Sein Freund und Mentor Thiers war zurückgetreten und widmete sich seiner »Geschichte des Konsulats und des Kaiserreichs«. Sein Nachfolger Guizot hegte keine Sympathien für Walewski. Sollte der Neubeginn seiner diplomatischen Karriere bereits im Keim wieder erstickt sein?

Walewski suchte Ablenkung auf Reisen und im Theater. Dort begegnete er auch der großen Liebe seines Lebens, der Schauspielerin Rachel. Die Tochter des jüdischen Wanderhändlers Félix, ein dunkelhaariges, fragiles Geschöpf mit faszinierender Ausstrahlung, war erst zwanzig Jahre alt, doch bereits im Begriff, ein Stern allererster Ordnung zu werden und in die Fußstapfen der großen Adrienne Lecouvreur zu treten, nicht zuletzt durch die Wiederbelebung der klassischen Tragödien von Corneille und Racine. Das phantasievolle Drama um Adrienne und Moritz von Sachsen wurde von Scribe und Legouvé eigens für Rachel geschrieben und brachte ihr einen ihrer größten Triumphe.

Anders als bei Adrienne und Moritz war in dieser Beziehung Alexandre der tiefer liebende und leidende Teil. Liebhaber einer Frau, der die gesamte Männerwelt zu Füßen lag, quälte er sich selbst und seine Geliebte mit Eifersucht, schrieb ihr leidenschaftliche Briefe und beschwor sie, das ewige Kokettieren zu lassen: »Quand on aime peut-on être coquette?« – Kann man kokett sein, wenn man liebt? Mit den letzten Resten seines Vermögens finanzierte Walewski ein charmantes Liebesnest in der Rue Trudon in der Nähe der Madeleine-Kirche und ein Landhaus in Marly-le-Roi. Dort gebar ihm Rachel am 3. November 1844 einen Sohn. Trotzdem blieb die Liaison stürmisch, immer wieder von heftigen Auseinandersetzungen gestört.

Vielleicht um Abstand zu gewinnen, ging Walewski im Herbst 1845 mit Freunden auf Reisen.

»Mein Benehmen ist tadellos«, schrieb ihm Rachel nach Spanien, »doch es verhindert nicht, daß man dumme Streiche macht. Erschrick nicht über mich, es sind nur kleine Dummheiten. Auf bald und tausend Zärtlichkeiten.« Im folgenden Frühjahr überraschte Walewski seine Geliebte bei einer Dummheit, die nicht mehr klein war. Walewski fühlte sich zutiefst verletzt und verhöhnt und reiste am nächsten Tag nach Italien ab.

»Ich reise in diesem Augenblick; wenn Du diesen Brief erhältst, bin ich schon weit. Ich vergesse a l l e s, was gestern geschehen ist; es genügt, wenn ich Dir sage, daß ich mit niemandem darüber gesprochen habe, mit niemandem . . .

Wenn Du, wie ich hoffe, die Worte bedauerst, zu denen Du Dich hinreißen ließest, so schreibe mir, und ich werde Dir umgehend antworten. Ich scheide ohne Groll und mit den besten Wünschen für Dein Glück, trotz allem. Möge Dein Sohn Dein guter Engel sein. Umarme ihn an meiner Stelle.

Adieu Rachel,   A. Walewski«

Rachel glaubte anfangs, Walewski werde den Vorfall in Italien vergessen und nach einiger Zeit sehnsuchtsvoll und versöhnt in ihre Arme zurückkehren. Als er jedoch zurückkehrte, war er nicht allein. Er hatte sich allerdings keine neue Geliebte zugelegt, sondern eine Ehefrau.

Seine Auserwählte war die dreiundzwanzigjährige Marianne de Ricci, Tochter einer Polin und eines florentinischen Grafen, keine klassische Schönheit, aber intelligent, lebhaft und von bestrickendem Charme, wie geschaffen zur Ehefrau eines Diplomaten, der Walewski ja nach wie vor zu werden hoffte. Die Regierung hatte auch bereits eine Mission für ihn, wieder eine höchst schwierige und unangenehme, dieses Mal in Südamerika, wo er zusammen mit dem englischen Geschäftsträger Howden in der »guerra grande« zwischen Argentinien und Uruguay vermitteln sollte.

Auch dieser Mission war kein Erfolg beschieden. Nach Paris zurückgekehrt, stand Walewski nach der Februarrevolution von 1848 und dem Sturz des Bürgerkönigtums wieder vor den Scherben einer kaum begonnenen Karriere. Zunächst schickte er seine Frau, die wieder ein Kind erwartete (ihr erstes war in Argentinien gestorben), nach Florenz und bemühte sich um die Nominierung als Botschafter im Großherzogtum Toskana. Er stieß lange auf taube Ohren, erst der neugewählte Präsident der Republik erfüllte seinen Wunsch. Es war ein alter Bekannter und gleichzeitig ein Verwandter: Louis-Napoléon Bonaparte, der Sohn der Hortense Beauharnais und seines Onkels Louis, was von manchen Zeitgenossen allerdings bezweifelt wurde.

Louis-Napoléon hatte eine bewegte Vergangenheit hinter sich, als italienischer Verschwörer, als erfolgloser französischer Putschist und als unfreiwilliger Bewohner der Festung Ham an der Somme. Nach dem Tod Napoleons II., des ehemaligen Königs von Rom, der in Wien an der Schwindsucht gestorben war, und seines älteren Bruders, fungierte er als Haupt der bonapartistischen Partei und wartete nach seiner Flucht aus Ham in England auf seine Stunde. Die schien ihm nach Ausbruch der Pariser Revolution gekommen, und sein überwältigender Erfolg bei den Präsidentenwahlen gab ihm recht. Nachdem die Bourbonen der jüngeren Linie Orléans genauso abgewirtschaftet hatten wie die der älteren, schien die Zeit wieder für einen Bonaparte reif zu sein, ob er nun echt war oder nicht.

Walewski fand weder in Florenz noch anschließend in Neapel ein befriedigendes Tätigkeitsfeld und hoffte auf einen bedeutenderen Posten, eine Hoffnung, die der Prinz-Präsident im Frühjahr 1851 mit der Nominierung für London erfüllte.

Walewski war nun fast einundvierzig, solider Ehemann, Vater einer Tochter und zweier Söhne und erinnerte kaum mehr an den lebenslustigen Dandy der dreißiger und vierziger Jahre. Er war etwas älter, als sein Vater bei der Begegnung mit seiner Mutter gewesen war, und begann ebenfalls, langsam Fett anzusetzen. Die erlittenen Niederlagen hatten ihre Spuren hinterlassen, und er gewöhnte sich daran, sein Inneres hinter einer Maske zu verbergen, die nur jene für Hochmut ansahen, die ihn nicht näher kannten. Ehrenmann vom

Scheitel bis zur Sohle, aufrichtig und integer, zur Lüge und Intrige unfähig, war er ein Repräsentant, der seinem Land zur Ehre gereichte. Über die Talente eines Talleyrand verfügte er allerdings nicht. »Ich wünsche, daß Ihre Botschaft ganz so ist wie Paris«, sagte Louis-Napoléon beim Abschied, »ein Zentrum des perfekten Geschmacks, der Eleganz und des guten Tons, wo den Gästen die so schmeichelhafte wie wahre Redensart in den Sinn kommt, die besagt: Jeder Mensch hat zwei Vaterländer, sein eigenes und Frankreich.«

In London etablierten sich die Walewskis in Albert Gate House am Hyde Park, einer nicht unbedingt bequemen, aber repräsentativen Residenz, in der der Botschafter und seine Gemahlin die Wünsche des Prinz-Präsidenten perfekt realisierten. Ihre Stellung war zu Beginn gar nicht einfach, denn weder Königin Victoria noch der Prinzgemahl Albert hegten besondere Sympathien für Louis-Napoléon. Der Staatsstreich vom 2. Dezember 1851 tat ein übriges, um die Situation zu komplizieren.

Während am Abend des 1. Dezember im Elysee-Palast ein rauschender Empfang stattfand, zog sich der Prinz-Präsident von Zeit zu Zeit zurück, um sich mit den Mitgliedern des Komplotts zu besprechen, in dem sein Halbbruder Morny federführend war. Im Lauf der Nacht wurde der Staatsstreich mit der Besetzung der Abgeordnetenkammer, der Verhaftung der einflußreichsten Parteiführer und Truppenkonzentrationen an den strategisch wichtigen Punkten der Stadt vollzogen. Zugleich richtete Louis-Napoléon einen Aufruf an Volk und Heer, in dem er die Auflösung der Kammer verkündete und die Herstellung des allgemeinen Stimmrechts forderte. In den nächsten Tagen gab es zwar bei Straßenkämpfen zahlreiche Opfer, aber der Widerstand brach bald zusammen. Am 21. Dezember stimmte das Volk mit überwältigender Mehrheit für eine weitere Amtszeit Louis-Napoléons von zehn Jahren, und ein Jahr später wurde durch Senatsbeschluß und eine neuerliche Volksabstimmung aus der Republik, die nur mehr dem Namen nach bestanden hatte, ein erbliches Kaisertum. Als Tag der Proklamation war wieder der 2. Dezember gewählt worden, der Tag der Schlacht von Austerlitz, und der neue Monarch nannte sich Napoleon III., als Verneigung vor dem ersten Kaiser der Franzosen und dessen Sohn – der nie geherrscht hatte. Es war dies ein geballtes Paket bitterer Pillen, das Botschafter Walewski nun der englischen Königin und ihrer Regierung schmackhaft machen mußte.

In der Gesellschaft erfreuten sich die Walewskis jedoch längst großer Beliebtheit. Für Alexandre war es nicht schwer gewesen, alte Freundschaften und Kontakte wieder aufzufrischen, und seine Gattin konnte nun ihr unvergleichliches »savoir-faire« unter Beweis stellen. Als zur Feier des Nationalfeiertags in der französischen Botschaft ein großes Diner stattfand, nahm auch der alte Herzog von Wellington daran teil und brachte einen bemerkenswerten Toast aus: »Ich trinke zum Gedenken an das größte Genie, das dieses Jahrhundert ehrt. Als alter Gegner Ihres Kaisers trinke ich auf das Andenken von Napoleon.« Als der Herzog ein Jahr später starb und mit großem Prunk in St. Paul's beigesetzt wurde, nahm Botschafter Walewski als offizieller Vertreter Frankreichs an den Trauerfeierlichkeiten teil, was in Paris kritisiert, in London aber sehr gut aufgenommen wurde. So stand das »Kind von Wagram« an der Bahre des Siegers von Waterloo.

»L'Empire, c'est la paix« – das Kaiserreich ist der Friede, hatte Napoleon III. verkündet, und endlich entschloß sich die britische Regierung – nicht zuletzt dank der Bemühungen Walewskis –, dieser Ankündigung Glauben zu schenken und den neuen Monarchen anzuerkennen, auch wenn die Königin und vor allem Prinz Albert dem Emporkömmling frostig gegenüberstanden.

Das nächste Problem stellte die Vermählung des frischgebackenen Kaisers dar. »In unserem Alter sollte man diese Frage nicht auf die lange Bank schieben« ermahnte Walewski seinen fast gleichaltrigen Cousin und Souverän in freundschaftlichem Ton. Fühler wurden nach verschiedenen Seiten hin ausgestreckt, doch die Reaktionen blieben bemerkenswert kühl, nicht einmal deutsche Kleinfürsten wollten ihre Töchter an der Seite der »Parvenu-Majestät« sehen, der noch dazu der Geruch der Revolution anhaftete. Auch der große Napoleon hatte seine Erzherzogin schließlich nur bekommen, als seine Armeen Thron und Reich ihres Vaters bedrohten. Nach langwierigen und peinlichen Verhandlungen, die zu nichts führten, kam es schließlich dazu, daß der Kaiser seinen großen Schwarm der letzten Jahre heiratete, die schöne und elegante spanische Gräfin Eugénie de Teba y Montijo, die ihn geschickt so lange hingehalten hatte, bis sie ihren großen Coup landen konnte. Das Aufsehen und der Ärger waren groß, besonders bei der Familie Bonaparte. Prinzessin Mathilde, die Tochter von Jérôme Bonaparte, des jüngsten Bruders Napoleons I., die bisher die Rolle einer Ersten Dame des Kaiserhauses innegehabt hatte, mußte den Palast räumen und dachte sicher voll Zorn daran, welch ein Fehler es gewesen war, die Hand des jungen Louis-Napoléon auszuschlagen und den russischen Krösus Anatol Demidoff zu heiraten.

Zu Beginn des Jahres 1853 wurde Alexandre Walewski die Ehre zuteil, das Testament seines Vaters, das 1821 von Sankt Helena nach London gebracht und dort aufbewahrt worden war, nach Frankreich zu überstellen. »Ich danke der Vorsehung«, schrieb er an Napoleon III., »daß sie mir erlaubt hat, die letzten Zeilen des Kaisers, die seinen letzten Willen ausdrücken, durch meine Hände dem zuzustellen, der der würdige Erbe seines Namens, seiner Tugenden und seiner Größe ist.« Aus heutiger Sicht scheint Walewski hier in seiner Loyalität etwas weit gegangen zu sein, aber er konnte ja nicht wissen, wie die Dinge sich entwickeln würden.

Napoleon III. hatte wirklich wenig Ähnlichkeit mit seinem großen Onkel und Vorbild. »Seit der Traum seines Lebens erfüllt war«, so charakterisiert ihn Golo Mann, »hatte er keinen verläßlichen Kompaß mehr.« Im Grunde war er zwar leichtsinnig und genußsüchtig, aber gutmütig, ja schwach, und wurde von stärkeren Charaktern in seiner Umgebung nach verschiedenen Seiten gezogen. Er wollte zwar Monarch sein, aber nebenher auch der abenteuernde Privatier von früher und sich persönlich amüsieren. Im Grunde spielte er den Monarchen nur, und das gab auch seinem Hof etwas Theaterhaftes. Der alte Adel blieb ihm fern, die Hofämter wurden von den Neuadeligen des Ersten Kaiserreiches bekleidet, und auf den Bällen in den Tuilerien traf man Bankiers, Börsenspekulanten und Künstler – eine »vergoldete Boheme«. Auch Erzherzog Maximilian, jüngerer Bruder Kaiser Franz Josephs von Österreich, mokierte sich anläßlich eines Besuches über den »Dilettantenhof«, dessen »über alle Begriffe gemischte Gesellschaft sich durch garstige Toiletten und taktloses Benehmen« auszeichnete, und über das »Herumschwärmen des Kaisers um alle hübschen Frauen«. Obwohl »unansehnlich« und »entschieden häßlich«, verstand es Napoleon III. zu bezaubern, nicht nur die Damenwelt. Auch der habsburgische Erzherzog sollte ihm willig auf den Leim gehen und sich zu dem unseligen mexikanischen Abenteuer verführen lassen, das ihn das Leben kostete und seine Gemahlin Charlotte in den Wahnsinn trieb.

Der vage Traum, für Frankreich und alle Nationen etwas Großes tun zu müssen, ließ Napoleon nicht los. »Louis-Philippe«, sagte er zum österreichischen Botschafter, »ist gestürzt worden, weil er Frankreich den Respekt der Welt verlieren ließ. Ich muß etwas tun!« Das erste Abenteuer, in das ihn seine Träume führten, war der Krimkrieg. Am Anfang stand der eher nichtige Streit katholischer und orthodoxer Christen um die heiligen Stätten in Palästina. In Wahrheit ging es aber um die Integrität der Türkei, des »kranken Mannes am Bosporus«, um Konstantinopel und die Meerengen – ein britisches Hauptinteresse im Nahen Osten –, die von Rußland bedroht waren.

England brauchte einen Verbündeten und fand ihn in Frankreich. Der Abschluß der anglo-französischen Entente cordiale war nicht zuletzt das Verdienst Alexandre Walewskis. Englische und französische Flottenverbände drangen im Frühjahr 1854 ins Schwarze Meer vor, während sich Wien, das um seine Besitzungen am Balkan fürchtete, vergeblich um Vermittlung bemühte. Preußen und Österreich blieben neutral – das eine, weil es nichts zu gewinnen, das andere, weil es zuviel zu verlieren hatte – und verhinderten dadurch, daß aus dem Krimkrieg ein Weltkrieg wurde. Das Königreich

Sardinien beteiligte sich auf seiten der Westmächte mit 15.000 Mann, ein Opfer, das sich bezahlt machen sollte.

Im Mai widerfuhr dem französischen Botschafter in London eine außergewöhnliche Ehre: Königin Victoria und Prinz Albert besuchten einen exklusiven Kostümball in den Räumen von Albert Gate House. Die Damen der Gesellschaft erschienen als Margarete von Navarra, als Blanka von Kastilien oder Marie Antoinette, die Königin ganz in Rosa, mit funkelndem Diamantschmuck. Sie tanzte eine Quadrille mit dem Botschafter, Prinz Albert und der Gräfin Walewska, lobte das exquisite Diner und zeigte sich ganz und gar »amused«.

Das gelungene Ballfest erwies sich aber nur als Auftakt zu einer noch viel größeren Sensation: der Besuch des französischen Kaiserpaares in England im April 1855.

Der von den Zeitgenossen übereinstimmend als bestrickend geschilderte Charme Napoleons tat auch in Windsor seine Wirkung. Victoria erlag ihm völlig, und selbst Prinz Albert revidierte vorgefaßte Meinungen. Die Entente cordiale war kein bloßer Begriff mehr, sondern Tatsache, die »Parvenu-Majestäten« waren endlich als Gleichgestellte behandelt worden, und der ganze Besuch wurde ein rauschender Erfolg. Schon ein halbes Jahr später erschienen Victoria und Albert zum Gegenbesuch in Paris.

Der Krimkrieg kostete 500.000 Menschenleben, wobei Kälte, Hunger, Mangel an Arzneimitteln und Entbehrungen aller Art weit mehr Opfer forderten als die Waffen des Gegners. Fast ein Jahr wurde um die Festung Sebastopol gekämpft, ihr Fall und eine Interventionsdrohung von österreichischer Seite markierten das Ende.

Die Friedensverhandlungen wurden auf einem großen Diplomatenkongreß geführt, dem prachtvollsten seit 1815, der aber diesmal nicht in Wien, sondern in Paris stattfand. Den Vorsitz führte der neue französische Außenminister, Graf Alexandre Walewski. Im neuerbauten Außenministerium am Quai d'Orsay wurde der Kongreß am 25. Februar 1856 eröffnet, an dem zuerst Frankreich, England, die Türkei, Rußland und Österreich, später auch Preußen teilnahmen. Inzwischen wartete der Vertreter Sardiniens, Graf Camillo Benso di Cavour, auf seinen Auftritt und präparierte in aller Ruhe seine Minen, unter denen die Gräfin Virginia di Castiglione zweifellos die attraktivste darstellte.

Die Österreicher, vertreten durch den allseits unbeliebten Grafen Buol-Schauenstein, hatten durch ihre bewaffnete Neutralität die Russen schwer verärgert und trotzdem die Westmächte nicht gewonnen. Sie hatten sich somit zwischen alle Stühle gesetzt und mußten mit Befremden sehen, daß der Kriegsgegner Rußland allgemein wie ein Freund behandelt wurde. »Wir haben uns als brave Doggen, die wir sind, gegenseitig zerrissen«, sagte der russische Delegierte Fürst Orloff zu Außenminister Walewski, »aber jetzt wollen wir so zusammenarbeiten, daß unser Streit nicht diesem Köter Österreich zugute kommt.« Die Russen konnten es den Österreichern nicht verzeihen, daß sie sich für die gewährte Schützenhilfe gegen die aufständischen Ungarn im Jahr 1849 nicht revanchiert hatten.

Der »Friede von Paris« wurde am 30. März 1856 unterzeichnet, ein Friede, der »ehrenvoll für alle und für niemanden erniedrigend« war, wie Napoleon III. bemerkte. Er befand sich in einem absoluten Stimmungshoch, nicht nur als »Schiedsrichter Europas«, sondern auch als Vater eines Thronerben, der ihm am 16. März geboren worden war. Der Friede garantierte Souveränität und Integrität der Türkei, vereinigte die umstrittenen Donaufürstentümer Moldau und Walachei zu einem Fürstentum Rumänien unter türkischer Oberhoheit, erklärte die Donauschiffahrt für frei und das Schwarze Meer für neutral. Ein Prestigegewinn für Frankreich und England auf Kosten der Russen und vor allem auf Kosten der halben Million Soldaten, die ihr Leben gelassen hatten.

Nach der Unterzeichnung des Friedensdokuments nahmen die Sitzungen des Kongresses ihren Fortgang, und Cavour setzte es endlich durch, daß auch die »italienische Frage« erörtert wurde. Vor dem europäischen Forum erhob er beredte Klage gegen Österreich, die reaktionäre Vormacht auf der Apenninenhalbinsel. Der Protest der Österreicher und die

Warnung Walewskis vor einem gefährlichen Engagement stießen jedoch bei Napoleon III. auf taube Ohren. Man müsse etwas für Italien tun, meinte er vage, und Cavour und die »in die Diplomatie Piemonts eingereihte« Gräfin Castiglione bemühten sich nach Kräften, ihn in dieser Meinung zu bestärken. Man ist versucht, einen Vergleich zu ziehen zwischen den beiden »Botschafterinnen der Nation«, die den ersten und den dritten Napoleon für ihr Land günstig stimmen sollten. Er kann nur zugunsten Maria Walewskas ausfallen, der es niemals in den Sinn gekommen wäre, auf einer Abendgesellschaft mit dem Kaiser in »gewissen dunklen Alleen zu verschwinden« oder auf einem Ball am Quai d'Orsay, an dem Napoleon und Eugénie teilnahmen, als »Herzdame« zu erscheinen, das atemberaubende Dekolleté herzförmig mit kostbaren Juwelen besetzt. Während Maria Walewska in ihren Aufzeichnungen verzweifelt versuchte, ihr »Opfer« zu rechtfertigen, pflegte Virginia di Castiglione noch in späteren Jahren auf Arme und Schenkel zu klatschen und zu behaupten, sie habe »Italien gemacht und das Papsttum gerettet«.

Napoleon III. wurde der ebenso schönen wie geistlosen Italienerin bald überdrüssig und wandte sich anderen Gestirnen zu. Er hatte für diese Zwecke ein eigenes »service de femmes«, organisiert von Vertrauensleuten wie Graf Fleury und Graf Bacciochi, seinen Maîtres de plaisir. »Alle schönen Frauen«, behauptete der boshafte Memoirenschreiber Viel-Castel, »machten Bacciochi den Hof, um mit dem Kaiser schlafen zu können. Hat man mit dem Kaiser geschlafen, kann man alles erreichen.«

Auch von einer Beziehung des Kaisers zu Marianne Walewska, der Gattin des Außenministers, wird in verschiedenen Quellen berichtet, nur Graf d'Ornano weist den Verdacht empört von sich. Aber wie wir von Marian Brandys wissen, ist d'Ornano nicht immer zu trauen, besonders, wenn die Familienehre im Spiele ist. Walewskis Biographin Françoise de Bernardy ist sich ihrer Sache völlig sicher und stellt nur die Frage, ob Walewski ein nachsichtiger oder ein blinder Ehemann gewesen sei. »Ich lege meine Hand ins Feuer«, soll

Prinzessin Mathilde, die Tochter Jérôme Bonapartes, gesagt haben, »daß Walewski keine Ahnung hat.« Nun, fest steht, daß es im Leben der Walewskis außer dieser keine einzige Affäre gab, weder auf ihrer noch auf seiner Seite, und daß ihre Ehe, im Gegensatz zur kaiserlichen, eine außerordentlich gute war. Auch die Freundschaft Marianne Walewskas mit der Kaiserin litt keineswegs unter dem temporären Interesse Napoleons für die Gattin des Ministers. Eugénie war es sogar lieber, wenn ihr flatterhafter Gemahl mit Damen flirtete, die aus ihrer engsten Umgebung stammten und auf deren Diskretion Verlaß war, als daß sie sich Peinlichkeiten ausgesetzt sah, wie sie ihr von seiten einer Virginia Castiglione oder gar Marguerite Bellanger widerfuhren, die der Kaiser buchstäblich auf der Straße aufgelesen hatte.

Am 14. Januar 1858 entging das französische Kaiserpaar nur knapp dem Bombenattentat des Italieners Orsini, und Alexandre Walewski hoffte, dieser Vorfall werde Napoleon seine italienischen Hirngespinste austreiben. Das Gegenteil war der Fall. Hinter dem Rücken seines Außenministers arrangierte der Kaiser ein geheimes Treffen mit Cavour im Vogesenbad Plombières, und ebenfalls ohne sein Wissen schickte er Jérôme Bonapartes törichten Sohn Napoléon-Jérôme (»Plon-Plon«) nach Warschau zur Kontaktaufnahme mit Zar Alexander II. Walewski legte seine gerechte Empörung in einer Denkschrift dar, die mehr einer Anklageschrift glich, wandte sich vehement gegen einen abenteuerlichen Krieg aus persönlichen Interessen, der den allgemeinen Frieden gefährden würde, und bot seine Demission an, da er das Vertrauen seines Souveräns offenbar verloren hatte. Walewski ließ sich durch einen schmeichlerischen Brief Napoleons zwar umstimmen, aber er intensivierte seine Bemühungen, den Frieden zu erhalten. Keinesfalls sollte der Eindruck entstehen, ein möglicher Krieg würde aus dynastischen Motiven geführt. Doch der Köder, den Cavour ausgelegt hatte, war längst verschluckt: Als Dank für die Unterstützung sollte Frankreich von Piemont-Sardinien Savoyen und Nizza erhalten und Prinz Plon-Plon die Hand von Prinzessin Clothilde, der Tochter König Viktor Emanuels; Bismarck nannte diese Vorgangsweise »Trinkgeldpolitik«. Nun mußten nur noch die Österreicher so lange gereizt werden, bis sie die Rolle des Aggressors übernahmen, und auch sie gingen in die Falle.

Weder dem in der Presse geführten propagandistischen Nervenkrieg der Franzosen noch den Provokationen der Italiener gewachsen, forderte Österreich am 19. April 1859 Sardinien-Piemont ultimativ auf, abzurüsten. Als dies nicht geschah, erklärte Österreich den Krieg, und für Frankreich trat der Bündnisfall ein. Die Rechnung der »Komplizen von Plombières« war aufgegangen.

Die Österreicher hatten keinen Radetzky mehr, und Kaiser Franz Joseph war ebensowenig ein geborener Feldherr wie sein Gegner Napoleon. Doch der Kaiser der Franzosen hatte Fortune und vor allem die besseren Unterführer, die ihm die Schlachten von Magenta und Solferino gewannen.

Am 11. Juli trafen die beiden Kaiser in Villafranca bei Verona zusammen und schlossen zur Empörung der Piemontesen einen Vorfrieden, der Österreich vorerst nur Mailand kostete. Außerdem sollten die vertriebenen Fürsten in Mittelitalien wieder eingesetzt werden und der Kirchenstaat unversehrt erhalten bleiben. Napoleon sprach galant von dem »Kavalier«, mit dem er es zu tun gehabt habe, Franz Joseph nannte den Franzosen – weniger galant – einen »Erzschuft«.

»Italia farà da sè!« – Italien wird es allein schaffen! schrien die Patrioten, und im »Frieden von Zürich« wurden die Präliminarien von Villafranca schon nicht mehr eingehalten. Unaufhaltsam rollte die Woge des Risorgimento: Die mittelitalienischen Kleinstaaten schlossen sich durch Volksabstimmung dem Reich Viktor Emanuels an, große Teile des Kirchenstaates folgten. Giuseppe Garibaldi eroberte mit seinen Freischaren Sizilien und Neapel, und am 14. März 1860 proklamierte sich Viktor Emanuel auf Beschluß des ersten italienischen Parlaments zum König von Italien, mit der vorläufigen Hauptstadt Florenz. Französische Truppen sicherten Rom und den Rest des Kirchenstaates.

Der Krieg in Italien und der neuerliche Alleingang des Kaisers in Villafranca und danach vertiefte die Kluft zwischen ihm und seinem Außenminister. Er finde es mit seiner Ehre nicht vereinbar, schrieb er an Napoleon, wenn er in der TIMES lesen müsse, daß der Portier des Ministeriums mehr über die Politik Seiner Majestät wisse als er selbst und fühle sich nicht wie ein Minister und Freund behandelt, sondern wie ein Subalterner.

Während eines Balls in Schloß Fontainebleau am 28. Dezember 1859 nahm der Kaiser schließlich die Demission seines Ministers an – mit großem Bedauern und ohne Ressentiments. Walewski blieb Mitglied des Conseil privé und bei Hof gern gesehen, das Ehepaar Walewski gehörte weiterhin zur Familie. Die politischen Meinungsverschiedenheiten taten der persönlichen Wertschätzung keinen Abbruch.

Walewski hatte sein Ministerium so »arm« verlassen, wie er es betreten hatte – die Parole des »enrichissez vous« war nicht die seine gewesen. Selbst der vom Kaiser geschenkte Landbesitz bei Bordeaux erwies sich eher als Belastung denn als Gewinn. So kam die Ernennung Walewskis zum Staatsminister im November 1860 wie gerufen. Die Familie, die nach dem Auszug aus dem Quay d'Orsay zur Miete gewohnt hatte, konnte nun wieder herrschaftliche Räume beziehen, diesmal im Louvre, mit Blick auf die Place du Carrousel. Marianne hatte 1855 noch eine Tochter geboren, die von Kaiserin Eugénie aus der Taufe gehoben worden war, die Walewski-Kinder waren nun zu viert, denn auch der Sohn Rachels wuchs nach dem frühen Tod seiner Mutter bei seinem Vater auf.

Als Staatsminister mußte sich Alexandre Walewski vor allem um repräsentative und kulturelle Belange kümmern. Zwei bedeutende Ereignisse fielen in seine Amtszeit: die turbulente Pariser Erstaufführung von Wagners »Tannhäuser« und die Grundsteinlegung zur neuen Oper.

Fürstin Pauline Metternich, die Gemahlin des österreichischen Botschafters, nach Meinung Napoleons ein »kleines, umtriebiges Monster«, hatte sich vehement für die Aufführung von Wagners Werk eingesetzt und dem Kaiser schließlich die Zustimmung abgerungen. Mitte März 1860 wurde Staatsminister Walewski angewiesen, die Mittel zur Verfügung zu stellen.

Schon während der Probenzeit, die sich monatelang hinzog, mußte Wagner gegen zahllose Schwierigkeiten kämpfen und geriet in eine lebensgefährliche gesundheitliche Krise. Als ihn die Intendanz aufforderte, ein Ballett für den zweiten Akt zu schreiben, da die Pariser Aristokraten sich gewöhnlich erst nach dem Diner im Theater einfanden, um als Dessert den Auftritt ihrer Favoritinnen zu genießen, drohte er zuerst, das Werk zurückzuziehen. Er schrieb zwar dann ein neues Bacchanal für die Szene im Venusberg, aber die befindet sich bekanntlich im ersten Akt. Nach 164 Proben öffneten sich am 13. März 1861 die Tore des Opernhauses, und die gesamte vornehme Gesellschaft von Paris, mit dem Kaiserpaar an der Spitze, wurde Zeuge eines ohrenbetäubenden Pfeifkonzerts, vorbereitet und inszeniert von den Mitgliedern des Jockey-Clubs, die sich um ihr traditionelles Ballett geprellt sahen. Wagner vermutete hinter den Umtrieben gegen den »Tannhäuser« eine politische Hofintrige und äußerte, daß »in dem Haß der Gräfin Walewska gegen die Fürstin Metternich die größte Gefahr« liege. In den Walewski-Biographien ist von einem solchen Haß nirgends die Rede, nicht einmal andeutungsweise, der »Tannhäuser«-Skandal wird zwar erwähnt, aber nicht kommentiert. Die »geplante und kommandierte politische Demonstration«, von der Wagner-Biograph Gregor-Dellin spricht, leuchtet nicht ein, denn Graf Walewski war keineswegs »traditionell gegen die Österreicher« und somit gegen den Günstling der Fürstin Metternich, sondern *für* eine Allianz mit der Donaumonarchie.

Der erste Napoleon hatte das Jahrhundert »à la tête de l'armée« eröffnet, der dritte wollte nun »à la tête de la civilisation« weiterziehen, mit dem Ziel, Frankreich zum Mittelpunkt Europas und Paris zur Hauptstadt des Jahrhunderts zu erheben. »Paris ist das Herz Frankreichs, und je aktiver und kräftiger es schlägt, desto vorteilhafter wird es für das ganze Land sein«, hatte er schon als Präsident erklärt, und

271

nun war die Zeit gekommen, aus der Hauptstadt eine moderne Weltstadt zu machen. Zum Bevollmächtigten der Umgestaltung ernannte er Georges-Eugène Haussmann, nach den Worten des österreichischen Botschafters Hübner »die größte Figur, die das Zweite Kaiserreich bisher erzeugt hat«. In seiner siebzehnjährigen Amtszeit demolierte er 15.000 alte und errichtete 24.000 neue Häuser, baute 165 Kilometer Straßen, hinterließ 1.047 Millionen Francs Schulden und die kaiserliche Metropole als die modernste und schönste Hauptstadt der Welt. Als Kaiser Franz Joseph während der Weltausstellung 1867 Paris besuchte, kam er »aus Staunen und Bewunderung gar nicht heraus«.

Das Symbol des Second Empire, die neo-barocke »Kathedrale« des Pariser Bürgertums, Inbegriff des »style Napoléon III.« wurde die Oper von Charles Garnier, zu deren Bau Staatsminister Walewski am 21. Juli 1862 den Grundstein legte, ein Haus der Superlative, für große Aufzüge vor und auf der Bühne konzipiert. Fertiggestellt wurde sie allerdings erst 1875, als das Zweite Kaiserreich bereits Geschichte war.

Mit der Zeit erwies sich Walewskis Ministère de l'Etat nicht mehr ganz als das »angenehme Ministerium«, als das es ihm bei der Übernahme erschienen war. Die persönliche Feindschaft, die Finanzminister Achille Fould und der Präsident der gesetzgebenden Körperschaft, der Herzog von Morny, gegen ihn hegten, machte ihm das Leben schwer, und am 20. Juni 1863 legte er schließlich sein Amt wegen Meinungsverschiedenheiten mit den beiden Herren nieder. Wieder hatte seine Resignation keinerlei Einfluß auf die persönlichen Beziehungen zum Kaiserpaar. Graf Walewski blieb Mitglied des Conseil privé, seine Gemahlin Intima von Kaiserin Eugénie.

Politisch fanden Napoleon und Walewski jedoch nicht mehr zueinander. Als die Polen sich 1863 wieder einmal gegen ihre russischen Unterdrücker erhoben, setzte sich Walewski wärmstens für sie ein. »Der Name Napoleon«, schrieb er an den Kaiser, »war für die Polen stets das Symbol des Wiederauferstehens ihres Vaterlandes und Synonym von Hoffnung und Glück. Eure Majestät wollen doch diese Be-

272

zeichnung nicht verlieren.« Vergeblicher Appell. Zu mehr als einem lauen, verbalen Protest in Sankt Petersburg raffte sich der Kaiser nicht auf.

Im Krieg um Schleswig-Holstein sprach sich Walewski für eine Unterstützung der Dänen aus, und er wandte sich vehement gegen ein französisches Engagement in Mexiko. Ausgerechnet in Walewskis Sommerschlößchen Etioles fand jedoch ein Gespräch zwischen Kaiserin Eugénie und Fürst Metternich statt, in dem eine mögliche Kandidatur Erzherzog Maximilians von Österreich als Kaiser von Mexiko ins Auge gefaßt wurde. Alle Beteiligten hingen realitätsfernen Träumen nach: Eugénie, die die ehemalige spanische Kolonie an den Nachkommen Karls V. zurückgeben wollte, Napoleon, der Frankreich in der westlichen Hemisphäre als große, zivilisierende Macht etablieren und die Herrschaft über die Märkte Südamerikas gewinnen wollte. Und Erzherzog Max, als jüngerer Bruder des Kaisers von verantwortungsvoller Tätigkeit ausgeschlossen, blickte von seinem Triestiner Schloß Miramar übers Meer und sah sich in die Fußstapfen seiner großen Ahnen treten. Spekulanten, wie der Herzog von Morny, unterstützten das Projekt aus ganz anderen Gründen: Sie hatten viel Geld investiert und wollten es nicht verlieren.

Morny, der den »brillantesten Kopf« des Zweiten Kaiserreiches, aber leider einen sehr schlechten Charakter hatte – Talleyrand war sein Großvater gewesen –, sollte es nicht mehr erleben, daß Mexiko sich als gigantische Fehlinvestition, als Blamage für das Kaiserreich und als Tragödie für Maximilian erwies. Er starb am 10. März 1865, und Napoleon III. nominierte als seinen Nachfolger an der Spitze der gesetzgebenden Körperschaft den Grafen Alexandre Walewski. Von allen Positionen, die er bisher innegehabt hatte, war es die, für die er am wenigsten geeignet war.

»Er besaß mehr Solidität als geistige Brillanz«, charakterisierte ihn der Oppositionspolitiker Emile Ollivier, »mehr Starrsinn als Flexibilität. Er faßte langsam auf und drückte sich ohne Leichtigkeit aus, aber mit der Autorität der Redlichkeit. Er flößte Respekt ein, und niemand kam auf die Idee zu glauben, er könne nicht die Wahrheit sagen. Er war ein Ehrenmann im wahrsten Sinne des Wortes: Wem er die Hand gegeben hatte, der brauchte weder Doppeldeutigkeit noch Verrat zu fürchten. Als Präsident war er mäßig erfolgreich, es mangelte ihm an Schlagfertigkeit, und er konnte sich im Labyrinth des Reglements nie sicher bewegen. Die Spitzfindigkeiten der Opposition brachten ihn aus der Fassung, und obwohl liberal im Denken, fürchtete er zuviel zu erlauben und erlaubte zu wenig.« Zusammen mit Ollivier versuchte Walewski, die Standpunkte der verschiedenen Parteien und Interessensgruppen einander anzunähern und das Kaisertum auf einen liberaleren Kurs zu bringen – ohne viel Erfolg.

In der nächsten großen europäischen Auseinandersetzung, jener zwischen Österreich und Preußen, stand Frankreich abseits, und die öffentliche Meinung empfand den preußischen Sieg über Österreich bei Königgrätz/Sadowa als Niederlage Frankreichs und preußische Unverschämtheit. Napoleon hätte vielleicht dem Gang der Ereignisse, der schließlich von Sadowa nach Sedan führte, eine andere Richtung geben können, doch die Gelegenheit ging ungenützt vorüber. Auch Alexandre Walewski bedauerte die Niederlage Österreichs. »Ich verberge vor Ihnen nicht, Sire, wie traurig ich über das bin, was ich höre«, schrieb er an den Kaiser. »Ich glaube, wir schlagen einen falschen Weg ein, und das Prestige Eurer Majestät wird darunter leiden . . . Ein Krieg mit Preußen wird früher oder später nicht zu vermeiden sein, denn Preußen wird nicht davon abgehen, die deutsche Einheit unter seiner Vorherrschaft zu etablieren, was Frankreich nicht zulassen kann . . .« Prophetische Worte, in den Wind gesprochen.

Das Kaiserreich verfiel, nicht das Land, aber die bonapartistische Ordnung und die Autorität des Souveräns, die mit dessen physischem und geistigem Verfall Hand in Hand ging. Nicht, oder nicht nur, der »übermäßige Liebesgenuß«, wie behauptet wurde, hatte Napoleon entnervt, sondern ein schmerzhaftes Steinleiden quälte ihn und nahm ihm, zusammen mit den sich häufenden ungelösten Fragen, verfahrenen Projekten und Mißerfolgen jeden »élan vital«.

Auch Walewski, dessen Gesundheit in den letzten Jahren nicht die beste gewesen war, fühlte sich müde und erschöpft. Am 29. März 1867 reichte er seine Demission ein und zog sich aus dem öffentlichen Leben zurück. Im Herbst des nächsten Jahres unternahm er mit seiner Gemahlin, seiner Schwiegermutter und seiner älteren Tochter Elise eine Deutschlandreise. Am 27. September machte die Reisegesellschaft in Straßburg Station, da Madame Walewska sich nicht wohl fühlte. Im Hôtel de la Ville de Paris wurde die Gräfin zu ihrem Zimmer getragen. Ihr Gemahl legte in bester Laune mit Hand an und suchte anschließend sein benachbartes Zimmer auf. Plötzlich hörte Comtesse Elise ihren Vater rufen, stürzte zu ihm und fand ihn dabei, hastig sein Gilet zu öffnen und seine Kravatte zu lösen. Er konnte noch »Ein Glas Wasser! Einen Arzt! Schnell!« hervorpressen, dann stürzte er in einen Fauteuil, wurde aschfahl und starb – wahrscheinlich an einem Herzinfarkt, ausgelöst durch die letzte Anstrengung.

Die allgemeine Bestürzung über den plötzlichen und unerwarteten Tod Alexandre Walewskis war groß, nicht nur beim Kaiserpaar, das die Nachricht in Biarritz erhielt. »Welch schreckliche Botschaft«, schrieb Pierre Magne an Madame Walewska, »ich bin zerschmettert. Ich kann mich nicht an den Gedanken gewöhnen, daß ich diesen seltenen und aufrichtigen Freund nicht mehr treffen soll, diesen wahrhaften Hort der Hingabe und Zuverlässigkeit, des Freimuts und der Ehre. Sein Tod ist ein großer Verlust für das Land und für den Kaiser, der nie einen Diener besaß, der seiner Person und seiner Dynastie mehr verbunden war . . .« Ein gnädiges Geschick hatte den getreuen Paladin Napoleons III. davor bewahrt, den Zusammenbruch des Zweiten Kaiserreichs und den endgültigen Sturz des Hauses Bonaparte zu erleben.

Nach einer pompösen Einsegnung in der Madeleine-Kirche wurde der Sohn Napoleons I. und der Gräfin Maria Walewska am Friedhof Père-Lachaise beigesetzt. Als die Menge sich verlaufen hatte, trat sein alter Kamerad Tanski an das Grab, der mit ihm unter Fürst Radziwill und in Algerien gekämpft hatte, und streute etwas Erde auf den Sarg. Erde aus Polen.

Literatur

Barincou, Edmond: Machiavelli, Reinbek bei Hamburg 1988
Bates, David: William the Conqueror, London 1989
Batta, Ernst: Römische Paläste und Villen, Frankfurt am Main 1992
Beeching, Jack: Don Juan d'Austria, München 1983
Benedikt, Heinrich: Als Belgien österreichisch war, Wien 1965
Berglar, Peter: Maria Theresia, Reinbek bei Hamburg 1980
Bernardy, Françoise de: Alexandre Walewski, Paris 1976
Bernini, Ferdinando: Storia di Parma, Parma 1954
Boccaccio, Giovanni: Das Dekameron, Frankfurt am Main 1972
Brandi, Karl: Kaiser Karl V., München 1937
Brandys, Marian: Maria Walewska, Frankfurt am Main 1973
Brooke, Christopher: The Saxon and Norman Kings, Glasgow 1975
Carlton, Charles: Royal Mistresses, London and New York 1990
Champigneulle, Bernard: Loire-Schlösser, München 1984
Cleugh, James: Die Medici, München 1984
Clark, G. N.: The Later Stuarts 1660–1714, Oxford 1934
Clark, Kenneth: Leonardo da Vinci, Reinbek bei Hamburg 1988
Cloulas, Ivan: Die Borgias, München 1993
Cohat, Yves: Die Wikinger, Ravensburg 1990
Corti, Egon Caesar Conte: Mensch und Herrscher, Wege und Schicksale Kaiser
    Franz Josephs I. zwischen Thronbesteigung und Berliner Kongreß, Wien 1952
Domke, Helmut: Burgund, München 1966
Domke, Helmut: Flandern, München 1964
Douglas, David C.: Wilhelm der Eroberer, München 1980
Flake, Otto: Große Damen des Barock, Berlin 1939
Fraser, Antonia: Maria, Königin der Schotten, Hamburg 1971
Friedell, Egon: Kulturgeschichte der Neuzeit, München 1927–1931
Galbreath/Jéquier: Handbuch der Heraldik, Augsburg 1990
Gelmi, Josef: Die Päpste in Lebensbildern, Graz – Wien – Köln 1989
Gregor-Dellin, Martin: Richard Wagner, München 1980
Gregorovius, Ferdinand: Lucrezia Borgia, Stuttgart 1875
Habsburg, Otto von: Karl V., Wien – München 1990
Haller, Johannes: Das Papsttum, Idee und Wirklichkeit, Reinbek bei Hamburg,
    1965
Haslip, Joan: Maximilian, Kaiser von Mexiko, München 1972
Helmoldt, Hans F. (Hg.): Briefe der Herzogin Elisabeth Charlotte von Orléans
    (Liselotte von der Pfalz), Leipzig 1924
Henderson, Nicholas: Prinz Eugen, der edle Ritter, Düsseldorf 1978
Herre, Franz: Napoleon III., München 1990
Herre, Paul: Barbara Blomberg, Leipzig 1909
Huizinga, Johan: Herbst des Mittelalters, Stuttgart 1975
Jacques, Levron: Ludwig XV., München 1987
Kenyon, J. P.: The Stuarts, Glasgow 1958
Kühner, Hans: Das Imperium der Päpste, Frankfurt am Main 1980
Lechner, Karl: Die Babenberger, Wien 1985
Lefevre, Renato: Madama Margarita d'Austria (1522–1586), Vita d'una grande
    dama del Cinquecento, Rom 1986
Leitner, Thea: Habsburgs verkaufte Töchter, Wien 1987
Marchi, Adele Vittoria: Parma e Vienna, Parma 1988

Machiavelli, Niccolò: Der Fürst, Frankfurt am Main 1990

Mann, Golo (Hg.): Propyläen Weltgeschichte, Eine Universalgeschichte, Berlin – Frankfurt am Main 1991

Marquet, Mario: Geschwister-Marschälle-Minister, Die Spitzen des napoleonischen Reiches, Wien 1983

Maurois, André: Napoleon, Reinbek bei Hamburg 1966

Mraz, Gerda und Gottfried: Maria Theresia, Ihr Leben und ihre Zeit, München 1980

Mraz, Gottfried: Prinz Eugen, Ein Leben in Bildern und Dokumenten, München 1985

Nette, Herbert: Karl V., Reinbek bei Hamburg 1979

Nette, Herbert: Elisabeth I., Reinbek bei Hamburg 1982

Nostitz-Rieneck, Georg: Briefe Kaiser Franz Josephs an Kaiserin Elisabeth, Wien 1966

Ogg, David: England in the Reign of Charles II., Oxford 1934

Ogg, David: England in the Reigns of James II. and William III., Oxford 1955

Ornano, Comte d': La vie passionante du comte Walewski, fils de Napoléon, Paris 1953

Petrie, Charles: Don Juan d'Austria, Stuttgart 1968

Pierson, Peter: Philipp II., Graz – Wien – Köln 1985

Piper, David: London, Ein Führer, München 1977

Pöllnitz, Karl Ludwig Freiherr von: Das Galante Sachsen, Nachdruck der deutschen Ausgabe von 1735, Dortmund 1979

Presser, Jacques: Napoleon, das Leben und die Legende, Zürich 1990

Rachfahl, Felix: Margaretha von Parma, München und Leipzig 1898

Roeingh, Rolf: Ein Schwert hieb über den Kanal. Die Englandfahrt Wilhelms des Eroberers nach den Bildberichten des Teppichs von Bayeux, Berlin 1941

Schneider, Reinhold: Philipp II., Frankfurt am Main 1953

Schraut, Elisabeth (Hg.): Die Renaissancefamilie Borgia, Geschichte und Legende, Sigmaringen 1992

Schreiber, Hermann: August der Starke, Kurfürst von Sachsen – König von Polen, München 1981

Schüller-Piroli, Susanne: Die Borgia-Dynastie – Legende und Geschichte, Wien 1982

Schwarzenfeld, Gertrude von: Rudolf II., München 1961

Schwesig, Bernd Rüdiger: Ludwig XIV., Reinbek bei Hamburg 1986

Stacton, David: Die Bonapartes, Wien – Hamburg 1968

Trench, Charles Chevenix: The Western Rising. An Account of the Rebellion of James Scott, Duke of Monmouth, London 1969

Valynseele, Joseph: La descendance naturelle de Napoléon Ier, Le comte Léon/Le comte Walewski, Paris 1964

Venzmer, Gerhard: Macht und Ohnmacht der Großen, Schicksalskrankheiten der Weltgeschichte, München 1970

White, Jon Manchip: Lorbeer und Rosen, Graf Moritz von Sachsen, Maréchal de France, Tübingen 1964

Wiesflecker, Hermann: Maximilian I., Wien 1991

Personenregister

282

285

287

Bildnachweis: Reproduktionsvorlagen stellten zur Verfügung: Österreichische Nationalbibliothek/Bildarchiv: Bildseiten 3, 4, 6, 8 u., 10, 11, 12, 13, 14, 16. – Staatl. Museen Preußischer Kulturbesitz: Bildseite 7. – Dr. Ursula Tamussino, Wien: Bildseiten 1, 2, 5, 8 o., 9, 15